近代中日關係研究 第二輯 9

從甲午戰爭到中日戰爭

陳鵬仁 著

蘭臺出版社

自序

本書『從甲午戰爭到中日戰爭』是，筆者有關甲午戰爭與中日戰爭之論文、書評以及演講的文集。但甲午戰爭只有兩篇，其餘十一篇都是關於中日戰爭，即八年的抗戰。

第一章「論日本學者對甲午戰爭之看法」，介紹信夫清三郎之專著，二次大戰結束前的禁書，是相當有分量的，附錄一「從日本觀點論中日戰爭」，是甲午戰爭一百年在華視的專題演講。

第二章「日本昭和初期的侵華政策」、第五章「從日本外交官之記述論日本對華政策之錯誤」、第六章「近衛文麿與中日戰爭」、第九章「香港與中日戰爭」是在學術研討會所發表的論文，對各位讀者瞭解日本之侵華過程應該有幫助。

第三章日本參謀本部編纂「滿洲事變經過之概要」、第四章「日本學人眼中的九一八事變」、第八章「中日戰爭期間日本的鴉片政策」和第十章「張學良對昭和史之證言」，是為國史館所撰寫的書評，都是很特別的文章。

第七章「影佐禎昭與汪精衛」一文，是為中國文化大學政治學研究所學報寫的，國內這類文章似不多，值得參考；附錄三「讀清澤冽的『黑暗日記』」，批評日本軍國主義者批評得體無完膚，請一定要看這一篇；附錄二「南京大屠殺的真相」是一篇譯文，對於瞭解這個慘無人道的事件絕對有幫助。

今年是爆發七七盧溝橋事變六十周年，作為一個中國人，我們不能不紀念這個事變；但希望中日兩國之間不能再有這樣的戰爭，而最重要的是我們要自立自強，能自強，也就沒有人敢欺侮你。

最後，筆者要由衷感謝潘館長振球先生、朱副館長重聖先生幫筆者出版此書，並請各位方家指正。

陳鵬仁

民國八十六年二月十一日於陽明書屋

目次

第一章　論日本學者對甲午戰爭之看法

——評介信夫清三郎的「日清戰爭」

一

在今日日本的出版界，包括舊書店，你可以隨時隨地找到有關日俄戰爭的書，但卻幾乎找不到甲午中日戰爭的專書。其最大的原因，我個人認為，乃由於甲午戰爭是不折不扣的日本侵略朝鮮和中國的戰爭，日本人很難客觀而公正地來撰寫所致。

在此種情況之下，我選擇了一出版發行就被禁止銷售的，信夫清三郎著「日清戰爭—其政治的、外交的觀察」一書作介紹，以觀察當時的日本人對甲午戰爭的看法。

信夫清三郎的這本書，完成於一九三三年十二月十三日，他就讀於九州帝國大學的時候，年僅二十四歲。一九三四年十月十五日，由福田書房發行，當時此書已經由內務省審查，刪得不能再刪之後才問世，可是發行後一星期，因外務省的請求，內務省以行政命令予以禁止發售之處分。

該書被禁止發售的一個原因，根據信夫在其增補版的序文所說，是他引用了外務省對外屬於機密的資料「日清韓交涉事件記事」（外務省政務局編纂，一八九四年十月出版，翻印並刊於「日韓外交史料集成」第四卷），以及未經過外務省同意而發表了外務省未公開的文件，但最重要的原因，還是作者將日本帝國主義外交政策的源頭求諸於甲午戰爭，根據外務省的資料證明了甲午戰爭的侵略本質。換句話說，日本政府深怕此書之銷售，將為日本有識之士、中國人、朝鮮人以及亞洲各國人民，提供反日本帝國主義鬥爭最有力的理論武器。

而我用於介紹的信夫清三郎的該書，係由藤村道生校訂、增加補註，復原關鍵性文字（本文中印成××者，其原文皆為「專制」、「革命」、「煽動」、「剝削」、「起義」、「出賣」、「走狗」、「暴動」、「暴徒」、「自由」等），藤村的解說，信夫的另外一篇論文「日本外交政策之基調」、信夫的簡略年譜、主要著作、論文目錄、有關文獻等而成，一共七百二十二頁，於一九八六年三月三十一日（第二版），由東京南窓社發行，定價二萬五千日圓。此書分成十三章，從朝鮮東學黨之亂說起，把重點擺在其政治、外交政策的演變過程，但只寫到甲午戰爭的爆發。以下，我擬依照章節順序介紹其主要內容，以供國內學術界參考。

二

作者信夫清三郎認為，東學黨之亂係人民對政府酷政、壓迫、剝削的反抗，而為其基本隊伍的是東學黨教徒，尤其是農民、小民、知識分子和沒落的兩班。在當時的朝鮮，除統治階級的文武兩班外，被統治階級稱為常民，常民分為平民、齊民和小民。齊民是一種遊民，平民為農民，小民依服公役和私役的不同，而分成七般公賤和八般公賤。（一二——一三頁）

東學黨的領導人全臻準與隱居中的李太王之生父興宣大院君李昰應暗中通款。換句話說，失意的大院君居於東學黨之上，並利用東學黨之亂作為他權力鬥爭的工具，而其權力鬥爭的對象就是王妃閔妃。即大院君準備乘支持閔妃的俄國公使回國的機會，鼓動東學黨作亂，招請清兵，以打倒政府，奪取政權。（一七——一八頁）

得悉大院君李昰應與東學黨的領導者全臻準通款之事實的閔氏，認為以朝鮮政府單獨的力量實無法鎮壓東學黨。總理各國事務衙門駐朝鮮總理袁世凱趁機往訪諸閔代表勢道閔泳駿，論時事同時談到東學黨。袁說：目前「朝鮮文武百官中無人物」，閔氏反問：「此為何意？」袁世凱答：對東學黨之亂，朝鮮政府所派招討使洪啟薰無能誤國，根本不能達到鎮壓目的，可見朝鮮無人物。於是閔氏請袁世凱派一隊官兵相援。袁表示：如由其策畫，相信不出十日不難予以討

滅。(五九—六〇頁)

隨即閔泳駿主張請中國出兵,但韓廷不肯。迨至一八九四年五月三十一日,得知全羅道首府全州城失陷之消息以後,韓廷才匆匆決定向中國請援兵,並於六月一日,以領議政名義,對袁總理草擬請求援兵公文,惟因仍有異議,故暫時保留,及至三日夜,始向袁世凱正式提出,請其即電請北洋大臣速派數隊來韓代伐。該項公文特別強調:剿滅兇匪之後,中國軍隊要馬上撤退。它稱清兵為「天兵」。(六〇頁)

接獲袁世凱急電以後,李鴻章以出兵朝鮮不能由日本主導,出兵要等接到朝鮮政府請求之後才實行,天津條約規定出兵朝鮮要行文知照日本,中國出兵應不會成為日本出兵的口實,日本國會正與政府激烈抗爭,即使出兵亦只能派出幾百人,屆時朝鮮政府會極力阻止,外國使節必予掣肘,故贊成出兵。(六二頁)

可是袁世凱與日本駐韓代理公使杉村濬和書記生(主事)鄭永邦面談後報告李鴻章的內容,以及李鴻章在天津與日本領事荒川已次的談話,中日雙方的瞭解有相當大的距離。袁世凱和李鴻章都認為日方贊成中國派兵替朝鮮代勞平亂;但杉村卻表示中國不可出兵,如果中國出兵,日本也要出兵,荒川對李鴻章說,萬一中國出兵,恐出不測之禍。(六四—六五頁;五四八頁)

六月二日,日本外相陸奧宗光接到杉村報告韓廷已請中國派兵的急電。陸奧認為這是天下大事,為維持中日兩國在朝鮮的「權力平均」(勢力均衡),日本亦應派出相當數目之軍隊,以備

不測之變。（六八頁）

贊成陸奧見解的內閣會議，於同日通過出兵朝鮮之議，因為在中國鎮壓東學黨之亂之後，日本便無出兵之實，故非趕快出兵不可，以此能成事實取得日本對朝鮮問題的發言權，維持中國在朝鮮之勢力均衡，從而獲得日本應有的利權。（六八頁；五五〇頁）

當時的列強俄國、法國、德國、美國和英國，都不贊成日本與中國干戈相見，尤其是最強大的英國，因其在中國的利益，她的東方政策是對於俄國的南進，法國的北進要維護中國的獨立，以為緩衝。換言之，英國承認清韓的宗屬關係。中國海關稅務司英國人羅勃・哈特說：「有關朝鮮的一切，其唯一的前提是朝鮮為中國之屬國。」（八七－一〇二頁）

而在當時，日本最耽心的是中國是否與英國有同盟關係，以及北洋艦隊對日本海軍的威脅。日本首相伊藤博文一直懷疑中英之間有互助密約，海軍大臣西鄉從道認為北洋艦隊占優勢，而躊躇與中國一戰。迨至七月底，英國眼看中日之戰不可避免而照會日本要求上海以及其他通道之中立，日本國明白英國與中國並無任何同盟關係，才決定向中國宣戰。（一〇八－一〇九頁）

三

應韓廷之請求，中國決定出兵時，日本外相陸奧宗光最關心的是，中國會不會遵照天津條約行文知照日本政府，這對現在及將來日本對中國之外交極其重要。因為如果根據天津條約日本出兵，對列國可主張其合法性，由之與中國在外交上發生關聯，以此為理由得與中國交涉共同撤兵。前面我們說過，於六月二日，日本內閣會議通過出兵朝鮮，因此外相陸奧將當時請假回國中的駐韓公使大鳥圭介找來，要其搭乘軍艦八重山立刻回任所，並請參謀本部部員、海軍士兵六十人和二十名警察與大鳥隨行，並於六月五日下午四時四十分，由軍港橫須賀出發。（一一五—一二〇頁）

出發之前，陸奧外相訓令大鳥：中日既皆出兵，隨時有交戰之可能，若是，當然要盡全力達到我國當初之目的，但要盡量維護和平，保全國家榮譽，以維中日兩國之權力均衡，我要設法立於被動地位，令中國出於主動。如發生此種情況，歐美各國之中必有互相向背者，故除萬不得已，要努力於使事局限於中日兩國之間，避免與第三國發生關係。（一二二頁）但在實際上，日本要在朝鮮與中國維持權力的均衡，就是要打破現狀，打破中韓的宗屬關係。

六月二日，日本內閣決定出兵朝鮮之後，於六月五日設立大本營，其目的是要將決定對清韓大方針的全權，從內閣移到軍方，以便於導向開戰。（一二八頁）換言之，設立大本營就是表明要對中國開始戰爭。事實上，參謀次長川上操六於一八九三年春季，發生東學黨之亂時，曾前往中國考察，歸途在漢城對駐韓公使大石正已說：「承你幫忙，得考察中國的軍隊，中國軍隊的交通機關大為不足，故與其打仗一定會贏。」（一四二頁）日本是決定對中國開戰的。（請參閱拙作「日本陸軍的現代化」一文，刊於民國八十三年二月號「日本文摘」）

對於韓廷請求中國出兵一事，中國駐日公使汪鳳藻奉李鴻章之命，於六月七日行文知照日本外務省有關中國給朝鮮政府公文之大要。該公文中有中國之派兵援助朝鮮政府，係屬於「我朝保護屬邦之舊例」一句話。對此，陸奧以公文回答汪鳳藻說，日本從未承認朝鮮為中國之屬邦，並準備以這句話來大作「文章」，興風作浪。但其他閣員卻不贊成陸奧的這種構想，理由是：朝鮮之為中國之屬邦，由來已久，如果據此與中國干戈相見，歐美各國必認為日本是在雞蛋裏挑骨頭，得不到她們的支持，因此決定只對中國提出「簡單的抗議」。（一五三－一五六頁）

率領四百二十名海軍，並攜帶四門野戰砲的大鳥公使於六月九日抵達仁川，十日黃昏進入漢城。此時，中國軍隊也登陸朝鮮了。迨至六月十二日，中國軍隊一共有二千一百人，駐紮牙山，擁有山砲、臼砲各四門。（一七四頁）

但眼看東學黨之勢力已經轉弱，漢城極其平靜的大鳥認為，日本政府實不必再派軍隊前來保護公使館和僑民了。而基於要維持中日兩國在朝鮮之勢力均衡的既定政策，大鳥覺得目前最大的課題應該是中日兩國的共同撤兵。於是找袁世凱交涉。袁也認為中國出兵之目的在平東學黨之亂，今日既已無東學黨之禍，故同意大鳥之提議，並互約將對其政府建議採取有關措施。（一七六－一八〇頁）

接到袁世凱報告的李鴻章，遂於六月十三日，回電予袁，並令葉志超、聶士成暫按其部於公

州和牙山不動，不過特別交代：如果日軍留若干，我亦應留若干，以為相持，因為此時「防倭較重於防匪」（一八〇頁）

而照約定，大鳥也於六月十一日、十二日和十三日電呈外務省，以漢城平靜，故除大鳥再請求，其餘大隊不必派遣；得悉大島義昌旅團長已出發，太多軍隊迫漢城不安，請電訓大島，在有大鳥之命令之前，勿令部隊登陸；登陸太多軍隊，恐引起外交上之紛議，請與陸軍大臣商議，除大鳥認為必要之官兵外，訓令大島將一切部隊退至對馬島待命。（一八一——一八二頁）大鳥的確履行了與袁世凱的約定，而向國內力爭。

可是，此時陸奧外相已經身不由己了。因為大本營已於六月十二日下達第五師團剩餘部隊的動員令。政府是不能干預軍隊的用兵和作戰的，是為所謂統帥權。因此，陸奧便電告大鳥：對其建議，無能為力；「如果什麼都不作，什麼地方也不去，而由該處白回東京，不但甚無體面，更是失策。」陸奧在他的回憶錄「蹇蹇錄」說：「總之，當初廟議所預定之混成旅團，以速派朝鮮為萬全，而對該公吏（大鳥——引述者）訓令：即使有些外交上紛議，應令大島少將所率領之本隊（即混成旅團）悉數滯陣漢城，並對朝鮮政府，勸其早日鎮定其內亂為上策，為此建議其借用我軍隊，予以援助。」陸奧外相說這是「騎虎之勢」。（一八六——一八八頁）陸奧之如此耽心所派軍隊無所事事就撤回，乃深怕國會追究政府花那麼多錢，派那麼多軍隊到朝鮮去幹什麼，並追究其政治責任。

故陸奧外相遂絞盡腦筋，研究所派軍隊的用途，亦即軍方、輿論和國會使陸奧不得不對朝鮮採取「××（強硬）的措施」。換句話說，他的目的是要為日本資本主義獲得朝鮮的市場。（一九五－一九六頁）

四

當大鳥與袁世凱正在努力於中日雙方同時撤兵之際，大鳥的左右手書記官杉村卻另有想法，而與本野慎一郎參事官於六月十七日獲得這樣的結論：「撕毀中日同時撤兵之約定，乘此機會，即使與中國開戰，亦應決定朝鮮之獨立問題。」（二〇三頁）

經杉村等的一再建議，大鳥終於同意決定撤消中國所提出同時撤兵的主張。六月十八日，杉村和本野，經大鳥之同意，以大鳥之名義，向陸奧外相發出大約如下內容之電報：……要使六月十五日抵達仁川之三千大兵無理由撤回極為不體面，我們必須尋求此等大兵××（有效）之用途。所幸袁世凱於六月十五日來訪，建議雙方同時撤兵事宜，小官以其本人無撤兵之權限，而回答必須請示我國政府，等其訓令，而在日軍撤兵之前，擬要求朝鮮政府及清使（袁世凱）中國軍之撤兵，清使如拒絕我之要求，我將以其拒絕意味著中國否認我維持朝鮮之君權及朝鮮之獨立，此舉危害我在朝鮮之利益，要將中國軍驅出朝鮮國外，如辦事不順，大鳥可否採取前述激烈手段，請火急訓令。（二〇三—二〇四頁）即必要時日軍要訴諸於武力，向中國開戰。陸奧心中雖然贊成大鳥的辦法，但中日兩國軍隊的駐紮地相距甚遠，發生衝突的可能性微乎其微，實在找不到好××（藉口）。「兵是密雲之天候」。此時陸奧最耽心的是列強特別是俄國和英國的干涉。惟從與俄國駐日公使的談話，以及日本駐英公使的電報，陸奧判斷俄、英兩國在可預見的將來不大可能以武力干預朝鮮問題，故日本決定提出改革朝鮮的內政這個題目。（二〇五—二〇六頁）

提出改革朝鮮之內政，是解決錯綜複雜之外交上問題的一種政治策略，但實際上無異是要找所派軍隊留駐朝鮮之理由的一個手段。所以陸奧於六月十五日的內閣會議提出大約如下內容的意見：……依朝鮮政府之現況預測，不可能長久維持其秩序與和平，若是，屆時中國必出兵，我國亦應出兵，以維持勢力之均衡，因而產生中日韓之糾葛，引起東洋大局之混亂，故今日必須研訂中日韓將來應該採取之政策（對韓政策），以永保東洋大局之和平，實為急務中之急務，其辦法有二：㈠對朝鮮事變（指東學黨之亂），應早日鎮壓其亂民，但日本政府要盡量與中國政府共同努力於從事鎮壓；㈡平定亂民之後，為改良朝鮮國之內政，中日兩國應派出專任委員若干人，以下列項目為目的，從事其調查。

(1)調查財政。

(2)淘汰中央及地方政府官吏。

(3)設所需警備兵，以維國內之安寧。

(4)節省歲出，以其剩餘為利息，盡量募集國債，以此用於有利國益之支出。

上述政策之推行，有待中國政府之合作，否則無從推動。中國政府願意合作更好，萬一不贊成時，我亦應就以下兩項作成決定：

(一)與中國政府開始商議後，尚未獲得結果之前，目前派在韓國之軍隊不撤。

(二)萬一中國政府不贊成我意見時，日本政府要單獨實行此項政策。

陸奧上述的提案，獲得內閣會議通過，並由伊藤首相上奏。經明治天皇核可。故於內閣會議結束的當日即六月十五日，陸奧外相電報訓令大鳥公使：「……內閣決定與中國合作改革朝鮮政府之紛議，為此目的，決議迫中國政府任命共同委員，明日（十六日），本大臣將向中國駐日公使提議此事，此事屬極機密，袁世凱自不必論，對任何人皆不得洩漏，與中國商議此事時，在其談判過程中，即使用任何××（藉口），也要將我軍隊留駐於漢城，此事至為重要。因為李鴻章極費苦心要日本撤兵，似甚至願以撤中國軍達到此目的，至於我遲延撤兵之理由，閣下可以最公然而表面之方法派遣公使館館員或領事館館員前往暴動地從事實際調查，此項調查應盡量××（緩慢），其報告，要設法××（故意）寫成××（相反）於和平的狀況最為理想，必要時可派警察隨行。……如果朝鮮政府以恢復和平與秩序為理由要求我撤兵，可回答因日本政府及閣下本身仍感不滿，特派員作實際調查，請能等到所派官員回來報告再議。」（二一四—二一五頁）由此可見其汲汲於找不撤兵口實之如何周到而狡猾。

六月十六日，陸奧邀見中國駐日公使汪鳳藻，面告日本內閣所通過有關改革朝鮮內政之內容，當然保留了他對大鳥所發訓令中其所加的意見部分。對此，汪有些驚愕，似不肯將日本提議報告國內，而一直主張：在商討朝鮮善後方策之前，中日兩國雙方從朝鮮國內各自撤兵之後，再來慢慢交換意見解決。（二二〇—二二一頁）

對此，陸奧表示：朝鮮之秕政，非根本改革，決不可能久保安寧，施區區姑息之術，只求一時之和平，為鄰邦日本所不能放心，除非能使日本放心，無論如何目前駐朝鮮之日軍不能撤。中國如能體察我意，贊成我提案，自能幫助日本放心，但此提案與中日兩國軍隊該撤出朝鮮國乃為兩件事，請能將此提案報告中國政府，並賜告中國政府之意見。（二二一頁）

這個事實說明：陸奧希望中國拒絕這個提案，以便採取進一步的措施：即日本單獨改革朝鮮內政，若是，中國絕不可能坐視，衝突自無法避免。六月十八日，陸奧訓令大鳥說：「對我有關朝鮮之提議，中國政府可能不會同意，果然，除非獲得日本政府滿足以及能滿足大眾感情之結果，不得由現今之地位後退。」（二二二頁）

李鴻章於六月十七日，由日本駐天津領事荒川得悉有關改革朝鮮內政的日本政府提議。當日，李鴻章電訓汪鳳藻，反對日本政府的意見曰：「韓賊已平。我軍不必迫剿。倭軍更無會剿之理。乙酉之歲伊藤與我訂約，事定撤回。又倭韓條約認韓之自主，尤無權干預內政。均難於約別商辦法。」（二三七頁）

此時接到袁世凱與大鳥約定撤兵內容之報告的李鴻章說：「倭意甚狹肆。韓政府雖闇弱，豈倭所能更改，只有嘗試，可恨。」同時電訓袁世凱：「大鳥屢變訂約。汪使電謂，倭意在留兵，脅議善後，告以賊已漸平，則謂，大鳥並無至電，我欲撤兵，彼狡謀愈逞等語，汝須力阻大鳥，勿調新到之兵赴漢，是為要，余俟時，相機商辦，如可商辦，當再籌添調大兵，但積疑成釁，慮致壞大局。」（二三七—二三八頁）

李鴻章也電訓汪鳳藻：「袁與大鳥議明，華倭各留兵四分之一，俟賊盡平全撤，其續來之兵不上岸，原船回，大鳥以為可，須倭廷覆，乃日來，五千兵全到仁川，登岸，因又商議勿入漢城，大鳥自難定，漢已大譁，華韓商民多逃避，切望外署與伊藤商議，宜早抽重兵，調回國，否則華亦必調遣重兵，恐誤大局。」（二四一—二四二頁）

六月十九日，英國駐中國公使奧孔那(Nicolas Roderick O'Connor)往訪總理衙門，他認為日軍不會從仁川駐進漢城。此時，袁世凱和李鴻章對要不要依靠列強勢力來收拾事局有不同的意見。李鴻章對俄國駐中國公使卡西尼(A. P. Cassini)說：「此次，日本派太多兵，似有別意，俄為切近緊鄰，豈能漠視，其速電外部，將電駐倭使，切勸倭，囑與我約期，同時撤兵以免後患。」卡西尼表示，決當日電報國內，相信外務省與其同意見。對此李鴻章謂：「素倭忌英，稔如畏俄，有此夾攻，或易就範。」（二四二—二四三頁）李鴻章最想借俄國的力量來壓日本。

卡西尼來訪之翌日，即六月二十一日，李鴻章回訪卡西尼於其旅館曰：「倭，以重兵×（

脅）議，實××（干預）韓之內政，欲為××（侵奪）之詰，華決不允。」對此卡西尼說：「倭韓為近鄰，亦斷不容倭妄行××（干預）」，並稱：「使華以來，唯此件交涉，於俄關係甚重，務彼此同心，力持。」卡西尼這幾句話，給李鴻章很大的鼓舞。（二四三—二四四頁）

故於六月二十一日，中國對日本政府提出三個理由反駁，表示不能同意日本的提案。

一、韓亂告平，已不煩中國兵代剿，兩國會剿說，自無庸議。

二、善後辦法之用意雖美，止朝鮮自可行釐革，中國不干預其內政，日本素認朝鮮之自主，尤無權干預內政。

三、亂後撤兵，乙酉之年兩國所定條約俱在，此時無可議。（汪公使對陸奧外相之照會。二四五—二四六頁）

中國拒絕了日本有關改革朝鮮內政的提案，但中國政府的拒絕，是日本政府所預料和所××（期待）的。隔日，日本隨則召開御前會議，此時駐天津神尾武官電報稱：李鴻章已命令衛汝貴、吳育仁部準備出師，並要北洋海軍對北洋沿岸一帶實施戒嚴令。因此電報，御前會議決定增派二千軍隊，於二十四日由廣島出發，不顧大鳥之反對，令全軍集中漢城。（電報號碼 N.G.M 二七—五七七，見藤村道生補註，刊於五八二頁）。但這與事實完全不符。神尾武官曾對日本參謀總部發出不少誇張而不實的電報。

六月二十二日，陸奧外相照會汪公使，反駁中國的回答，並聲稱：除非中國政府同意日本政府的提議，日本不能撤退駐朝鮮的軍隊。此項照會，是日本政府表示「已經不能與中國政府同其步武，往後不管中國往何種方向，我將單獨直往我自信之針路，中日兩國互相提攜已不可能之決心的宣言」，也是「日本政府對中國政府的第一次絕交書」。（二四九—二五〇頁）

隨進一步的軍事行動，日本政府亦訓令大鳥公使採取應有的措施，尤其特派加藤書記攜帶「內訓」前往漢城，面交大鳥。內訓稱：「在今日形勢，大勢所趨，開戰已不可避免，因此除非我不負其曲，應以任何手段，製造開戰之××（口實）。因此種事無法電令，故特派加藤。」（二五二頁，出自杉村濬的回憶錄「明治二十七、八年在韓苦心錄」，出版於一九三二年）日本五千士兵集中於漢城、仁川之間，促使大鳥立於「以此優勢之兵力為後盾，能××（強制）朝鮮國政府作任何改革之立場。」（二五三頁）

五

對於日本大事出兵朝鮮，列強自不能袖手旁觀。六月二十二日，美國政府訓令其駐韓公使西爾努力於維護和平。對此西爾電稟：「數千中國及日本兵占領了朝鮮。雙方皆不肯先行撤兵。其軍隊之駐紮極危險。中國贊成期同（同時）撤兵。日本×（頑）強。其最後目的可×（疑）。日本似欲戰爭。朝鮮之統一×（危）險。國王努力於與日本政府折衝中。」（二六六頁）

可能由於與美國公使交涉的結果，朝鮮政府於六月二十四日，請漢城外交團出面居中調停，尤其希望日本撤兵。二十五日，英、美、俄、法四國公使，聯名轉告朝鮮政府意向，並向中日兩國共同提出中日同時撤兵之勸告。（二六八頁）

對此，大鳥於同日回答四國公使，日軍之撤退，完全是日本政府之事，當盡快轉告政府；袁世凱答稱，除非日本同意撤軍，中國不能撤兵。（二七〇頁）

此時大鳥對國內的報告，一方面說袁世凱偽造電報煽動和恐嚇韓廷官員稱，日本此次舉動完全基於併吞朝鮮的野心，要開始干涉朝鮮的內政；另方面強調韓廷老人深信最後勝利將屬於中國，故此次必須設法與中國衝突，予以打敗，否則不能達到改革內政之目的，惟不容易導致中日兩國軍隊之衝突，故應先以改革內政為題目。為此，大鳥請求晉見朝鮮國王。（二七六—二七七頁）

大鳥晉見朝鮮國王時，曾提出改革朝鮮內政之意見書，書中有言如朝鮮要求，日本願為一臂之助。國王「感謝日本政府之厚意」，意見書將慢慢看，並表示：「自日兵入韓以來，民心恟恟不安，希望日本早日撤兵。」（二七八頁）

因日軍已二、三倍於中國軍隊，大鳥認為速戰對日本有利，而為達到改革朝鮮內政之目的，亦應速戰，於是大鳥決定提出韓國的主權問題來作「文章」。六月二十七日，前述加藤書記官抵達漢城，面交大鳥陸奧外相內訓之後，駐韓公使館得到鼓舞，乃將問題分成「獨立屬邦」與「改革內政」兩種，並作成要採取以下措施之決議。

甲、獨立屬邦之問題

㈠質問朝鮮政府承認不承認中國駐日公使向日本外相所提出公文所說，中國派兵是為了保護屬邦的「保護屬邦」這四個字？

㈡如果朝鮮政府回答說，她是自主獨立之國，非中國之屬邦，我可迫朝鮮政府說：今日中國軍稱為保護屬邦入貴境，這是侵害貴國之獨立權，令其撤退履行日韓條約之明文，乃為貴政府之義務，應盡快予以逐出，若貴國政府無力辦到，我可助貴國以兵力，予以驅逐。同時通知中國公使：貴國以保護屬邦名義派兵朝鮮，但我政府絕不同意，我政府自始則承認朝鮮之獨立，有保護其獨立之義務，且朝鮮政府亦明言非貴國之屬邦，故貴國之兵係以不正之名義派來，應早日撤出，如再躊躇，不得已我決以兵力驅出中國軍。如朝鮮政府回答其為中國之屬邦，我應面會外務督辦，說明利害並要其撤回公文，外務督辦若不接受，我應公開朝鮮政府違背日韓修好條規第一款，指責其訂約十七年來欺騙我之罪，以兵力迫其謝罪，並取得能滿足我之補償。若朝鮮政府稱該國自古以來則為中國之屬邦，惟約定內治外交可以自主，故為自主之國，我則對朝鮮政府主張：鎮壓內亂屬於內治，然中國借保護屬邦名義派兵前來，乃干涉內治，欲舉屬邦之實，其他則依第一項之手續迫韓廷及中國。

乙、改革內政之問題

㈠奏請國王（已奏請）。

㈡向朝鮮政府提出改革案，並促其確實回答要不要接受我勸告，和實行改革。

㈢朝鮮政府如不接受勸告，在條理許可範圍內，採取××（恐嚇）手段，促其實現。（二八二—二八三頁）

大鳥且於六月二十八日，向朝鮮政府提出承認不承認中國公使所稱「保護屬邦」這四個字，並限於六月二十九日以前照會回答。（二八四頁）

得悉日本對朝鮮要求之袁世凱，電請政府指示因應措施。六月二十九日，李鴻章訓令袁：「倭添兵不確，逼韓不承認華屬斷不可從，俄在倭議正緊，略忍耐，必有區處，望諄切，轉囑。」隔日，李又訓令袁：「韓，屬華已千餘年，各國所皆知，即韓與各西國立約亦經聲明，故宜勸王堅持，若畏倭，竟認非屬華，擅出文據，華必興師問罪。」因中國的強硬態度，朝鮮政府終未於六月二十九日以前回答大鳥。（二八六—二八七頁）

六月三十日，杉村奉大鳥之命，往見朝鮮外務督辦，催其回答，督辦請求稍候後始答稱：朝鮮在內治外交皆自主，除對中國外與其他列國之關係亦自主，但這並未正面答覆日本政府所提出承認不承認「保護屬邦」這四個字。因此大鳥非再追問下去不可。惟因陸奧於二十五日在東京與俄國公使見面時，聲稱無意與中國衝突，故必須暫時阻止大鳥積極行為。在六月十日前後，曾力勸政府撤退所派軍隊而被政府制止的駐韓公使館，今日主張對中國開戰而竟被政府阻止。（二九〇頁）

即大鳥對朝鮮政府的橫蠻態度，引起六月三十日俄國的再度干涉。當然這與中國的策動有關。李鴻章和袁世凱都認為，俄國的強硬態度將阻止日本的行動，從而收拾中國與日本在朝鮮對決的局面，因為俄國對總理衙門表示：「俄皇已電諭駐俄公使，轉致倭廷勸與中國同商撤兵，俟撤後，再會議善後辦法，如倭不遵辦，電報俄廷，可能必用壓服之法。」（二九〇－二九一頁）

六月三十日，俄國駐日公使希多羅華往訪陸奧外相，以應朝鮮政府請求列國外交團援助，要求日本由朝鮮撤出其軍隊。他忠告日本接受朝鮮政府之請求，與中國同時撤兵，如有異議，要負重大責任。這是自出兵以來，日本政府所受最強硬的意見。（二九三－二九四頁）

為此事，陸奧遂造訪伊藤首相有所商量，伊藤、陸奧皆認為不必撤兵；陸奧又電詢駐俄公使西德二郎和駐英公使青木周藏意見，並根據駐中國代理公使小村壽太郎電報，決定利用英俄在遠東的對立，婉拒俄國的勸告。（二九四－二九六頁）

事實上，俄國政府於一八八八年對朝鮮已經決定要採取維持現狀的政策，理由是，當時俄國在遠東沒有從事帝國主義活動的準備和條件，這個結論，於爆發甲午戰爭以後的一八九四年八月十四日，又獲得肯定。（藤村的補註，五八五－五八六頁）由此可見，當時的日本錯誤估計了俄國的遠東政策。

六

決定日本要單獨改革朝鮮之內政的大鳥，於七月三日向朝鮮政府提出改革方案，但朝鮮政府不肯表示接受與否。對於大鳥的橫暴態度，不僅諸閔，連當時比較公正的前議政府左議政金宏集也反對大鳥的改革方案。尤其刑曹參議李南珪上疏力陳：改革內政與否屬於朝鮮政府的自由，斷不許他國之××（恣意）。六月二十九日由東京出發回國的駐東京公吏金思轍的報告：「倭兵必不能吞韓，惟在構虛嚇譻。力勸王，我堅持之以理，不許干預內政，伊亦無可奈何。」使朝鮮政府的立場更加強硬。（三二八—三二九頁）

但於七月四日，朝鮮政府終於屈服日本之要求，承認韓國不是中國之屬邦，而得悉此項報告的李鴻章，卻仍然希望依靠列強的干預來收拾局面，但這些國家都無意以武力干涉。

大鳥極氣憤朝鮮政府依賴中國之干涉而故意拖延，因而於七月七日再度致書朝鮮政府，並要求在八日中午十二時以前回答。對此朝鮮政府請大鳥能撤回其照會，但為大鳥所拒絕。（三三八頁）

面對朝鮮政府這種態度，大鳥得出必須出於斷然之處置，一舉解決問題之結論，故於七月十日電請陸奧外相指示。大鳥提出甲、乙兩案，並建議採取乙案似比較可行。

甲、朝鮮政府拒絕時，我則以「因朝鮮政府內政不修，屢次發生內亂，或招外援，對我國極為危險，我國在政治上和貿易上與朝鮮關係甚深，為自衛不得不促朝鮮改革內政，絕變亂之根源」為辭柄，以×××（兵威迫）之，促其必行，但以×××（兵威迫）之手段，要派我護衛兵，把漢城諸門，守王黨各門，至彼等××（聽從），××（強迫）談判。

乙、朝鮮政府拒絕我勸告時，我應先以公文告知「朝鮮攻府之拒絕，完全不顧東洋之大局，表示無意與我國相提攜共同圖富強，很遺憾我國不得不採取保護本國利益之手段」之決心，同時作如下之要求：

㈠擴大日韓條約中「朝鮮為自主之邦，與日本保有平等之權」的主義，以根本革除一向存在於中韓之間的宗屬關係，但中韓宗屬問題只向朝鮮提出。

㈡依最惠國條款，中國政府許與人民之權利、特權（尤其在朝鮮國內審判朝鮮人民之權及架設電線等），我亦該要求。但屬於兩國交涉未決者，作為一般談判可另行提出，此地所提出的是供作××（強迫）之材料，若朝鮮政府要履行改革時，自可不必提出。（三三八—三四〇頁）

而攜帶大鳥之特命的外務省本野參事官和福島中佐，於七月十日返抵東京，補充六月二十八日大鳥的報告（前述有關改革朝鮮內政與獨立屬邦問題之報告），分別向外相和參謀總長建議：應製造某種口實，以××××（兵威脅迫）朝鮮政府，除非從朝鮮國內驅逐中國軍隊，不可能改革朝鮮內政，亦幾乎不可能獲得日本政府所希望的利權。（三四〇—三四一頁）

此時的日本輿論，多主張日本單獨改革朝鮮內政，如中國出面妨礙，則予以痛擊，使朝鮮覺醒中國之不可恃。七月九日，英國駐中國公使奧孔那所調停中日妥協案的交涉，因中方的主張與奧孔那的意見不相容而破裂。至此日本政府決心與中國攤牌。故於七月十二日，訓令駐中國代理公使小村對中國聲明：日本政府一直希望和平解決事局，使用過各種方法，但中國政府毫不答應，今後縱有不測之變，日本政府不負其責任，是為陸奧外相的所謂「日本政府之第二次絕交書」。（三七二頁）

七月十三日，一直對日本採取高姿勢的俄國，聲明對朝鮮問題不再加以干涉。這使日本出於更大膽而積極的行動。俄國之所以不再干涉，據卡西尼對李鴻章所透露，乃基於以下三個理由：

(1)尚未整頓海陸軍備。

(2)俄國政府如以中國之主張為是，先迫日本撤兵，日本不接受時，俄國可能得與中國聯手對日本開戰。俄國政府不希望如此，更不樂見中俄同盟擊敗日本後，中國威勢增長。

(3)對此次事件，俄國政府不欲單獨出於積極行動，如相機與第三國共同勸告日本政府撤兵，俄國政府可避免對朝鮮具有野心之嫌疑，以證明俄國之公正。（三七四—三七五頁）

得悉俄國不再干涉朝鮮問題的陸奧外相，遂於當天（七月十三日）晚上托即將回漢城的本野和福島，以對大鳥的最重要訓令：「×（促）中日衝突為今日之急務，為斷然實行它，可採取任何××（手段）。一切責任由我負，該公使毫不必有所顧慮。」（三七七頁）

此時為著調停，英國還在作最後的努力。七月十六日，英國駐中國公使奧孔那與慶親王會面有所磋商。與慶親王面商後的奧孔那遂密派其翻譯官往見李鴻章於天津，與之商議，同時電照駐日公使巴捷對日本政府斡旋。（三九六頁）

巴捷於隔日（十七日）會見了陸奧外相，表示中國還是有意和平解決問題。陸奧一方面因大鳥已向韓廷提出最後照會，為達到目的，或將使用武力，在韓中日兩軍隨時可能交戰，另方面因日本與英國修改條約的交涉發生頓挫，故很是尷尬，而答說：今日局勢一至於此，完全由於中國漫然拒絕日本之改革所致，如中國政府要作和平提議，可以商談，但朝鮮之改革已進了一大步，今日不能以當初之提議來協議。（三九六—三九八頁）

得知日本之態度的中國，於七月十九日，同樣透過巴捷向日本政府提出協商的具體方案。這是中國第一次提出自己的條件，其條件遠比起初日本政府所提議的共同改革方案還要讓步。其內容如下：

㈠鎮壓變亂。

㈡為改革內政，革新兵制及財政，任命共同委員，該委員要報告其本國，但中國政府對朝鮮國王只能勸告採用改革，不能強制該國採用。

㈢中日兩國共同擔保朝鮮國土之安全。

㈣中日兩國於朝鮮，在通商上擁有同一權利，但不寫上「政事上」之文字。撤兵，在談判之初規定，屬邦論，不提出。（三九九—四〇〇頁）

陸奧外相在戰略上要令中國政府完全無法接受，使交涉自然破裂，當日對巴捷提出如下的修正案：

㈠中國共同委員所能作的限於將來之事，對日本已單獨著手的不能過問，兩國政府約定要百般盡力，使朝鮮國王一定採用改革。

㈡要寫上「政事上」之文字。因中國陰險遲延手段，朝鮮形勢變成頗為迫切，故除非中國政府自本日起五日之內，經應有管道提議，帝國政府不予接受，如中國派遣增兵，日本將視其為威嚇之措施。（四〇〇頁）

對日本這個修正案，中國未予回答之前，就爆發了戰爭。

十九日，日本大本營秘密訓令在朝鮮的大島混成旅團長，如中國增派軍隊時，允許其獨斷處置，隔日，更訓令該旅團長：「如有增加中國兵之情況時，留其一部分於漢城，繼續以往之任務，如敵兵未增加，則以主力擊潰眼前之敵人。」同樣於十九日，大本營命令伊東祐亨聯合艦隊司令長官，率其艦隊，在安眠島附近占方便之處，控制朝鮮西岸海面，中國如運輸軍隊，乃對日本表示敵意，應全力予以防止和阻止。海相西鄉從道問外相陸奧：日本艦隊在此最後期限後遇到中國艦隊，或中國增派軍隊時，立刻啟開戰端，在外交上有沒有問題？陸奧答說：在外交上沒有問題，最後覺書期限的七月二十四日以後，艦隊可以自由行動。（四一八—四一九頁）

七月二十日，大鳥向朝鮮外務督辦趙秉稷提出了「我決戰了最後公文」兩件照會。一件是將自主問題從政治層面與眼前的具體事實結合，指出中國之出兵破壞朝鮮之自主，另一件是把自主問題從法律層面與條約上的根據相關聯，比照日韓條約與中韓條約，指出中韓條約的規定中傷害朝鮮自主的部分，俾解決自主的問題，並要求在七月二十二日以前回答，遲延回答時，大鳥自有決心。（四二二—四二四頁）

此時的日本輿論，皆異口同聲主張日本應該立刻對中國開戰，以「教訓」中國人和朝鮮人，尤其要使朝鮮人多年來崇拜中國的迷夢覺醒，更說這對世界文明有幫助。（四三一頁，七月二十四日「時事新報」）

七

七月二十二日，日本公使曾對朝鮮政府提出有關自主問題的兩件照會，其中關於政治層面的照會，要求二十二日以前回答，日方認為他們不可能得到能令其滿足的回答，但不管朝鮮政府如何回答，或過期回答，決定實行一項計畫，就是擁護大院君掌權。即「於二十三日上午三時左右，等開城門後，令我混成旅團中的一聯隊由西門進去，行軍至××（王宮）前面，令其一部分開往後面，以示我威力，窺×（宮）內之動靜擁大院君入闕，以圖變革政府。」（杉村「在韓苦心錄」四六頁，本書本文四五六頁）

大鳥動員軍隊包圍王宮，利用浪人岡本柳之助等要拉大院君出來當政，但大院君不肯，最後大鳥這樣寫「日本政府之此舉實出於義舉，故事成之後斷不割朝鮮國之寸地」，並寫明官名和姓名，大院君始答應。（四六四頁）

對於駐漢城外國使臣，就此事變，大鳥曾發出使閱文件，通知說日韓在談判過程中，因日本兵行軍至城內時，不幸遭遇到朝鮮兵之槍擊，日本兵遂迎戰並將其逐斥，現令依韓廷之委託，守衛著王宮，但日本政府絕無侵略之意圖。（四六八頁）

明明是日軍侵入王宮，杉村書記的回憶錄將它的來龍去脈寫淋灕盡致，卻說是日兵行軍至城內時受到朝鮮兵槍擊，顛倒黑白，製造是非，莫此為甚，真是膽大包天。

對於大鳥的說帖，各國使臣之中，「沒有一人提出異議」，他們的動靜，「與事變前沒有兩樣，反而更加平靜」，「但各國使臣等，據聞，大多向其本國電報日本兵占領了××（王宮）。」（杉村「在韓苦心錄」五七頁，本書四六九頁）

得悉大院君入闕的李鴻章說：「倭兵據漢，聞二十一日（二十三日）圍宮，拘×（王），狂悖已極，我雖進兵，相隔尚遠，各國當動公憤」，仍然期待於列國之後援，而終於二十六日，電訓在山海關之提督丁汝昌，命令出動艦隊以牽制日本之行動。但此時，在豐島海面，中日兩國艦隊已經在交戰。（四七四頁）

八月一日，中日兩國分別在北京和東京正式宣戰。日本報刊競相責備中國，為自己國家辯護，為自己軍隊打氣。日本眾議院所提出「征清事件及軍備之建議案」中說：「詳而言之，在於討伐中國，改悛悔悟，杜絕其攪亂東洋和平之禍心，不為干涉他國而亂阻絕終極之大目的，以完我帝國之威信與利益，以定國家百年之長計，以擔保東洋永久之和平。」（五〇八頁）

對於甲午戰爭，日本的報刊大多認為是「義戰」，七月二十九日「時事新報」說：「戰爭（之事實）雖然發生於中日兩國之間，但其根源乃是謀求文明開化之進步與欲妨礙其進步的戰爭，決非私怨，亦非敵意。……日本人眼中無中國人，無中國，只以世界文明之進步為目的，舉凡反對和妨礙該目的者，應予打倒，（我們認為），可以說不是人與人、國與國的問題，而是一種宗教之爭。（五一五頁）

「此次開戰之原因，雖然由於朝鮮的改革事件，但既然與中國開戰，就不僅要排斥妨害朝鮮之改革的中國兵力，應該進而侵入中國，與中國軍大戰，以充分獲得戰爭之利益。何謂戰爭之利益？這固然不一而足，而妨害中國的貿易和航海，將其市場之繁榮拿到我手裏，開始奪取其航海權的基礎，實為中日戰爭之主要目的。」（十一月十七日《東京經濟雜誌》，本書五一六頁）

而對於甲午戰爭的目的，講得最清楚的莫過於七月底，陸奧外相寫給大鳥公使的書信，即陸奧要大鳥向朝鮮政府務必拿到鐵路、電線（無線電）、礦山等利權，尤其電線要拿到軍用的，而且是永久的，最低限度要取得朝鮮政府的承諾，即使這個政府以後垮台。（藤村補註，本書五九九頁）

由以上所述，我們當可知道，日本人如何泡製甲午戰爭，俾從朝鮮把中國的勢力趕出去，壟斷朝鮮的利權，從而侵略中國，難怪日本當局要禁止這本書的發行。

第二章　日本昭和初期的侵華政策

—特別是對滿蒙政策—

一

第一次世界大戰（一九一四—一九一八）結束後，參戰國簽訂凡爾賽條約，成立國際聯盟。由於此次大戰人命犧牲極其慘重，（註一）故人們希望它成為消滅戰爭的戰爭、人類最後的戰爭，而國際聯盟乃確保世界永久和平的國際機構。因此，國際聯盟意圖裁減作為戰爭之工具的各國軍備，俾滅絕國際紛爭的根源。這是大戰後國際聯盟的、也是人類的最大課題。

於是有規定美、英、日三大海軍國家的主力艦的比率為五・五・三的華盛頓會議（一九二一—一九二二）的召開，成立與中國有關的九國公約；而為消滅戰爭，於一九二八年八月，在巴黎更成立了禁止以戰爭作為實現國家政策之工具的非戰條約。所以，大戰後，和平的氣氛彌漫全世

界，在日本社會遂產生輕視軍人的風氣，而不歡迎裁軍的軍人，便厭惡政黨。（註二）

日本在第一次大戰，因為英日同盟關係，日軍進攻德國在中國的租借地山東的膠州灣，派遣驅逐艦隊到地中海，維護印度洋的航海安全，並對聯合國在經濟上有所支助。但這個經濟支助意味著日本商權對海外的擴張，和日本貿易的擴大。日本商人在此次大戰中大發其財，尤其是三井、三菱、住友等財閥，以及東京、大阪、名古屋等大城市的商人。而這些暴發戶眼中無人的作風，使國民道德低落，拜金（物質）主義橫行，導致金權政治的問世。（註三）

第一次大戰歸於民主主義的勝利，因而舉世歌頌民主主義，但日本卻祇輸入民主主義的皮毛，而當時的政黨政治日漸走向不負責任的道路，政黨和政治家汲汲於爭權奪利，官商勾結，拜金風尚彌漫社會，貧富懸殊，農村尤其貧困。（註四）

軍人大多出身農村，但他們卻因為時代趨勢，為一般老百姓看不起，加以農村的貧困，使其對政黨和政治極端不滿。他們之中的少壯軍官認為，時下的自由主義和資本主義是日本社會墮落的直接原因，這個責任應屬於領導階層。於是他們之間產生：必須根除這些腐敗分子以治癒國家的大病，誅戮國賊，何需躊躇的思想。這是「忠君愛國」的至誠，殺身救國的時機，因此他們紛紛組織「櫻會」、「一夕會」等秘密結社。（註五）

日本軍人下剋上的風氣於焉形成，日後幾次軍事政變由此而起，而為其思想上的領導者就是北一輝和大川周明。（註六）日本陸軍的領導人，對於這些純真的少壯軍官，時或予以操縱利用；

對於他們的越規行動，認為動機出於「愛國」，大多予以寬容甚至於放縱。而關東軍高級參謀河本大作上校一夥人陰謀炸死張作霖，軍方沒有徹底追究其責任，是昭和動亂的動機（根源）。（註七）

二

曾任駐華公使和外相的重光葵認為，昭和初年的日本首相田中義一上將的對滿洲方針是，把它當做中國的特殊地區，意圖將它從中國本土分離，並與滿洲的實際掌權者解決問題。（註八）因此，田中很不希望張作霖前往關內，深怕其與中央發生關係或者糾紛，從而影響日本在滿洲的權益。當國民革命軍迫近京津時，田中義一一再要張作霖回到東北，就是由於這種原因。（註九）

日本的許多政治家、軍人和老百姓，都認為滿洲是「日本的生命線」，（註一〇）日本在第一次中日戰爭，尤其日俄戰爭中，「豁出國命與俄國前後作戰十八個月，犧牲十萬生靈和二十億國帑，始將俄國逐出南滿洲」，才得到其支配權，所以日本人尤其是其領導者，對滿蒙便具有特別的和不尋常的「感情」。（註一一）

日本人特別是日本軍人為什麼那麼熱衷要拿滿洲呢？陰謀策劃發動九一八事變的主角關東軍高級參謀板垣征四郎上校，和作戰主任參謀石原莞爾中校的見解將給我們圓滿的回答。

一九三一年六月，板垣曾經對步兵學校的教官作過一次題名「從軍事上看滿蒙」的演講。（註一二）

他從滿洲的農產品、畜產品、水產品、林產品、礦產品等的豐富，認為滿蒙是「帝國自給自足上絕對需要的地區」，由於它「擁有為（日本）所需要的幾乎一切國防資源」，（註一三）「帝國因掌握滿蒙這個戰略上的樞機據點，而成帝國國防的第一線，消極可以保全朝鮮的防衛，積極能夠牽制俄國的東漸，同時對中國將具有強而有力的發言權。」（註一四）

板垣埋怨說：「現在日本人在滿洲能活動的區域，限於關東州二百二十四平方公里，以及有如帶子的滿鐵附屬地十六平方公里左右，共計大約二百四十平方公里的範圍，一般日本人都過著勉勉強強能夠維持其生計的日子。」（註一五）他又說：「中國人目前打著要收回旅順、大連和滿鐵的如意算盤。」（註一六）

板垣於是大膽這樣斷言：「我認為滿蒙問題的解決，從目前中國方面的態度來觀察，我不得不出以外交的和平手段實無法貫徹（我國）目的的結論。如所周知，滿蒙是對俄作戰的主要戰場，對美作戰的補給源泉。故滿蒙與對美、俄、華三國作戰具有最重大的關係。」（註一七）板垣尤其認為：「太平洋的波濤如果有洶湧的一天，必肇端於中國問題；如果有干涉帝國的滿蒙政策的國家，那必定是美國。」（註一八）日後的歷史發展，證明了板垣預言之正確。可惜，日本尚未完全控制滿蒙之前，就爆發了太平洋戰爭，人算真不如天算！

其次，我們來看看被日本人譽為日本「陸軍大學創立以來腦筋最好的石原」（註一九）對滿洲的看法。與石原在陸軍士官（軍官）學校和陸軍大學同學的橫山臣平稱石原為：「名符其實地真正才幹超群，卓見奇偉，氣節豪邁，智謀縱橫，但沒有發跡的名將，是在日本民族史上永遠值得我驕傲的大偉人。」（註二〇）

石原的軍事思想最大的特色是所謂「世界最終戰論」，這個思想顯現於其著作「戰爭史大觀」（一九三一年七月），而九一八事變可以說是實行其軍事學的一個形態。（註二一）

「戰爭史大觀」的基本理念如下：第一次世界大戰只是「歐洲諸民族」的最後決戰，故嚴格來說不能稱為「世界大戰」。下一次世界大戰才是「人類最後的戰爭」，這是研究文化史所得的結論。石原預言：下一次戰爭是「使用飛機的殲滅戰爭」。戰爭形態由線而面，由面而體（立體）地變化，將來的殲滅戰爭是立體的戰爭，是全體國民的總力戰。石原認定爆發戰爭的時機，以「㈠日本完全成為東方文明之中心；㈡美國真正成為西方文明之中心；㈢飛機中途不降落能世界一周」的三個條件的前提。不過石原的這個預言，實摻雜著「日蓮聖人所開示為統一世界的戰爭」而不可避的這種終末論的戰爭之預言。（註二二）而石原軍事思想之所以「奇偉」，其理由可能在此。

基於此種立場，石原在其「關東軍滿蒙領有計畫」主張：「滿蒙問題的解決是日本生存的唯一道路」，「惟有日本占有該地方始能完全達到（其目的）」。他的主張係基於「從歷史關係等來觀察，滿蒙與其說屬於漢民族，毋寧說屬於日本民族」這種獨斷和偏見，認為「為消除國內的不安，需要對外進出」，「由於滿蒙合理的開發，日本的景氣自然會恢復，有識失業者將獲得救濟」。（註二三）石原的目的無非是「為準備總力戰，要把滿蒙作為日本軍事和經濟上的基地」。（註二四）

由於這種立場，石原認日本占有滿蒙以後，在統治形態上要實行軍政，日本人從事於「大規模企業及使用智能的事業」，朝鮮人從事「水田的開拓」，中國人從事「小商業勞動」，使「日、韓、中三民族自由競爭」，以「掌共存共榮之實」。（註二五）石原甚至於誇口大言「拯救中國民族是日本的天職」，（註二六）所以「要打破妨害我天職的白人壓迫→美日戰爭」。（註二七）無他，石原等人以為中國人沒有治理中國的能力，因而要替我們中國人「代勞」。

三

以上是以田中義一上將為首的日本軍人，對中國特別是滿蒙的態度和見解。現在我們來看看日本外交當局對中國的看法和政策。

昭和初年，除田中義一外，與日本對華政策關係最深的應該是幣原喜重郎。幣原於一九二四年（大正十三年）首次出任加藤高明內閣的外相，爾後留任第一次若槻禮次郎內閣的外相，一直到一九二七年（昭和二年）四月大約三年，負責處理北伐時的南京、漢口事件；以後田中義一組閣，自兼外相，因為濟南事件（一九二八年五月）和炸死張作霖事件（一九二八年六月），田中政友會內閣遭到挫折，東三省易幟（一九二八年十二月）中國完全統一，中國上下對日感情江河日下。此時幣原擔任濱口雄幸內閣外相，以改善中日外交關係。

幣原在前述三年的外相任內對中國所採取的是，奉直戰爭、郭松齡事件時所表現的不干涉中國內政的政策，協助中國恢復中國關稅自主權和廢除治外法權的運動。（註二八）對中國問題，在基本上，幣原以遵守他以日本全權代表親自參加華盛頓會議所制訂「關於中國之九國公約」為原則。華盛頓會議的九國公約，互相約定要尊重中國主權之獨立，領土及行政之完整，應給予中國以其自己力量確立和維持有能而安定的政府的充分機會，以及在中國工商業上的門戶開放和機會均等。（註二九）

而我認為最能夠代表幣原對華政策的態度和見解的，實莫過於一九二八年（昭和三年）他任貴族院議員時，在慶應大學所作抨擊田中義一內閣的對滿蒙政策的演講。他說：

「……在東三省我國擁有影響我國家生存的重大權益是不爭的事實，也是為列國所十分理解的。但為其權益之所在地的東三省無疑地是中國的領土。而尊重中國領土完整是我國自簽訂第一次英日同盟條約以還，一再地與列國共同立誓，始終一貫的既定方針。更是華盛頓條約所明定。這個方針一被打破，世界和平將受到威脅，從而必然發生一大禍根。世人往往稱滿蒙地方為『我特殊地域』，但這種稱呼是錯誤的。又政府聲明其方針是要使滿蒙地方為『內外人安居之地』。所謂內外人，應該是指包括中國人和歐美各國人而言。但我國在中國領土上公開說也要使中國人和歐美各國人安居是我國的方針，將引起宛如我國是該地方的主人翁，即從法律上來說，是以統治者自居的誤解，這是無謂的誇張。當然在該地方任何人都能夠安居，係為我們所希望，但無需說，我國實沒有負責使中國人和歐美各國人安居樂業的地位。」（註三〇）

即幣原雖然對中國採取同情和國際協調的合理政策，但對於日本應該得到的利益，他是相當強硬主張，並努力於強化對滿洲的控制，不過他所採取的手段，遠比田中外交有彈性多了，這是必須附帶說明的一點。（註三一）

其次我們來檢討日本駐華公使重光葵的看法。

重光葵認為日本對中國政策最大的錯誤是：「在中國民族逐漸覺醒的第一次大戰中，日本應該洞察世界的大勢，結束以往短視的對華政策，並將國策決定與中日親善和合作的方向。日本應把山東還給中國，俾換取中國在滿洲對日本要求的良好回應。而確立這種綜合性的對華政策，從當時的情勢來看，絕不是很困難的。惟依二十一條的交涉，雖然已經知道對中國以實力仍然很難得到其所能期待的效果，在日本寺內軍閥內閣之下，對中國繼續採取實力的政策。日本政治家對於世界大戰的意義及其以後國際上動向沒有洞察的明眼。」

「日本的大部分領導者，不諳世界情勢，對於中國民族（自求）解放運動具有何種意義不能有所認識。只以『中國是中國』，一直以十八史略的中國的腦筋，而汲汲於目前的利害。長州（今日的山口縣）閥即軍閥之中心人物的寺內（正毅）上將的內閣繼大隈（重信）內閣出現，重演不亞於二十一條交涉的錯誤，增加了中國對日本的不相信。即寺內內閣以數億西原借款的援段政策便是。援助當時的權力者安福派軍閥，俾獲得利權的策動，挑起中國革命勢力和一般民眾激烈的反感，排日運動由之繼續下去。」（註三二）

重光又以為：「中國的排日政策實來自（中國）民族（自求）解放的思想，故不可能以人為來阻止。為因應此種情勢，日本應該把在蘇州和杭州的日本租界立刻還給中國，對中國恢復國權的要求，日本要表示善意的態度。」（註三三）

四

昭和初期日本政府政策之所以傾向於侵略中國，除上述田中軍閥內閣處心積慮一天到晚動中國的腦筋外，日本國內外情勢，這包括日本國內經濟蕭條，失業者激增，人口的壓力，滿鐵利潤之大降等等，石原莞爾之欲以滿蒙為稱霸世界的資源根據地，石原這種思想之逐漸為日本部分政界、學術界、大眾媒體、軍人，甚至於一般大眾所接受和歡迎，是其政策走向侵華的主要原因。尤其是關東軍的實際掌權者主張：如果中央不支持他們的行動，他們將暫時脫離日本國籍也在所不惜。

九一八事變的實際策劃者和發動者石原莞爾在其「滿蒙問題私見」（一九三一年五月）極其大膽而狂妄地說：「滿蒙問題的解決策，我們要牢牢地記住：捨占有滿蒙據為我領土之外，絕無其他路可走。」他並說：「日本要正確判斷問題的真價，相信其解決是正義的、是我國的義務，而且確定戰爭計畫時，不必管其動機如何。擇定日期以後，以日韓合併（併吞朝鮮）的方法，向中外宣布合併了滿蒙就行。如果政府不希望此種情況，衹要軍部能夠團結，樹立戰爭計畫的大綱，以謀略製造機會，由軍部主動以強拖政府，不一定很困難。」（註三四）如此這般，關東軍就一連串地搞謀略，製造既成事實，把日本政府一步一步地拖下水，從而走上日本國破家亡的道路。

最後，我想乘這個機會特別向各位報告幾件事，以供參考。

第一件事是「田中奏摺」的真偽問題。「田中奏摺」是假的，沒有在日本「田中奏摺」這個東西，但當時有所謂「田中奏摺」是事實，而且日後日本侵略中國的經過大致與「田中奏摺」符合也是事實，所以蔡智堪的愛國行為值得我們肯定，在當時，「田中奏摺」有它的價值和貢獻。其詳情，請參閱今年七月份的「歷史月刊」。

第二件事是「柳條溝事件應該是柳條湖事件」。東北的確有柳條溝這地方，但柳條溝位於柳條湖東北北大約二十公里，距離南滿鐵路十五・六公里的地方，故不可能發生炸燬南滿鐵路的所謂柳條溝事件；而柳條湖則位於瀋陽北上的第一個滿鐵的車站，因此柳條溝事件是錯誤的。其詳細說明請看今年九月份「歷史月刊」拙稿，或者民國七十六年十一月號「傳記文學」。

第三件事是，關於九一八事變的真相，我在今年九月份的「歷史月刊」開始連載爆發九一八事變當時的關東軍參謀片倉衷所撰寫「滿洲事變機密政略日誌」，這是關東軍的最高機密秘錄，是研究九一八事變的第一手資料，很值得一看，一共大約有二十萬字，將連載一年半到兩年。

又，從九月十八日起，「臺灣日報」將連載我所介紹，日本NHK訪問張學良有關九一八事變和滿洲「建國」的部分，有機會，請能參閱。

註　釋

註　一：此次大戰，戰死者大約一千萬人，戰傷者大約一千萬至三千萬人，一般市民死傷者大約五百萬人，直接戰費達大約一千八百億美元。引自下中邦彥編集兼發行，《小百科事典》，增補改訂版，一九八二年十月二十日，東京平凡社，頁八二一。

註　二：重光葵，昭和の動亂（上卷），昭和二十七年（一九五二）六月十日，六版，中央公論社，頁九—一〇。

註　三：前書，頁一一。

註　四：前書，頁一二。

註　五：前書，頁一五。關於「櫻會」、「一夕會」，亦請參考拙譯「日本筆下的九一八事變」一書中的「九一八事變爆發前後」一文，此書於一九九一年十月一日，由臺北水牛出版社出版。

註　六：重光葵，前書，頁二〇。重光葵此書，對幾次軍事政變都有簡略的說明。

註　七：重光葵，前書，頁三七。拙譯，昭和天皇回憶錄，臺灣新生報社，一九九一年九月初版，頁二五—二七。

註　八：重光葵，前書，頁三四。

註　九：請參閱拙譯「張作霖與日本」一書，此書於一九八七年，由水牛出版社出版。

註一〇：歷史學研究會編，前書，頁二四七；江口奎一，「十五戰爭の開幕」，一九八二年八月十五日第一版第一刷，東京小學館，頁二〇—二一。

註一一：歷史學研究會編，「滿洲事變」，頁二三四。

註一二：板垣征四郎，「軍事上より觀たゐ滿蒙に就て」，收於：現代史資料，七，「滿洲事變」，一九七五年十月二十日，第四刷，みすず書房，頁一三九—一四四。

註一三：板垣在這個演講，評列了這些產品和資源的具體數字，譬如煤的埋藏量，說是達三十億公噸，而且還在陸續發現。

註一四：現代史資料，七，「滿洲事變」，頁一四〇。

註一五：前書，頁一四三。

註一六：前書，頁一四四。

註一七：同前。

註一八：前書，頁一四三。

註一九：日本國際政治學會太平洋戰爭原因研究部編，太平洋戰爭への道，第一卷「滿洲事變前夜」，昭和三十八年（一九六三）二月十五日發行，朝日新聞社，頁三六二；昭和天皇對石原莞爾有所批評，陳鵬仁譯，昭和天皇回憶錄，頁三三。

註二〇：橫山臣平，秘錄石原莞爾，昭和五十一年（一九七六）三月三十一日，第十二刷，芙蓉書房，「自序」。

註二一：前述，太平洋戰爭への道，頁三六六。

註二二：前書，頁三六七。

註二三：歷史學研究會編，前述「滿洲事變」，頁二四三。

註二四：前書，頁二四三—二四四。

註二五：前述，太平洋戰爭への道，頁三六九；山本勝之助，日本を亡ぼしたもの（軍部獨裁化とその崩壞過程），昭和四十四年（一九六九）三月二十日初版，評論社，頁一一一。

註二六：前述，現代史資料，頁一三三。

註二七：同前。

註二八：鹿島平和研究所編，守島伍郎、柳井恒夫監修，馬場明撰，日本外交史，第十八卷，「滿洲事變」，昭和四十八年（一九七三）六月三十日發行，鹿島研究所出版會，頁一三。

註二九：同前，頁二一一。

註三〇：同前，頁一四一一五。

註三一：同前，頁一五；歷史學研究會編，前述「滿洲事變」，頁二四九。

註三二：重光葵，前述，昭和の動亂，頁二七。

註三三：同前，頁五一；歷史學研究會編，前書，頁二六五。

註三四：前述，太平洋戰爭への道，頁三八六；前述，歷史學研究會編，「滿洲事變」，頁二六五。

第三章　日本參謀本部編纂「滿洲事變作戰經過之概要」

一、前　言

《滿洲事變作戰經過之概要》（副題「滿洲事變史」）一書，係由日本參謀本部所編纂，初版發行於昭和十年（一九三五年，以下概用西曆），本來預定二十八卷，因發生中日戰爭，故實際上只出版了十九卷。本書《滿洲事變作戰經過之概要》，是第一卷《滿洲事變作戰經過之概要（上）》和第二卷《滿洲事變作戰經過之概要（下）》的合訂本。另外加上「解說」者稻葉正夫的《史錄・滿洲事變》而成。

此書本文一共七百三十一頁，有七張很詳細的另加作戰地圖，一張整個作戰的地圖和一張亞洲的普通地圖。稻葉正夫的《史錄・滿洲事變》有一百八十七頁，可以說是一本小書，是意圖補充本書之不足的。其重點擺在關東軍和事變前夕，以及爾後的演變。因為關東軍是此事變的主角，事變前有許多問題，這些問題使關東軍發動九一八事變。

稻葉正夫是新潟縣人，出生於一九〇八年，去世於一九五八年。陸軍士官學校、陸軍大學畢業。曾任關東軍參謀、陸大教官、大本營參謀，日本投降當時是中佐。戰後擔任防衛廳戰史編纂官，有不少戰史方面的著作。以下，擬就本書內容，予以簡介。

二

第一章敘述滿洲方面的狀況，即有關九一八事變前的情勢、滿洲的地理，包括中日紛爭的經緯、中日兩國軍備的狀況；從爆發事變到一九三二年一月上旬的狀況；從一九三二年一月上旬到四月中旬的狀況；自一九三二年四月中旬到七月下旬的狀況；從一九三二年八月上旬到九月中旬的狀況；間島、鴨綠江方面的狀況；滿洲國的建國、國際聯盟中國調查委員的行動以及日本承認滿洲國。

第二章的內容為華北方面的狀況，包括爆發九一八事變後華北方面中國軍和列國軍的狀況；天津事件以及隨關東軍進出遼西後日本駐中國軍（即支那駐屯軍）的行動；從一九三二年一月中旬到九月中旬的狀況。

第三章敘述上海方面的狀況，其內容包括上海事變（一二八事變）前的情勢和上海附近的地理；事變前的狀況；上海附近的會戰；會戰後敵對行動之中止與守備配置；上海派遣軍與海軍艦船部隊一部分之撤退；一二八事變與國際情勢；停戰交涉。

以上是上冊部分的內容。下冊分為三章。第一章為從日本承認滿洲國以後到開始動熱河腦筋的狀況，包括滿洲國內一般狀況和關東軍的增兵；南滿方面的狀況；北滿方面的狀況；遼西與山海關方面的狀況。

第二章敘述熱河作戰，其內容為作戰前一般情勢以及關東軍的作戰準備與計畫；熱河省內的作戰；萬里長城附近的作戰；關內作戰；停戰協定與成立與關東軍退到滿洲國；熱河作戰期間支那駐屯軍和海軍的協力（配合）以及滿洲國駐屯各部隊之行動。

第三章敘述熱河作戰（原文為熱河侵略戰）以後的情勢，包括到滿洲國實施帝制以前的情勢，和實施帝制以後的情勢。

由以上所述，我們可以知道，本書的內容以爆發九一八事變前中、日兩國的情勢，九一八事變本身的作戰經過，以至熱河作戰為主的作戰過程為主，極為詳盡。站在日本參謀本部的立場，作事實上的敘述。

三

由於本書是整個九一八事變作戰經過的概述，非常瑣碎，所以筆者擬就筆者認為應該和值得介紹的基本事實加以敘述，以供國人參考。

日方以甲午、日俄戰爭以後，日本在中國東北所得到的合法權益，因歐美列強在中國尤其是東北的「得寸進尺」，以及中國民族主義的覺醒，特別是國民革命軍的北伐成功，張學良的易幟，服從中央政府，中國建設包圍滿鐵的鐵路，無視條約，威脅在滿蒙日人的居住權和生活權，迨至一九三一年，中日間的懸案大小達三百多件，是中日糾紛的主因。（頁一—四）

其實，日本人在人家國度以武力為後盾，要求這個要求那個，根本就是霸道的行為，而竟說是中國人侮辱日本軍隊和日僑，迫害朝鮮人，出於挑戰態度和非法行為，此種說詞，簡直是「指鹿為馬」、「打人喊救人」的行徑，難怪世界各國要為中國抱不平。九一八事變之所以演變為中日的全面戰爭，以至太平洋戰爭，日本之無條件投降，不是偶然的。（註一）

爆發九一八事變當時，關東軍的編制為：駐箚第二師團（師團長多門二郎中將）、獨立守備隊（司令官森連中將）、旅順重砲兵大隊、關東憲兵隊，總人數不到一萬人，關東軍司令官為本庄繁中將。日本海軍的兵力為：第二遣外艦隊（司令官津田靜枝少將），擁有旗艦球磨、驅逐艦

刈萱、芙蓉和朝顏。（註二）

中國軍：張學良在關內的軍隊大約十一萬五千人（步兵十二旅、騎兵三旅、砲兵三團，以下同）；留在奉天省部隊五萬五千人（國防四旅、省防二旅、國防、省防各一旅、三團）；張作相的吉林省軍五萬四千人（八旅、一旅、一團）；萬福麟的黑龍江省軍二萬九千人（三旅、二旅、一團）；湯玉麟的熱河省軍一萬五千人（四旅、二旅、一團），共計二十六萬八千人（三十三旅、十旅、九團）。加上其他非正規軍十八萬人，總共大約四十四萬八千人。（頁五－九）

當時東北四省（奉天、吉林、黑龍江、熱河）的面積為一百二十萬平方公里（原文為七萬七千三百十方里），人口是三千三百六十九萬八千人（一九二九年年底的調查）。（頁九－一〇）

至於奉天（瀋陽）、長春、大興、昂昂溪、齊齊哈爾等地的戰鬥情形，筆者不擬細說，因為實際上，中國軍幾乎沒有正規兵與其交戰，都是日軍單方面的「掃蕩」。即一九三一年年底至一九三二年八月左右，關東軍集其兵力「掃蕩」南滿鐵路、遼西、中東鐵路、松花江沿岸、吉敦鐵路、齊齊哈爾、吉林等地的「掃蕩」，以維持地方的治安。（頁一三－二六六）

四

一九三二年五月五日凌晨五時三十分左右，海軍中尉古賀清志等，十個少壯軍官，以及陸軍士官學校軍官候補生後藤映範等十一人，攜帶槍械和手榴彈，襲擊首相官邸、警視廳、政友會本部、三菱銀行和牧野伸顯內大臣公館，槍殺首相犬養毅，是為日本史上著名的五一五事件。（註三）日本政黨政治，由此「壽終正寢」。

犬養毅被暗殺之後，於五月二十七日，由海軍大將、子爵齋藤實出而組閣，齋藤暫兼外務大臣，陸軍大臣荒木貞夫中將留任，海軍大臣由岡田啟介大將接充，七月六日，滿鐵總裁、子爵內田康哉接任外務大臣。內田於一九一一年曾任西園寺公望內閣的外相；一九一八年為原敬內閣的外相；留任於高橋是清內閣（一九二一年）和加藤友三郎內閣（一九二二年），所以此次出任外相是第三次，可能為擔任日本外相最長的一位。（頁二六七—二六八）

一九三二年八月八日，關東軍司令官本庄繁中將調任軍事參議官，教育總監兼軍事參議官武藤信義大將出任關東軍司令官，同時兼任特命全權大使（該年三月一日已經成立偽滿洲國）和關東長官。（頁二六八—二六九）

關於九一八事變後華北方面中國軍及列國軍的情況，它說：張學良表面上取締排日，實際上暗中派其親信萬福麟到國民政府首腦蔣中正處，請示有關對日方策，同時與廣東派（陳濟棠、古應芬、汪精衛、許崇智、李宗仁等）、韓復榘（在山東）和西北諸將領（閻錫山、馮玉祥等）通款、呼籲一致面對國難，並為抑制滿洲的獨立運動，在錦州成立遼寧省臨時政府。

此時張學良的東北軍主力十一萬五千人，集結於北平與天津之間；另外由東北撤退而來的大約五千兵員、大砲三十門左右的大部分配備於灤州，一部分配置於北平。

支那駐屯軍（司令官中將香椎浩平）的內容如下：支那駐屯軍司令部、天津駐屯步兵隊（本部及四個中隊）、北京駐屯步兵隊（本部及一個中隊）和支那駐屯軍病院。

除此之外，英國軍隊有大約一千人；美軍大約一千五百人；法軍大約二千人；義軍大約四百人，都配置於北平和天津。（法軍也駐紮山海關、秦皇島、塘沽；義軍也駐於山海關與塘沽；美軍也駐屯秦皇島）。（頁三三七—三三八）

在上海方面，於一九三二年一月下旬，發生所謂「上海事變」（一二八事變）。日方發表說：一月十八日，日本和尚兩人與信徒三人，經過上海引翔港鎮北街道時，受到中國人經營的三友實業公司工廠員工襲擊，一名和尚受傷後死亡，其餘的亦皆受傷。但事實上這是當時日本駐北京公使館助理武官少佐田中隆吉所設計的陰謀和謀略。（註四）

此時在上海，日軍（海軍。上海是日本海軍的地盤）的編制如下：

第一遣外艦隊：擁有○安宅、平戶、天龍、○常盤、對馬、宇治、伏見、隅田、鳥羽、○堅田、比良、保津、勢多、熱海、二見、浦風、小鷹等軍艦；艦隊司令官是鹽澤幸一少將。（有○者，事變當時在上海）

第二十四驅逐隊，具有樫、柳、檜、桃四艘驅逐艦、漢口陸戰隊（四十三人）、上海陸戰隊（九百人）；大井第十五驅逐隊，擁有薄、萩、藤、蔦四條驅逐艦。

第一水雷戰隊，旗艦夕張，下面有第二十二、第二十三、第三十驅逐隊，各擁有四條驅逐艦（皐月、水無月、長月、文月；三日月、菊月、望月、夕月；如月、卯月、睦月、彌月）。

航空母艦能登呂，有六架偵察機。吳（軍港）第一特別陸戰隊四百五十七人；佐世保（軍港）第二特別陸戰隊四百六十八人。以上皆歸第一外遣艦隊統轄。（頁三六五—三六六）

當時在上海附近的中國軍有第十九路軍，總指揮蔣光鼐，軍長蔡廷楷（亦作鍇），轄第七十八師（兵員一萬、步槍八千、山砲六十二、迫擊砲十）、第六十師（兵員一萬一千、步槍九千、山砲八、機關槍二十四、迫擊砲十）、第六十一師（兵員一萬二千五百、步槍一萬零五百、山砲十、機關槍二十八、迫擊砲二十），兵力三萬三千五百人。

第五軍（舊警衛軍），總指揮為張治中，轄第八十七師和第七十八師，擁有步槍一萬八千、自動步槍五百、機關槍一百零八、迫擊砲一百四十四門，兵力二萬三千人。首都憲兵師，司令谷正倫，兵員一萬一千人，步槍九千三百支、機關槍十六挺。總兵力為六萬七千五百人。（頁三六七）

第十九路軍主要的以廣東、廣西等地南方人編成，自一九二一年創建以來，參加過大小一百多次戰鬥，在中國軍中以剽悍馳名；第五軍沒有實際作戰經驗，但其幹部之素質與自動火器、迫擊砲等裝備比較優越。（頁三六七—三六八）

鑒於中國軍之優勢，日軍最高當局遂於二月二日決定編成第三艦隊，以海軍中將野村吉三郎為司令長官，除指揮上述第一遣外艦隊外，加上第一航空戰隊、加賀、鳳翔軍艦和第二驅逐隊（沖風、峰風、澤風、矢風四條驅逐艦）。（頁三七六—三七七）

另一方面，在上海中日兩國之間一發生大規模的軍事衝突，日本陸軍中央便於二月二日，對第十九師團（師團長中將植田謙吉）下達應急動員令，並令第十二師團臨時編成混成旅團（旅團長少將下元熊彌）。

但日本陸軍的這些部隊還是敵不過中國軍，為應付國際聯盟，早日解決事變，乃於二月二十三日和二十四日新編成上海派遣軍，趕緊增派上海。陸軍大將白川義則被派為上海派遣軍司令官。

上海派遣軍的編制如下：

上海派遣軍司令部

第十一師團（師團長中將厚東篤太郎）

第十四師團（師團長中將松木直亮）

機關槍第二、第四、第九、第十大隊

獨立山砲第一聯隊

野戰重砲兵大隊

獨立野戰重砲兵中隊

攻城重砲兵（甲）聯隊
攻城重砲兵第二聯隊第一中隊（直徑二十四公分）
獨立攻城重砲兵隊
第一牽引汽車隊
獨立工兵第九大隊（甲）
獨立工兵第六大隊第一中隊（船舶）
偵察飛行一中隊（八八式）
派遣上海飛行第一中隊（輕轟炸機）
獨立氣球第一中隊
野戰電信第十四中隊
軍無線電隊（本部及第一小隊）
野戰鴿第一小隊
第九師團第一、第二架橋材料中隊
其他兵站部隊（頁四一四—四一六）

在此次戰役，日本陸軍戰死六百二十人（不包括海軍一百四十九人）、戰傷一千六百二十二人（另外海軍七百人），共計二千二百四十二人，為參加戰鬥人員之大約百分之十七，與日俄戰爭遼陽會戰的死傷率差不多。

中國軍的參加兵力為大約六萬多人，據中方發表，其戰死者四千零八十六人，負傷者八千五百八十四人，失蹤者七百五十六人，共計一萬三千四百二十六人，損傷率為百分之二十二。（頁四五二—四五三）

在交涉停戰過程中的四月二十九日，亦即日本昭和天皇的生日那一天，一方面為慶賀其「萬歲」，另方面為展現日軍之威風，在上海虹口公園及其附近舉行了大規模的閱兵和禮砲典禮，閱兵完畢，唱日本國歌快要結束的時候，韓國獨立黨員尹奉吉，突然向台上投擲炸彈，由之白川義則軍司令官、野村吉三郎第三艦隊司令長官、植田謙吉第九師團長、重光葵公使、村井倉松總領事、川端貞次民團行政委員長、友野皮民團書記長受傷；白川大將且於五月二十六日去世；重光鋸掉右邊大腿。（註五）

一二八事變，因英國駐華公使藍有遜的極力斡旋，於一九三二年五月五日，由外交部次長郭泰祺和日本駐華公使重光葵簽訂了停戰協定而告一段落。（頁四七八—四八二）以上是上冊的大致內容。

五

下冊的第一章是概述日本承認滿洲國以後開始侵略熱河之前的情況，主要內容包括滿洲國內一般情況和關東軍的增兵；南滿方面的情況，北滿方面的情況，講的都是「討伐」各地的「匪賊」，以維持地方的安定。

其中值得一提的是，蘇炳文的叛變。一九三二年九月二十七日，蘇炳文麾下的軍隊在滿洲里突然監禁特務機關長小原重孝步兵大尉和宇野國境警察隊長，封鎖日本領事館，解除國境警察隊的武裝，占領富拉爾基以西的各車站，監禁、搶奪日僑、滿人和白俄羅斯人，對於抵抗者的一些人予以殺傷。十月一日，且於海拉爾舉行獨立典禮，蘇炳文和張殿九分別就任東北民眾救國軍總司令和副司令。（頁七七）

關東軍令第十四師團長松木直亮中將編成中山支隊，以步兵第二聯隊長大佐中山健為指揮官，率領步兵第二聯隊（缺第二、第九中隊、第十中隊之一小隊及機關槍一小隊）、騎兵第十聯隊、騎兵第十八聯隊、野砲兵第二十聯隊第一中隊、工兵第一中隊（缺一小隊）、師團通信隊的一部分和師團衛生班的一部，以攻擊蘇炳文部，但未能奏效，故武藤關東軍司令官改採政治工作，以懷柔蘇炳文，但蘇不予理睬，加以反抗日軍的滿人人數增加，因此關東軍司令官對第十四師團長大增兵力，以資「討伐」。

其所增加兵力如下：野砲兵第八聯隊（本部及第三大隊）、步兵第十七聯隊第一大隊、十五加農中隊（兩門）、騎兵第一旅團、騎兵第四旅團、臨時派遣第一戰車隊（缺二小隊）、關東軍野戰病院之一部分、關東軍野戰自動車一中隊、轟炸機約一大隊、偵察機約一大隊、野砲兵第二聯隊第二大隊、臨時野戰重砲兵隊（四年式十五厘米兩門）、駐齊齊哈爾關東軍飛行隊（空軍。缺第十大隊材料廠及在哈爾濱關東軍飛行隊偵察機兩架）、黑龍江省軍、駐錢家店滿洲國軍隊（蒙古兵大約一千人）、與第十四師團部隊換班的安達站警備部隊、混成第十四旅團（缺步兵一大隊，第二師團的工兵一小隊及關東軍第二輸送監視隊屬此）、關東軍飛行隊司令部（駐齊齊哈爾飛行諸部隊歸還原來隸屬系統）、飛行第十六大隊（本部及一中隊）、關東軍自動車隊本部（駐齊齊哈爾自動車部隊歸還原來隸屬系統）及一中隊，浩浩蕩蕩，不可一世。（頁八三—八四）

在這樣強大日軍的進攻下，蘇炳文終於在十二月三日黃昏與其家人離開海拉爾，逃往蘇聯。而與蘇炳文逃往蘇聯的正規軍士兵大約三千人，皆被解除武裝，非戰鬥員大約一千二百人。（頁一〇五）

南滿方面的「匪賊」為義勇軍、大刀會等，共計大約二萬五千人，其主要領導者為唐聚五；遼西方面的義勇軍和熱河軍（一九三二年七月下旬），其人數為三萬人以上，上述兩者皆接受張學良系軍的武器彈藥接濟。（頁三、一二三）。遼西方面義勇軍的領導者有鄭桂林、李海峰、馬子坍、宋齡九、趙金華、亮山、朱霽青、孫兆印等人。（頁一二四—一二六）

第二章是有關熱河的經略戰。第八師團負責朝陽附近的「掃蕩」；混成第十四旅團進至喜峰口附近；混成第三十三旅團開往界嶺口附近作戰。（頁一四八—一五七）

第六師團開始採取行動，於一九三三年二月底占領了下窪和朝陽附近。爾後又攻克赤峰、烏丹城和義院口。與日軍交戰的中國主要部隊為宋哲元第三軍團的第三十七師、暫編第二師，萬福麟第四軍團的第一一六師和商震之第一三九師的一部分和第一一五師等。（頁一七七—一八七）

在關內作戰方面，關東軍占領石匣鎮、密雲、懷柔等地。由於關東軍迫近北平，於四月下旬，第八師團進攻南天門陣地時，陳儀對日本駐上海武官步兵中佐根本博表示，中方有意停戰；爾後，何應欽在北平亦對日本駐北平武官步兵中佐永津佐比重有所策動，乃由日方代表關東軍參謀副長少將岡村寧次，和中方代表北平軍委分會總參謀長熊斌，於五月三十一日，簽訂了塘沽停戰協定。（頁二〇三—二三〇）（註六）

第三章敘述熱河經略戰以後的情勢。此時關東軍的布署情況如下：

一、騎兵集團（配備第十四師團的步兵大約一大隊、工兵第十四大隊的一小隊、汽車一小隊）警備整個興安省、通遼縣及雙山縣以北的奉天省。

二、第八師團（配備汽車一中隊）警備平泉縣以西及圍場縣以南的熱河省。

三、第六師團（配備自獨立守備隊轉入的裝甲單車兩輛、汽車一中隊）警備第八師團及混成第十四旅團所擔任地區以外熱河省與彰武、黑山、盤山縣以西，錦西縣以北之奉天省。

四、第十師團（缺工兵約一中隊，裝甲列車及裝甲單車之配備照舊）、警備伊通、蒙江縣及新京（長春）警備區域以外，吉林省之全部。

五、第十四師團（缺步兵大約二大隊、工兵大約一中隊，裝甲列車及裝甲單車之配備照舊）警備整個黑龍江省。

六、混成第十四旅團（配備工兵第十四大隊之一中隊—缺一小隊—由獨立守備隊轉入之裝甲列車一輛及裝甲單車四輛）警備興城縣以南的奉天省，和凌南、喜峰口以東的青龍縣。

七、獨立守備隊（配備裝甲列車七輛、裝甲單車六輛）警備騎兵集團、第六師團與混成第十四旅團所擔任地區以外，奉天省的大部分和伊通、蒙江縣。

八、新京警備隊（新京警備司令部—司令官關東憲兵隊司令官少將橋本虎之助—及第十四師團步兵約一大隊）警備新京。

九、關東州警備隊（旅順要塞司令部及旅順重砲兵隊）警備關東州。

十、飛行隊（關東軍飛行隊）、電信隊（電信第三大隊）、憲兵隊（關東憲兵隊）、軍預備（第十四師團之步兵約一大隊、關東軍臨時派遣第一戰車隊、野戰重砲兵第九聯隊及高射砲第二大隊）、鐵道部隊（鐵道第一聯隊及關東軍鐵道線區司令部）、軍兵站部（軍兵站監事務負責者、工兵第十大隊之約一中隊、關東軍汽車隊—缺三中隊—關東軍兵站司令部、關東軍兵站監部錦江出張所—辦事處—關東軍野戰兵器廠、關東軍野戰航空廠、關東陸軍倉庫、病人列車一輛、各地衛戍醫院、關東軍臨時預備馬廠及關東軍病馬收容所）繼續從前之任務。（頁二三七—二三八）

一九三三年七月二十八日，關東軍司令官兼特命全權大使兼關東長官的元帥陸軍大將武藤信義病逝，軍事參議官陸軍大將菱刈隆為其後任，於八月二十二日到任。（頁二四一）

該書說，一九三二年九月當時，「匪數」有二十二萬人，經過關東軍的「討伐」，到一九三三年八月，則剩下六萬六千人。因而又繼續「掃蕩」吉林省東北境和松花江下游地區，此時（三月十日），步兵第六十三聯隊長大佐飯塚朝吉戰死。（頁二四三—二四五）

「滿洲國」於一九三二年（他們稱為大同元年）三月一日「建國」；滿一年後的一九三三年三月一日，執政溥儀依「天意」登極，成為「滿洲國皇帝」，改元康德元年。（頁二四七）

以上是正文的大概介紹；以下擬簡介稻葉正夫的《史錄・滿洲事變》。

六

稻葉的《滿洲事變》一共分成五章，「胎動」、「前夜」、「勃發」、「建國」和「停戰」。

稻葉一再介紹和強調九一八事變的主角關東軍作戰參謀中佐石原莞爾「戰爭史大觀」，和關東軍高級參謀大佐板垣征四郎對滿蒙問題的看法的重要性。

石原對滿蒙問題的態度，一般都將其稱之為石原構想。石原認為，滿蒙問題的解決是日本生存的唯一一條路。他說：要消除國內不安，必須對外進出；滿蒙的偉大價值，大多數日本人不瞭解；滿蒙問題一獲得解決，中國本土的排日將同時結束；滿蒙問題的積極解決，不僅為日本所必需，對多數中國民眾也是一件好事，日本是為正義而為。（頁五）

石原表示：滿蒙問題的解決，因日本擁有滿蒙之後才能完全達成；對華外交就是對美外交，為達到上述目的，必須覺悟對美戰爭，如果無法對付美國，日本以趕緊解除其全部武裝為有利；以為對美持久戰沒有勝利的把握，乃不理解對美戰爭之本質的結果，俄國的現況給日本絕好的機會。

石原更天真地主張：完成對美戰爭準備之時，即與之開戰，並斷然將滿蒙政權收於日本手裡。開戰後，東亞將被封鎖，因此日本應該適時領有中國本土之要部，以與日本連為一體，俾與美國作長期的戰爭。石原認為，這樣作一方面能解決日本的不景氣和失業問題，另方面使東亞能夠自給自足，有助戰勝美國。此時，日人從事大規模的企業和用腦筋的事業，朝鮮人作水田的開墾，中國人作小生意和勞動，打著日本人的如意算盤。（頁五—七）

與石原莞爾扮演同樣重要角色的板垣征四郎，於一九三一年五月二十九日，對關東軍的部隊長聯席會議，以「關於滿蒙問題」為題，作了一次很長時間的演講。

其主要內容為：當時日本每年要增加六十萬人口，但海外移民只有兩萬人，實在無法解決人口問題，故日本需要擁有滿蒙地區；日本如能擁有滿蒙，其國防第一線可以移到黑龍江大河以至大興嶺之線，以呼倫貝爾的沙漠地帶為前地，若是，俄國將很難東漸，因而日本可獲得北方的安全；因張學良之易幟，滿蒙日受中國之「威脅」，故必須確保滿蒙之獨立，以消除中國的「威脅」；在滿洲的朝鮮人有一百萬人，他們大多從事水田耕作，但處處受到中國官方的「壓迫」，欲歸化中國又不可得，且得不到日本官方的保護，所以逐漸不信任日本，影響朝鮮的治安，因此非擁有滿蒙，不能使朝鮮統治趨於安定。（頁四一—四八）

板垣認為，根本解決滿蒙問題，打開現狀，是日本安定國民經濟生活的唯一途徑。將來日本能否與世界大國並駕齊驅，以圖日本民族永遠的發展，以完成日本帝國的使命，還是變成小國，失去其獨立，這是一個分歧點。（頁四四）

板垣以有些日本人怕與美國交戰乃因對日本的國防和國力欠缺正確認識所造成；板垣深信：日本海軍在對美作戰上有「充分的勝算」，對美戰爭所需物資，可以得自滿蒙及中國本土。（頁四九）板垣真能打如意算盤，他以為中國人全會聽他的，實在太天真、太自大、太不知天高地厚了。

由於倫敦裁軍會議的結果，美日海軍軍艦的比率，逐年對日本不利，因此板垣主張：滿蒙問題的解決，最好在一九三六年以前。（頁四九）基於此點，盧溝橋戰火點燃於次年七月七日，或與此不無關係。板垣的演講，暴露了帝國主義者的嘴臉無遺。

稻葉在其文章中特別強調「滿洲青年連盟」的誕生，及其在造成輿論中所扮演的重要角色。（頁二二六—二二八、頁六八—六九）但顯而易見，這是關東軍所泡製的民間團體，不值得一駁。日本軍部專門幹這種事，這是他們的「拿手戲」，而日後溥儀之就任傀儡皇帝，乃是他們的最大傑作。

時至今日，大家都知道，九一八事變是關東軍的陰謀所製造，而關東軍之所以敢這樣膽大妄為，乃因為有日本陸軍中央的撐腰。

日本陸軍中央於爆發柳條湖事件十二天後的九月三十日所決定「關於解決滿洲事變的方針」，於十月八日策定「時局處理方案」。其第一條第二項明白說：「對於要由支那本部分離滿蒙使其獨立之我國意圖，要守秘。」（頁一〇〇）由此可見，日本軍部要占領滿蒙，泡製傀儡國家是他們一貫的主張。

而在泡製傀儡國家滿洲國的時候，其方法為：令其與中國本土絕緣，表面上由中國人統治，實權抓在日人手裡，俾建立以東北四省和內蒙為領域的獨立滿蒙國家。（頁一一一）新國家建設運動，表面上一定要由中國人自己從事，由內面（背後）給予強有力的支持，尤其要早日刷新黑龍江省政權，掃蕩錦州政府，覆滅張學良勢力。（頁一一二）

曾經服務於滿鐵上海事務所，於十月一日被聘為關東軍國際法顧問的松木俠，在他的回憶錄說，板垣大佐曾指示他：「要拜託你的是，創立國家。有三個絕對的條件：要完全由支那獨立；聽從日本的話；國防由日本負責，只是條約上的駐兵權是不行的。此外，任何形式的國家都可以。」（頁一一三）日軍之死要泡製傀儡國家，昭然若揭。

為著抓來傀儡國家元首，關東軍特派奉天特務機關長大佐土肥原（中國人稱他為土匪原）賢二，帶一批人於十月二十七日往天津出發。但外相幣原喜重郎絕對反對拉出溥儀，且要天津總領事桑原主計全力阻止溥儀逃出天津。（頁一二一）

故於十一月八日，土肥原便在天津導演暴動，以誘導日本天津軍的出動，但沒有成功。惟因天津的暴動，感覺不安全的溥儀，加以關東軍的慫恿，遂於十一月十二日（農曆十月二日）夜晚，從法國碼頭，乘汽艇下白河而離開天津。隨從者五人，其中三個人是日本人，他們是工藤忠、宮島大、上角利一。

這隻汽艇不管任何信號和射擊，一下子衝到渤海，在那裡一行換乘平常往還於天津、營口之間的客輪淡路丸。淡路丸於十四日上午八時三十分抵達營口。由內藤雅男（甘粕正彥的化名）（註七）等迎接，並與之直往湯崗子，休息二、三天之後，下塌於旅順的肅親王府。（頁一二一—一二二）

對於溥儀之出走天津，關東軍對駐東北的日本各單位發出如下的通牒：

「溥儀由於天津發生暴動，深感生命危險，為尋求安居之地，自動逃出天津，於十一月十三日上午十時，突然登陸營口，請求保護，基於人道上考慮，接受溥儀之請求，暫將其收容於湯崗子，加以保護。

惟鑒於時局，禁止其從事政治活動，截斷其與外面之交通，以期保護之萬全。

以上所述各節，對內外本並無所顧忌，惟在目下滿洲政情，溥儀之行動，於（日本）帝國之對外關係上，不僅微妙，且為期保護上萬全之所需，迨至適當時機，有關溥儀一切行動之消息，一律禁止報導。」（頁一二二）

由此，我們可以看穿，關東軍用心良苦所編造的「美麗的謊言」。

爾後，關東軍陸續攻擊錦州、齊齊哈爾和哈爾濱，準備滿洲的「建國」。一九三二年一月，板垣前往旅順，對溥儀就建立新國家進行「說服」，二十九日回到瀋陽。二月二十五日，東北行政委員會，發表新國家的組織大綱如左：

國家名　滿洲國

元首名　執政

國旗　新五色旗

年號　大同

首都　新京（長春）（頁一六四）

所謂東北行政委員會，以張景惠為委員長，委員有臧式毅、熙洽、馬占山、湯玉麟、凌陞和齊王六個人。但馬占山和熙洽因需主持省政，不久就離開，另派代表；在關東軍背後指導下，加上鄭孝胥、羅振玉等連日開會，而終於決定了上述的新國家組織大綱。

三月一日上午九時，在張景惠邸，東北行政委員會以滿洲國政府之名，宣布奉天、吉林、黑龍江、熱河、東省特別區、蒙古各旗盟（呼倫貝爾、哲里木、昭烏達、卓索圖），當日與中華民國脫離關係，以創立「滿洲國」。同時發表建國宣言和建國要綱。

傀儡國家以溥儀為執政，其中央政府主要人事如下：

參議府

議長　張景惠

副議長　湯玉麟

參議　袁金鎧、羅振玉、張海鵬、貴福

國務總理　鄭孝胥

民政總長　臧式毅

軍政總長　馬占山

財政總長　熙洽

外交總長　謝介石（臺灣人）

實業總長　張燕卿

司法總長　馮涵清

交通總長　丁鑑修

最高法院院長　林棨

立法院院長　趙欣伯
監察院院長　于沖漢（頁一六六）（註八）

但一個月以後的四月三日，軍政總長、黑龍江省長兼警備司令的馬占山卻起來「叛變」，而予關東軍和日本政府當局以很大的衝擊；這個消息更轟動全世界。

七

以上是本書的大概內容。因作戰經過是極其瑣碎的事情，故不可能也不必作那麼詳細的介紹，如欲知其詳細經過，請看其專著。

本書的編撰與稻葉正夫的文章，許多用字錯誤，文字不流暢，可能因為他們是拿槍的，不是拿筆的緣故吧。最後，我想附帶說明，本書於昭和十（一九三五）年三月十五日發行第一刷；第二刷於昭和四十七（一九七二）年九月十八日（特選擇九一八），由東京嚴南堂書店發行，定價一萬二千日圓（大約三千八百臺幣）。（註九）

註釋

註一：關於九一八事變，我以下各書可供參考：《日人筆下的九一八事變》，水牛出版社，一九九一年；《日本侵華內幕》，黎明文化事業公司，一九八六年；《石射猪太郎回憶錄》，水牛出版社，一九八七年；《昭和天皇回憶錄》，臺灣新生報社，一九九一年；《十五年戰爭小史》，幼獅文化事業公司，一九九五年；《中日全面戰爭》，水牛出版社，一九九五年。

日文文獻，可參考幣原喜重郎《外交五十年》，讀賣新聞社，一九五一年；芳澤謙吉：《外交六十年》，一九九〇年，中央公論社；重光葵：《昭和の動亂》（上下），中央公論社，一九五二年；重光葵：《外交回想錄》，每日新聞社，一九五三年；森島守人：《陰謀、暗殺、軍刀》，岩波書店，一九五〇年；林久治郎《滿洲事變と奉天總領事》，原書房，一九七八年；石射猪太郎：《外交官の一生》，讀賣新聞社，一九五〇年；《現代史資料》(7)《滿洲事變》，みすず書房，一九六四年；《現代史資料》(11)《續滿洲事變》，みすず書房，一九六五年；日本國際政治學會：《太平洋戰爭への道》(2)、別卷（資料編），朝日新聞社，一九六二、六三年；森克己：《滿洲事變裏面史》，國書刊行會，一九七六年。

註二：關於爆發九一八事變當時日軍的編制，請參看拙譯《日人筆下的九一八事變》一書，附錄一，頁二〇七—二一六；以及陳鵬仁編：《近代日本政軍外交人員職名錄》，國史館，一九九四年，頁五七〇—五七二。

註　三：五一五事件是，一九三二年五月十五日，以海軍軍官古賀清志、三上卓、山岸宏、中村義雄等為主，陸軍士官學校學生也參加，殺死首相犬養毅，企圖奪取政權，但失敗的事件。

註　四：岡部牧夫：《滿洲國》，頁三二。田中隆吉，在太平洋戰爭末期，因與東條英機大將對立，而被編入預備役，故官階只到陸軍少將。站在中國的立場，他應該是重要戰犯，惟因美軍利用他，以由他出來暴露日本軍國主義者的暴行為交換條件，在遠東國際軍事法庭作證。因此許多日本人罵他為「日奸」，但他卻自我辯解說，這是為了免除天皇的罪而為。他且公開說，日皇之所以沒有被追究戰爭責任，是因為他的作證。

註　五：重光葵：《外交回想錄》，頁一一九—一四八。重光就此事件有詳細的記述。

註　六：關於塘沽停戰協定，請參看近代中國出版社：《中國現代史辭典》（史事部分，二），頁二二三。

註　七：《片倉衷回想の滿洲國》（東京經濟往來社，一九七八年）卻說，甘粕正彥的化名為「內藤維一」；溥儀的隨員，除鄭孝胥父子外，有祚繼忠、吉田忠八郎、上角利一、工藤忠、大谷猛等人。（頁一〇二）筆者曾經與片倉衷談過兩次，並譯過他《滿洲事變機密日誌》的一部分，刊登於一九九一年九、十、十一月分《歷史月刊》。

關於「滿洲國」，可參考滿洲帝國政府編：《滿洲建國十年史》，一九六九年；滿洲國史編纂刊行會編：《滿洲國史》總論、各論，一九七〇—七一年；岡部牧夫《滿洲國》，東京三省堂，一九八一年，第三刷；國際善鄰協會編並發行《滿洲建國の夢と現實》，一九七五年。

註　八：關於偽國滿洲國的組織法、重要偽官，包括中國人和日本人，請參看拙譯《日人筆下的九一八事變》一書，附錄六、七、頁二三九—二七一。它包括省政府、鐵路局長、紡紗廠廠長等。

註　九：關於日軍的種種，必須作一些補充說明。戰前日本的軍隊，只分成陸軍和海軍，沒有另設空軍。換句話說，陸軍和海軍各有其空軍部隊，所以其編制，都說「飛行隊」，這個「飛行隊」就是它的空軍。另外是關於日本軍事學校的名稱問題。日本的陸軍士官學校是陸軍軍官學校，海軍兵學校是海軍軍官學校的意思。陸軍大學稱為陸軍大學校，海軍大學叫做海軍大學校。大學校，在日本意味著准大學。今日日本最高軍事學府就稱為防衛大學校。

最後要說的是，中國留學日本陸軍士官學校的學生，是上中國留學生班，所以即使是算同期，中國留學生班慢日本陸士正規班十二年。譬如蔣百里是中國留學生班第三期畢業，但卻慢陸士正規班第三期十二年。

第四章　日本人眼中的中日戰爭

一

這是論述從「九一八」到日本戰敗的一本書，一共有十四篇文章，全書三百零四頁，於一九九〇年四月二十五日，由東京大月書店發行第二刷。

第一篇是「滿洲事變的真相」，作者是岡部牧夫；第二篇為「我們不可能阻止戰爭和法西斯主義嗎？」，執筆者為三輪泰史；第三篇作者是伊香俊哉，題目為「政黨政治為何壽終正寢？」；第四篇小田部雄次作「二二六事件的主謀是誰？」；第五篇題名「廣田弘毅有沒有戰爭責任？」，作者為小林元裕；第六篇為「汪精衛政權是不是傀儡政權？」，作者是古厩忠夫；第七篇是「南京大屠殺的真相」，作者是笠原十九司；第八篇是「海軍反對戰爭嗎？」，執筆人為小池聖一；第九篇為永原和子作「女性為何幫助戰爭？」；第十篇是「日本有沒有法西斯主義？」，筆者為安部博純；第十一篇為「『財界』有沒有戰爭責任？」，作者為坂本雅子；第十二篇為出田朗執筆的「太平洋戰爭是『偶然』打敗的嗎？」第十三篇是「琉球戰爭是不是『軍民一體』打的？」，作者是安仁屋政昭；最後一篇為「昭和天皇是立憲君主與和平主義者嗎？」，作者是田中伸尚。

以下，我想就關鍵性部分予以介紹和評論，以供國人研究現代史之參考。

二

首先我們來介紹古厩（新潟大學教授）對汪精衛政權的看法。時至今日，除當時參與建立汪政權工作的日方當事者和非常右派思想者外，一般日本有識之士都認為汪政權是個傀儡政權。

一九八六年五月，在北京曾經舉行過「第一屆汪偽政權問題學術討論會」，日方與會學者本想與之談談「為結束戰爭而苦悶的中日間的歷史經驗」，但大陸學者蔡德金則作出這樣的結論：日方的「和平工作」與日本的軍事進攻是一體的，它為完成日本的國策而服務，其民間人士的孜孜努力並未超出軍部的這個範圍，實際上它支持著日本帝國主義的侵華政策。真正的和平工作，不是要在使中國停止抵抗的方面去努力，而應該往要使侵略者停止侵略的方面去著手。（頁一一七—一一八）蔡德金這種想法和說法是完全正確的。

對於汪精衛為何當傀儡，古厩認為乃由於㈠汪精衛未能看清楚日本的國策，正如其「日支新關係調整方針」（一九三八年十一月三十日，日本御前會議通過）所示，在實際上是要霸占整個中國；(二)低估了中國人的抗日民族主義及其意志和力量。（頁一一九）（註一）

因此日本政府根本就沒有把汪精衛看在眼裏頭，而只是把他當作與中國討價還價的一個「籌碼」，所以自始汪精衛政權便注定成為傀儡政權的命運。它是十全的日方的謀略。（頁一三六）（註二）

連參與建立汪政權的日方最主要人物影佐禎昭（註三）也自嘲地說「撒謊是萬事的開端」（頁一二四），堀場（一雄）中佐問影佐：「以這種條件，汪政府是否還能掌握民眾？」對此，影佐不得不回答「不可能」，「興亞院會議決定案（註四）是汪氏樹立政府以前，已經注定其和平運動將失敗的挽歌」。（頁一二九，原引自影佐「曾走路我記」）另外一個參與汪政權之建立的主要日本軍人今井武夫（註五）也說：「有不少是依權益思想由政府各部會乘機所新增加的條款，因此老實說，它無異是毫無顧忌地暴露帝國主義構想的要求」。（頁一二九，原引自今井「支那事變の回想」）

一九三八年十二月十八日，汪精衛逃出重慶，他打如意算盤以為逃離重慶以後三個月至六個月之內，雲南、四川等地的反蔣軍將宣告獨立，汪想以這些部隊創立五師到十個師的自已軍隊，同時在該地區建立一個「獨立政府」。但汪所最期待且最反蔣的雲南軍閥龍雲，和支持汪等之武漢政府的西南派的張發奎都沒有動，雖然汪精衛曾經再三呼籲他們「站來」。

不特此，龍雲回憶說，汪精衛逃出重慶經過昆明時，騙龍雲說他要到香港，迨至在河內發生暗殺汪未遂事件時，龍雲派李鴻謨去看汪精衛，此時汪才托李鴻謨以「我準備接受廣田三原則，希望你響應我的豔電」的信件給龍雲。龍雲將汪信寄給蔣介石，蔣氏遣派同樣為反蔣派的唐生智到昆明，令龍雲公開發表汪精衛給他的信翰。（頁一二五，原引自龍雲「抗戰前後我的幾點回覽」，「文史資料選集」，一九六一年五月）

張發奎更回憶說，汪精衛逃離重慶的前三天即十二月十五日晚上還請他吃飯，當時汪頻說國家前途不樂觀的話，但張卻反駁汪說並沒有那麼不樂觀。可能由於這種原因，汪沒有說出真心話，如果汪坦白告訴張，張會勸阻汪。（頁一二五，原引自 Chinese Oral History: Chang Fa Kwei, p. 552.，收藏於美國哥倫比亞大學）

當汪精衛於一九三九年六月初攜此一計畫訪問日本，與首相平沼騏一郎（汪所依靠的近衛文麿已經下臺）、陸相板垣征四郎會談時，板垣一開頭便問汪精衛能從重慶「拉出」多少要人和軍隊。這是沒有一兵一卒和寸地之汪精衛最棘手的問題。而且在汪與日本政府首腦開始會談之前四天的六月六日，日本內閣的五相會議（首相、外相、藏相、陸相、海陸）決定「中國新中央政府樹立方針」，表示這個「新中央政府」的成立時期，要視狀況的變遷來決定。換句話說，日本對汪精衛的評估，與其對華北王克敏的「臨時政府」和華中梁鴻志的「維新政府」沒有什麼兩樣。這是由於汪精衛的政治資本只不過是「革命元勳」和前國民黨副總裁的空頭銜，亦即他一無所有所致。（頁一二六—一二七）所以對於汪精衛，日本政府想怎麼作就怎麼作，汪精衛只有任其宰割的分！

曾經參與建立汪政權的金雄白就汪精衛等著日方特派大使阿部信行出席簽訂「日華基本條約」及秘密協定等的情景說：「當日方大使行將抵達以前，他站立在禮堂前的階石上，面部本來已充滿了悽惋之色，他呆呆地站著，遠望繚在紫金山上面的白雲，忍不住兩行清淚，從目眶中沿著雙頰一滴一滴地向下直流。他以雙手抓住了自己的頭髮，用力的拔，用力的拔，俯下頭，鼻子裏不斷發出了『恨！恨！』之聲，淚水漬滿了面部，他的悲傷，是僅次搥胸頓足。所有在四週的人員，也為汪氏的痛苦，激起了國家之痛，與身世之悲，許多人的眼眶都紅了。那時，歡迎大使的軍樂起奏了，……。」（頁一三二，朱子家（金雄白筆名）：「汪政權的開場與收場」，第一冊，春秋雜誌社，頁一一三—一一四）

另外一個參與建立汪偽政權的日方有力人士，滿鐵上海事務所所長西義顯也就手無寸鐵的汪精衛說：「汪兆銘（精衛）的本領是無條件的汪兆銘」；同時對汪與日本政府首腦一連串的會談回憶說：「（日本政府的意圖是）欲以與從前帝國主義權益思想幾乎沒有什麼差別的消極解釋，強之於汪兆銘。而甘願接受它的汪兆銘過分的大度量，實在也是極其遺憾，單單這一點，和平工作已經發生問題，至於什麼繼承國民黨的法統，懸掛青天白日旗等等，簡直是毫無意義。」（頁一二七，原引自西義顯「悲劇の證人」，文獻社，一九六二年）

因此，汪精衛得到的只是拿掉容共抗日的「三民主義」，和准許使用貼著寫上「反共、和平、建國」之任何兩句之黃色三角旗的青天白日旗而已。難怪周佛海對日本大感不滿，滿肚子怨言。（註六）而最能說明日本政府把汪精衛只當作一個籌碼來耍的，就是汪政權成立以後經過八個月以後，即一九三九年十一月三十日才予以承認這件事。

對於汪精衛要「另起爐灶」，後來繼承汪而為偽政權「主席」的陳公博起初也是很反對的，（頁一二九）但最後他卻走上了成為汪精衛之「盟友」的道路而自焚其身，（註七）人生真不可逆料。

又，根據一九四一年三月就任「支那派遣軍總司令」之畑俊六的日記，汪精衛後來非常懊惱自己的「套牢」。畑的日記說：「據聞，（汪）極端說我的存在如果對全面和平有害，我隨時願意下臺，像今日這樣讓我不死不活，實在受不了，」「汪所憂慮的是，日本之把持中國經濟，不僅是在戰時，戰後還要繼續，認為中國經濟將永久在日本獨力統制之下，耽憂中國將成為第二個滿州國」。（「畑俊六日記」，「續・現代史資料四」，みすず書房，一九八三年）畑俊六的日記所寫內容如果屬實，汪精衛還算具有政治良心和民族精神，若是，當日若果身能由己，汪或許很想「回頭是岸」也說不定。不過，當時，中日雙方的環境已經不容許汪精衛這樣做了。（註八）

其次，我們來看看笠原十九司（宇都宮大學副教授）對於南京大屠殺這個歷史事件的處理和見解。

南京大屠殺是日本教科書審判（教科書檢定〈審定〉訴訟－第三次家永訴訟）的重要爭論點之一。對於前東京教育大學（今日之筑波大學）教授家永三郎所著的「新日本史」教科書，日本文部省（教育部）曾經加上這樣的意見。

對於家永原稿的腳註：「占領南京以後，日軍殺死了許多中國軍民。這叫做南京大屠殺」，文部省加以如下的修正意見：「這樣，人們會認為（日軍）占領（南京）以後，（日）軍有組織地從事屠殺，所以應將其修改為不會被那樣解釋的文字：即把它寫成『許多中國軍民被捲入混亂而被殺』，不要提到殺人的主體，或者這樣寫：『在混亂中，據說許多中國軍民被日軍殺死』將日軍行為說成是一種傳聞，避免肯定其為日軍的行為，而且一定要說它是在『混亂中』所發生的事」。（頁一四〇）

審定一九八三年度的教科書之際，對於其原稿說：「日軍占領南京時，殺死許多中國軍民，日軍官兵之中有不少玷污中國婦女者，這叫做南京大屠殺。」文部省要求「刪除『玷污婦女……』部分。軍隊士兵之強姦婦女是世界共同的現象，因此不必特別只提到日軍之所作所為，這是選擇上和配列上不妥當，同時太強調特定事項」，而要其刪除。（教科書検定を支援する全國連合會「教科書検定と戰爭1」，一九八八年四月）

由此，我們當可知道，日本政府如何地欲淡化甚至於隱瞞南京大屠殺的一斑。

對於南京大屠殺的敘述的審定，一九八七年秋天，家永方面的證人和政府方面的證人，在東京地方法院法庭的作證（家永的證人為藤原彰和本多勝一，政府的證人為兒島襄），本多將其輯為「被審判的南京大屠殺」，由晚聲社出版。它告訴我們：政府的代理人和證人一再地強調，南京大屠殺不是有組織的犯罪行為；強姦，任何國家的軍隊都有，不必只特別提及日軍的問題等等。（頁一四一）

政府的代理人，律師秋山昭八等質問本多：你知道不知道有學者說強姦並非在軍的統制下有組織地幹的，本多則答說：「當然這不是（有人）下達命令：現在開始強姦，像部隊的衝鋒一般的行為」以譏笑秋山等人。

兒島證人被問到：「關於中國婦女被玷污的行為，在史料上是否能夠找到確實的證據」時，兒島立刻斷言答說：「不可能」。但我們如果看「第十軍（柳川平助兵團）法務部陣中日誌」和「中支那方面軍軍法會議陣中日誌」（「續・現代史資料6軍事警察」，みすず書房），我們便可以明白兒島在撒謊。（頁一四一）

綜上所述，日本政府的立場，與半個世紀以前的日本陸軍，幾乎沒有什麼兩樣。

除教科書上的敘述的爭論之外，日本的一般學術界對於南京大屠殺也有所辯論。鈴木明、田中正明、山本七平、渡部昇一、石原慎太郎等人認為南京大屠殺是一種「幻想」和「虛構」；另外，秦郁彥和板倉由明以在南京被屠殺的人數只有一、二萬人到四萬人。（頁一四三）

關於南京大屠殺的論戰的經過及其背景，作者笠原撰有「南京大屠殺はなかったのか」（歷史教育者協議會編「一〇〇問一〇〇答　日本の歷史」，河出書房新社），和「南京事件研究をぬぐる狀況と問題」。（「歷史學研究」，第五七一號）

笠原說，占領南京以後，從十二月十六日左右，強姦事件經常發生，根據南京難民區國際委員會的推算，每天有一千人的女性被強姦；又根據南京大學之路易斯・S・C・斯邁茲和M・S・貝茲等南京國際救濟委員會的調查，南京城內的建築物的七三%遭到搶劫，市中心的許多店舖，受到日軍的掠奪後，用卡車搬走東西，然後放火予以燒燬。

放火開始於日軍進入南京城一個星期以後，一直繼續到隔年的二月初，南京市二四%的房屋因而被燒光。而沒被燒掉房屋的家俱、衣類、糧食、現款則被日軍搶得一軌二淨。南京近郊的廣大農村，其四〇%的農戶被放火，喪失一半以上的家畜和農具，七家族之中有一個人被殺。（頁一五〇）

笠原認為，南京大屠殺應作廣義的解釋。其期間為從日軍開始進攻南京即一九三七年十一月五日第十軍登陸杭州灣，至一九三八年二月中、下旬，因為到此時還在屠殺。其範圍為「中支那方面軍」（上海派遣軍及第十軍）為進攻南京展開作戰的整個區域，包括上海・杭州—南京・蕪湖間長江南流域一帶以及長江北岸南京市四周。因為日軍從上海、杭州灣到南京，一路幹著屠殺、強姦、掠奪、放火、強行拉人等勾當而前進，到達南京時便「集其大成」。本多勝一的「南京への道」（朝日新聞社）、吉田裕的「天皇の軍隊と南京事件」（青木書店），和井上久士的

「南京事件の周邊」（「季刊中國」，第一七號）等等，對此皆有詳細而具體的敘述。（頁一五二—一五三）

對於南京大屠殺，日本人也有相當詳細而有良心的研究，其中研究得最徹底的當首推前早稻田大學教授洞富雄，他可以說是日本在此方面的權威。（註九）

第三、我們來介紹名古屋大學教授坂本雅子對於「『財界』有沒有戰爭責任？」這篇論文。

二次大戰後，在東京的遠東國際軍事法庭的裁判中，首席檢察官季南(Joseph Berry Kee'nan, 1888~1954)本來有意追究和訴追日本財閥的戰爭責任，惟因當時盟軍總部已經拘捕了以下應屬於A級戰犯的財界人士鮎川義介（滿洲重工業會社總裁）、藤原銀次郎（王子製紙會社會長、東條內閣國務大臣、小磯內閣軍需大臣）、古野伊之助（同盟通信社社長）、鄉古潔（三菱重工業會社會長）、池田成彬（三井合名會社常務理事、第一次近衛內閣遞信大臣兼商工大臣、樞密顧問官）、石原廣一郎（石原產業會社代表）、村田省藏（大阪商船會社社長、第二次・第三次近衛內閣遞信大臣兼鐵道大臣、駐比利時特命全權大使）、中島知久平（中島飛機會社創辦人、第一次近衛內閣鐵道大臣、政友會革新派總裁）、大河內正敏（理研康采恩頭頭）、大藏公望（滿鐵理事、東亞交通公社總裁）、正力松太郎（讀賣新聞社社長）和津田信吾（鐘紡會社社長、日本紡績〈紡紗〉連合會會長）等十二人。

不過由於從事調查的盟總法務官久缺有關日本財閥的專門知識，和只有兩個人從事此項調查工作，而且要在短期間內提出該不該訴追的報告，因無法提出足夠能夠判決其有罪的確實證據，因此最後財界人士一個也沒有被訴追。另外一個原因是，因為美蘇的冷戰日趨激烈，美、英兩國對於審判戰犯變成消極所致。（頁二二五—二二六）

但在事實上，財界對於戰爭的支持曾經不遺餘力。從九一八到二次大戰結束，財界人士在日本的侵略戰爭特別是在侵華戰爭中，扮演了極其重要的角色。

坂本說，九一八事變以後，陸軍軍事費用的八〇%，海軍軍事費用的七〇%，據說皆支付給民間的軍需工業。九一八事變以後日本軍事費用年年增加（一九三二年七億日圓，三六年十億日圓，三八年五十九・六億日圓，四〇年七十九・五億日圓，四二年一百八十八・四億日圓，四四年七百三十五・二億日圓），這些軍事費用的大部分，皆進入民間企業的口袋裏，譬如一九四二年度下半期，政府預先付款占三菱重工業公司總資本中的六三・五%，十二億三千萬日圓。（井上晴丸・宇佐美誠次郎「危機における日本資本主義の構造」，岩波書店，一九五一年）

這些軍需企業的利潤非常龐大，從而導致戰後日本經濟的重工業化和巨大企業的資本集中。例如鋼鐵公司的利潤率，一九三〇—三四年的平均為三・七%，四一—四四年則增加到一一・一%。產業結構也隨之高度化，金屬、機械、化學工業在其總生產額中所占的比率，一九二九年為三〇・五%，三四年四二・一%，三九年五九・一%，四二年六八・一%。（頁二三二）

不僅在日本國內，經營殖民地的也是以財閥為首的大企業。日本戰敗當時，三井、三菱、住友、安田四大財閥所擁有的海外企業有三百二十四家。這些企業的大部分，都幾乎與日軍占領的同時插足該地，經營由該國政府或者民族資本奪取的工業，或以很便宜的價格把它買下來。又，這四大財閥，在日本戰敗當時，占全日本企業繳納股金的二四・五％，金額達三百二十三億八千萬日圓，（頁二三二）可見這四大財閥在日本財經界的地位及其重要性。

這些財閥不但在占領地和殖民地經營企業，並且大量地強制收購戰略物資和糧食。他們在滿洲和華北，與陸軍和警察合作，把連農民藏在豬舍、牆壁裏頭的糧食也以武力「徵用」。（坂本雅子，「滿洲事變後の三井物產の海外進出」，藤井他編「日本多國籍企業の史的展開　上」，大月書店，一九七九年）

在這裏，特別要提到的是，企業與雅片的關係。日軍在華北大量生產鴉片，也從伊朗輸入和販賣鴉片，作為日軍的機密費和維持傀儡政權的費用。販賣鴉片同時更能麻醉中國人，使其精神崩潰，從而消滅其抗戰力量。在日本軍政統治之下，鴉片窟聚增，種植罌粟的面積也大為增加。從伊朗大量輸入鴉片的是三井物產和三菱商事兩家公司。譬如三井物產在爆發中日戰爭時，則輸入了七十萬四千磅的鴉片，以為戰費。（頁二二三）

與此同時，由三井物產、三菱商事、大倉商事等公司出資，董事、員工也皆由這些公司湊起來而成立新公司昭和通商會社。這是專門收購物資、搜集情報和從事謀略的企業。該公司的社員令苦力運鴉片從軍，以鴉片從事宣撫工作，供軍方就地收購物資和糧食。他們把它叫做「高貴藥

工作」。（山本常雄「阿片と大砲─昭和通商の七年」，PMC出版，一九八五年）

遠東國際軍事法庭就「對和平之罪」，「為支持訴因而要依據的主要事實」，特別創設鴉片問題，這是戰爭中最骯髒的部分，而財閥的大企業卻也參與了這個工作。

日本為何要侵略中國?這是日本資本主義尋求出路的結果。即中國的市場和利權是日本資本主義不可缺少的一環。日本資本主義確立時期之主要產業的棉業，在此業確立期（一八九七─一九〇〇年），輸出其生產量的三─四成，其中大部分輸往中國（清國）。就國內市場狹小，早已生產過剩的日本紡紗界來說，中國市場太重要了。

在重工業方面，中國大冶為日本官營的八幡鋼鐵提借極其便宜的鐵砂，才得於經營下去。而運輸大冶鐵砂的便是三菱系統的日本郵輪公司。

俄日戰爭以後，南滿洲鐵路（簡稱滿鐵）的建設，大大地提高了滿洲的經濟價值，藉此日本紡紗業對滿洲大做傾銷輸出，驅逐美國棉布，並獨占了市場。於是日本資本主義對滿洲輸出棉布，將滿洲的大豆輸往歐美和日本，並把豆餅輸入日本，這樣循環，以謀取鉅利，而為其主角者，就是三井物產等大商社。（頁二三五）而且這些財閥更以貸款方式，取得中國礦山等利權，承包鐵路建設工程（大倉財閥），提供武器彈藥、兵艦、轉售歐美國家所製造的火車頭等等。

抗戰前夕，所謂冀東走私盛極一時。日本駐中國軍在非武裝地帶和冀東捏造偽政權。日軍經由此地大量搬進日本的糖、人造絲、麵粉和鴉片等，然後逃過中國海關，流入華北。它給國民政府在政治、經濟上的打擊很大，並擴大日本在華北的勢力基礎，即所謂「經濟謀略」。而從事此種走私的，便是三井物產等財閥商社。（頁二四〇）

一九三七年七月，日本參謀本部所出版「對支經濟謀略要項」，將「經濟謀略」重點擺在「破壞貿易」、「破壞金融」（註一〇）和「破壞重要產業」，而其執行者是「大日本紡績連合會、三井物產、三菱商事和橫濱正金（銀行）」等等，由此可知這些企業與日軍對中國的經濟謀略工作具有多麼深厚的關係。（頁二四〇）（註一一）

綜上所述，我們可以窺悉日本財界對於日本的侵略戰爭，要負相當大的責任才合理。

第四，我們來談談田中伸尚之「昭和天皇是不是立憲君主和平主義者？」這篇論文。

田中以左列四件事來判斷昭和天皇的思想和行動。

㈠炸死張作霖事件與田中內閣之辭職。

㈡九一八事變。

㈢一九四一年十二月八日前後（對美開戰前後）。

㈣「聖斷」（昭和天皇決定接受波茨坦宣言，向盟國無事條件投降）。

一九二八年六月四日凌晨，張作霖在瀋陽郊外皇姑屯，京奉・滿鐵兩鐵路的交叉點被炸，經過大約四小時張死於其在瀋陽的家中。這是當時的關東軍高級參謀河本大作策劃炸的。

首相田中義一向昭和天皇報告，此事如果為日本軍人所幹，將以軍法嚴處，但後來因陸軍首腦反對，其他閣員支持，田中無法辦到，只能以行政處分來收拾，昭和天皇為之震怒，認為田中對他撒謊，並且要他核可虛偽的發表，終於叫田中提出辭呈，故在這種意義上，昭和天皇不是立憲君主。（註一二）又，因昭和天皇核可了陸相白川義則的上奏，擬不以軍法處分炸死張作霖的日本軍人，沒有阻止軍人侵略滿洲，因此昭和天皇不能說是和平主義者。（頁二八九）

發生九一八事變（日人稱為滿洲事變）以後，關東軍請求朝鮮軍（日本駐紮朝鮮的軍隊）予以支援，朝鮮軍司令官林銑十郎無視體制，未奉日皇命令（奉勅命令）之前就准許朝鮮軍擅自進入滿洲，而昭和天皇事後竟予以追認，這無異是肯定朝鮮軍的獨斷獨行及其侵略行動。（頁二九二）

一九三二年一月三日，關東軍按照其預定占領了錦州，隨後揑造「滿洲國」，進入侵略中國的第二階段。日軍占領錦州五天後的一月八日，昭和天皇發表詔書大事表揚九一八事變的主犯關東軍的行動。它說「滿洲事變」乃為「自衛上所必需」，故對於「宣揚皇軍武威於中外，朕深為嘉獎其忠烈」，由此，再也沒有人敢抨擊關東軍的一意孤行。（頁二九三）這不表明昭和天皇肯定九一八事變，全面支持關東軍的侵略行動？

昭和天皇於一九三三年一月十六日對於參謀總長閑院宮載仁所說的話，更能證明他不是個和平主義者。對準備於二月七日進攻熱河的參謀總長的「內奏」，昭和天皇說：「到今日為止，滿洲問題幸好處理得還不錯，熱河方面的問題，其處理要特別慎重，以免千仞之功虧一簣。」（「

木戶日記」上）這個「滿洲問題幸好處理得還不錯」是昭和天皇對中國問題的基本認識。換句話說，昭和天皇擔心因熱河作戰失敗，而失去日本在「滿洲」的一切權益。這種想法和態度是與立憲君主和平主義不能兩立的。

一九四一年九月六日的御前會議，通過了事實上決定要與英美開戰的「帝國國策要領」。其前一天，首相近衛文麿、陸軍參謀總長杉山元和海軍軍令部總長永野修身三個人向昭和天皇內奏了這個「要領」。此時，昭和天皇要他們以和平的外交手段解決問題，這無非是欲避免與美英的戰爭，以保持在中國所得權益。此時昭和天皇所問的是「絕對有把握致勝嗎？」由此，我們不難想像昭和天皇所關心和擔心的是什麼。（頁二九六—二九七）

一九四五年八月十五日中午，昭和天皇對日本全國國民廣播要接受波茨坦宣言，正式向盟國投降的詔書。在這個生死關頭，做為陸海空軍最高統帥，擁有絕對權力的昭和天皇，在政治上發揮了真正的立憲君主無法發揮的絕對君主的真面目。絕大部分的日本學人都說昭和天皇是立憲君主，是位和平主義者；但本論文作者田中伸尚認為，昭和天皇的和平主義只是不喜歡戰爭的和平主義，而不是欲積極阻止侵略戰爭的和平主義，其目的在於保持皇室綿延下去。（頁三〇二）（註一三）

最後我想提提將近二十年來，日本所出版比較重要的有關九一八事變的專書。它們包括馬場明「日本外交史18　滿洲事變」（東京鹿島研究所出版會，一九七三年）、臼井勝美「滿洲事變

—戰爭と外交と」（中公新書，一九七四年）、江口圭一「日本帝國主義史論—滿洲事變前後」（青木書店，一九七五年）、井上清「『滿洲』侵略」（「岩波講座日本歷史20近代7」，岩波書店，一九七六年）、吉見義明「滿洲事變論」（「體系・日本現代史1」，日本評論社，一九七八年）、松井芳郎「日本軍國主義の國際法論—『滿洲事變におけるその形成』（東京大學社會科學研究所編「ファシズム期の國家と社會4　戰時日本の法體制」，東京大學出版會，一九七九年）、芳井研一「『滿洲』侵略と軍部・政黨」（歷史學研究會・日本史研究會編「講座日本歷史10　近代4」，東京大學出版會，一九八五年）、副島昭一「中國東北侵略と十五年戰爭の開始」（藤原彰・今井清一編「十五年戰爭史1　滿洲事變」，青木書店，一九八八年）、渡邊明「滿洲事變の國際的背景」（圖書刊行會，一九八九年）、岡部牧夫「滿洲國」（三省堂，一九七八年）。同時也翻刻了以下數書：參謀本部「滿洲事變作戰經過，概要」（一九三五年，巖南堂書店，一九七二年）、南滿洲鐵道株式會社「滿洲事變と滿鐵」（一九三四年，共二卷，原書房，一九七四年）、集憲兵隊司令部「滿洲事變ニ於ケル憲兵隊，行動」第一到第十的「滿洲事變における憲兵隊の行動に關する資料」（岡部牧夫編・解說，不二出版，一九八七年）。

又，我的以下數書也討論到九一八事變：「日人筆下的九一八事變」（水牛出版社，一九九一年）、「日本侵華內幕」（黎明文化事業公司，一九八六年）、「張作霖與日本」（水牛出版社，一九八七年）、「近代日本外交與中國」（水牛出版社，一九八六年）、「昭和天皇回憶

註釋

註一：在不低估中國人的抗日意識和力量這一點，中日戰爭初期的外務省東亞局長石射猪太郎可算是第一人，他尤其推崇蔣中正先生。請參看拙譯：《石射猪太郎回憶錄》，水牛出版社，一九八七年，頁一二九—一三〇。

註二：《田尻愛義回想錄》，原書房，一九七七年，頁六五—九七。

註三：影佐禎昭（一八九三—一九四八），陸軍中將，是拉汪精衛出來組織偽政權的最主要人物之一。其所著〈曾走路我記〉（《現代史資料13、日中戰爭5》，一九六六年，みすず書房）是有關汪政權最重要日方資料的一本。

註四：影佐禎昭：〈曾走路我記〉，《現代史資料13、日中戰爭5》，頁三七六、三七八。

註五：今井武夫（一九〇〇—），陸軍少將，日本戰敗當時的「支那派遣軍」總參謀副長，與汪政權的誕生也關係很深，著有《支那事變の回想》，みすず書房，一九六四年，和《中國との戰い》，人物往來社，一九六六

註　六：周佛海起初對汪政權即對與日本的關係非常樂觀，但後來卻非常悲觀。他在一九四一年三月十五日的「
說：「日人中固有少數明白事理，尊重中國之獨立自主者，但大多數仍不忘以中國為第二滿洲國，以致
一年，毫無成就。觀念如此，中日合作豈易言哉！故近日勇氣漸減，興致驟消」；「晚，應日本東條陸
宴。返寓後，客少人稀，因得冷靜考慮，深覺在漢在渝時，對日本之觀察甚為錯誤，今事實表現，在在
證明抗戰派之理論正確。」（蔡德金編注《周佛海日記》〈上〉，中國社會科學出版社，一九八六年）

註　七：關於陳公博最後的下場，請參閱拙文〈陳公博亡命記〉，拙著《國父在日本》，一九八八年，商務印書
頁一三九—一五三。

註　八：對於汪政權，邵銘煌的論文《汪偽政權之建立及覆亡》（一九九〇年六月）作了極其詳盡的學術上的
和分析；金雄白的《汪政權的開場與收場》，香港：春秋雜誌社，一九六一年，一共四冊，其附錄也非
貴，有影佐禎昭的〈汪精衛為什麼要建立政權?〉、陳公博獄中遺作《八年來的回憶》。

註　九：洞富雄在這方面著有《『まぼろし』化工作批判：南京大虐殺》、《決定版・南京大虐殺》、《日中戰
南京大虐殺事件資料I，II》等書。
筆者譯過藤原彰的〈南京大屠殺的真相〉，收於拙文集《中國與日本》，一九九〇年，商務印書館，頁
二—二三一。拙譯〈仍然應該說NO的日本〉（一九九〇年，中央日報社）也收入此文。

註一〇：關於日本擾亂中國的金融，請參看拙作〈抗戰期間日本偽造我國法幣內幕〉一文，收於《國父在日本》

書。

註一一：〈日滿財政經濟研究會資料〉，二卷，頁一一—一七。又關於冀東走私，請參看坂本雅子：〈三井物產と『滿洲』・中國市場〉（藤原他《日本ファッズムと東アジア》，青木書店，一九七七年），和坂本雅子：《戰争と財閥》（江口圭一編《體系・現代史4》）。

註一二：關於這個問題，亦請參考拙譯〈昭和天皇回憶錄〉，臺灣新生報社，一九九一年。他的回憶以及其他有關文章，多少能幫助我們對此問題之瞭解。

註一三：關於日本在抗戰期間對中國的「和平」工作，除影佐和今井的著作外，日文還有下列諸書可以參考：

犬養健：《揚子江は今も流れている》，中央公論社，一九八四年。

西義顯：《悲劇の證人》，文獻社，一九六二年。

松本重治：《上海時代》（下），中央公論社，一九八八年。

衛藤瀋吉：《東アジア政治史研究》，東京大學出版會，一九七五年。

益井康一：《漢奸裁判史（一九四六—一九四八）》，みすず書房，一九七七年。

藤井昇三：《日中戰争の平和工作と中國の對應》，外務省調查月報九—七

《田尻愛義回想錄》，原書房，一九七七年。

第五章　從日本外交官之記述論日本對華政策之錯誤

一

關於這個題目，我選擇了重光葵的「昭和之動亂」，以及石射猪太郎的「外交官之一生」。因為我覺得，他們兩個人很有代表性。

重光曾任上海總領事（一九二九年）、駐華公使（一九三二年）、駐華大使（汪精衛時代）、駐蘇、英大使、外務次官（一九三三年）和外務大臣（一九四三年），日本戰敗後，代表日本天皇和日本政府，在密蘇里軍艦上，向盟軍簽署降書。石射，九一八事變當時，是駐吉林總領事，爾後出任上海總領事，中日戰爭時，任外務省東亞局長。又這裏的所謂日本對華政策，是指九一八事變以後的對華政策而言。

二

重光的「昭和之動亂」，從遠東國際軍事法庭審判結束後的一九四八年年底，到一九五〇年十一月，撰寫於巢鴨監獄中（重光被判七年有期徒刑），並於一九五二年四月由中央公論社發行，上、下兩冊，一共六五〇頁，附有九國公約、上海停戰協定、塘沽協定、開羅宣言、雅爾達協定、波茨坦宣言、降書等資料和人名索引。

重光認為，日本對華政策的錯誤是，因為日本的政治家沒有眼光，不能洞察在第一次世界大戰時中國民族的覺醒和世界的大勢，更不能清算以往祗顧眼前利益的對華政策，進而往中日親善和合作的方向決定其國策所導致。詳而言之，日本應該自動把山東還給中國，俾使中國在滿洲問題上與日本有所妥協。二十一條交涉顯示日本不能以實力對付中國，但日本卻在寺內正毅軍閥內閣之下，對中國繼續實行武力政策，以西原借款方式，援助段祺瑞軍閥數億元，引起中國的革命勢力和一般民眾的反感，中日關係由之一直不能根本改善。（上冊，二七頁）

與此同時，重光以為，九一八事變是日本軍閥假借統帥權之獨立，無視日皇之意思，以下克上的手法所造成。而為其開端的，就是炸死張作霖事件。是即日本政府之對此事件未能採取斷然的措施，使日本軍人肆無忌憚，為所欲為，乃是昭和之動亂的根源。（上冊，三七頁）（關於張作霖被炸死之真相，請參看聚珍書屋出版社於民國七十一年十一月所出版，拙譯「我殺死張作霖」一書；此書增訂本，由水牛出版社，以「張作霖與日本」的書名問世）。

日本軍人，特別是少壯軍官，眼看炸死張作霖的兇手沒有受到什麼處罰，遂以為國際陰謀如果成功，彼等將成為國家的功臣，如果失敗，其後果將由國家負責，他們不會受到任何制裁，（上冊，四一頁）於是膽子愈來愈大，關東軍甚至於以如果日本政府不但不支持他們，反要阻礙他們行動的話，他們將由日本獨立，自己來統治滿洲相威脅，因此，若槻內閣遂不得不由其預算支出關東軍越規行動的費用。（上冊，五六頁）

那時候的日本軍部，自認為是特權階級，意圖繼承藩閥勢力，無視政黨和國民之付託，專搞自己勢力和利益，缺欠做為國民一分子的意識，和自己應盡的責任感。（上冊，一四頁）他們更以政府和議會所不能過問的統帥權為護身符，企圖越俎代庖日皇的權限。（上冊，三九頁）

九一八事變前夕，身為駐華公使的重光，曾經與我財政部長宋子文，約定於九月二十日由上海乘船到東北，去尋求緩和與解決中日兩國在該地的爭端。惟因突然爆發事變因而作罷。（上冊，五三頁）當時，就該事件，重光曾經發出如下內容的電報：

一、此次軍部之行動，似基於所謂統帥權獨立之觀念，無視政府而為，由此以往對外之努力，因而被破壞，為國家前途，不勝悲痛。切望及早禁止軍部之獨斷，政府能代表國家之意志，阻止軍部無責任而無益之宣傳，以鮮明之旗幟，確立政府之領導。

二、中華民國方面，知情勢之嚴重，與往日同樣，在軍事上採取不抵抗主義，黨政一致，其反日感情，遠甚於二十一條，且有日益嚴重之趨勢。因此在滿洲以外地區，隨時有發生不祥事件之可能。故請政府要日本海軍特別慎重。萬一日軍插足北滿，可能即時與蘇俄衝突，局勢勢將更加嚴重。

三、中華民國政府，正在加緊結束內爭，以統一之力量，及以夷制夷之傳統政策，根據國聯及非戰公約求助於美國，加上國內外之宣傳，強迫日軍撤退。無論如何，今後關於滿洲問題，中華民國不可能出現能與日本做適當決定，或者為達到此目的而進行交涉之人物。因而此次事件，將使中日兩國長久立於事實上斷絕邦交之狀態。更因中華民國之策動，日本勢必受到世界輿論之譴責與制裁。（上冊，五三—五四頁）

可是，日本政府卻並沒有採納重光的意見，而被關東軍所造成的既成事實牽著鼻子走，由泡製偽滿洲國，全面侵略中國，以至於亡國而後已。（關於九一八事變的種種，見拙譯「日人筆下的九一八事變」一書，水牛出版社出版）

日本少壯軍官的無法無天，一九三二年五月十五日殺死了首相犬養毅，日本的政黨政治，由此消聲匿跡；而偽滿洲國的獨立，事實上是關東軍的獨立。（上冊，一二一頁）關東軍為確保滿洲國的安定與安全，遂進行其謂政治工作。它包括內蒙工作和華北工作。其目的是要在這個地區消滅對滿洲國具有敵意的政權，並建立對她懷抱善意的政權。（上冊，一一六頁）

關東軍的華北工作，無視日本政府的外交方針，由其秘密地進行，政府毫無從知悉其實況。（上冊，九三頁）但日軍中央卻不喜歡關東軍進入華北，希望由天津軍來主其事。基於此，天津軍遂向其中央提出所謂第一次「北支處理要綱」。所謂「北支處理要綱」（包括第一次、第二次），在實際上是意圖華北五省的滿洲化，是華北五省事實上由中央分離，是冀察政權及冀東自治政府的指導方針，即指示華北五省分治政治之完成及經濟之開發。（上冊，一二一—一二三頁）因此重光認為，華北工作和內蒙工作是中日兩國全國衝突的導火線，使九一八事變滿洲問題不可能解決。（上冊，一二二—一二三頁）

對於中日戰爭，重光認為，日本應該盡量隱忍自重，不能染指滿洲以外中國領土。可是，因為日本政府的無能和軍部的不知慎重，進行所謂華北工作，九一八事變遂變成中日事變，更擴大為中日兩國的全面戰爭。其原因在於日本政治機構之遭受破壞，亦即日本國民政治力量之不足。而盧溝橋之衝突，也就是第二個九一八事變的發生，導致了昭和日本的破產。（上冊，一七一頁、一七三頁）

其次，我們來看看石射猪太郎對於九一八事變和中日戰爭的看法。石射的「外交官之一生」，副題「我對中國外交的回想」，於一九五〇年由讀賣新聞社發行；目前能買到的有「中公文庫」的袖珍本，於一九八六年由中央公論社出版。前者四五四頁，附有人名索引；後者五二〇頁，沒有索引。

如所周知，萬寶山事件和中村（震太郎）事件是九一八事變的前奏曲，而使其成為前奏曲的便是關東軍。（「外交官之一生」，一六二頁）石射更認為，萬寶山事件之非，乃在於僑居東北的朝鮮人。（前書，一六〇頁）石射說，吉林省之所以宣布「獨立」，完全是熙治受到關東軍用手槍威脅他說「你要宣言獨立？還是要死？」所致，因此石射把它叫做「槍口的獨立宣言」。（前書，一六六－一六七頁）

對執行這項任務的第二師團多門（二郎）師團長，石射勸他說，這樣做是干涉中國內政，將造成嚴重後果，要他重新考慮，但他卻說這是關東軍司令部的命令，有意見請向軍司令部去說。（前書，一六八頁）石射繼著說，關東軍虛構滿洲國的獨立，係基於「三千萬民眾的民意」；但除清朝的幾個遺臣外，東三省的中國老百姓，沒有一個人希望「獨立」，其所謂輿論，根本是揑造的。（前書，一七二頁）

石射徹底地不跟關東軍合作，不願意做日本軍閥的幫兇，他的信念是日本和中國應該一掃過去的怨懟，團結合作纔對。他以為，九一八事變是關東軍的兵變，這跟他的信念，完全水火不相容。所以，關東軍的參謀會議，終於決議「我們認為石射吉林總領事沒有與軍力合作的意思，故要求即時調回本國」，並電達外務省。（前書，一七二－一七三頁；「現代史資料，七，滿洲事變」，一九六四年，密斯滋書房，二九〇頁）

石射覺得與關東軍格格不入，幹下去沒意思，很想立刻離開，但後來又想，不要留下因為軍的反對而下臺的壞例子，於是忍耐五個月左右以後，才向外務省請調，同時在電文明說：「職與關東軍不能兩立」。（前書，一七三頁）離開東北，在大連搭上輪船，回顧大陸時，石射這樣想著：「如果從太陽來看，地球的黑點將是滿洲國」。（前書，一八二頁）

盧溝橋事變爆發前三個多月，石射接任外務省東亞局長，主管中國外交事務。中日衝突大約半年後，日本首相近衛文麿發表今後「不以國民政府為對手」的聲明，暗示將支持汪精衛組織傀儡政權。

對於近衛的這個聲明，石射寫了「對於今後事變對策的考察」一篇長文，表示他個人的意見。這是一份極機密的文件，當時衹分發十幾份，戰後纔公開，現在刊登於東京原書房所出版，「外務省的一百年」，下冊（一九七二年）。

石射的意見是，恰恰與近衛相反，認為唯有以國民政府和蔣介石為對手才能收拾這個戰爭。石射以為，「不以國民政府為對手」，就是「不以蔣介石為對手」的意思，因為國民政府為蔣氏所領導。（「外務省的一百年」，下冊，三二五頁）

石射分析了發表「不以國民政府為對手」之聲明前後的國內外情勢以後認為，日本政府當局和國民，把中國的抗日意識和力量估計得太低了；而其所以致此，是因為沒有深入研究這幾年來中國的國內情勢，中國人的民族自覺，國力的增進，以及詳細研究一九三五年秋天，蔣氏在中國國民黨五全大會的外交演說，和前一年七月十九日，蔣氏在廬山發表的聲明等等。（前書，三三二

二頁）

石射引述蔣先生在五全大會和廬山談話會所說的話：「和平未倒絕望時期，決不放棄和平，犧牲未到最後關頭，亦決不輕言犧牲」；「萬一到了無可避免的最後關頭，我們當然只有犧牲，只有抗戰，但我們的態度祇是應戰而不是求戰。應戰，是應付最後關頭不得已的辦法。我們全國國民必能信任政府已在整個的準備中」；「至於戰爭既開之後，則因為是弱國，再沒有妥協的機會。如果放棄尺寸土地與主權，便是中華民國的千古罪人！那時便祇有拚民族的生命，求我們最後的勝利。」（前書，三二二—三二三頁）

石射猪太郎不折不扣地相信蔣先生這番話，因此，他認為以這樣決心和覺悟而開始的中國的抗戰意識，不僅沒有因為在華北戰敗，上海，南京、徐州的淪陷而氣餒，甚至於失去漢口，她仍然堅強地支持下去，就是敗退到貴陽或昆明，她仍將長期地抗戰到底。（前書，三二三頁）

石射肯定抗戰前中國在各方面的建設成就，因而認為，國民政府的權威和實力，著實在中國的大地上生根，並掌握著民心。如果將國民政府比喻成一把扇子，領導國民政府的蔣氏實為扇軸。對於擁有民族意識之中國多數知識分子來講，蔣氏是為其意識形態的國家生存，民族復興的好漢，而為他們所尊敬。在國民黨和國民政府裏，蔣氏的存在比任何人都光輝燦爛（國民黨臨全大會擁護蔣氏為總裁，這是僅次於總理孫中山先生的地位），他更是中國民眾的民族英雄。要打倒這個吸引力增強的國民政府，和中國國民所尊敬的蔣氏，與對付張學良的滿洲和其他地方軍閥

不同，不但是日本國力是否能夠負荷實有疑問的大事，而且從中日合作，安定東亞的理想來說，實在是無的放矢。（前書，三二八頁）

石射不贊成一些日本人把蔣先生當做無可救藥的排日化身，以為蔣先生以排日為手段來做統一中國之工具的見解，並引述蔣先生對日本大使館武官磯谷廉介所說的話，以證明蔣先生對改善中日的外交關係確具誠意。根據石射的記述，蔣先生對磯谷曾經這樣說過：「聽起來好像在講大話，我在位行政院長，對於改善中日關係，可以說是千載一遇的良好機會，如果錯失這個機會，再過五十年，一百年，也不會有這種機會。」（前書，三二九頁）

基於這種認識和觀點，石射猪太郎認為，近衛政府應該拿出勇氣放棄「不以國民政府為對手」的立場，進而以國民政府亦即以蔣先生為對手，進行和談，以早日收拾這場莫須有的侵略戰爭。此時，日本政府必須留意以下幾點：（前書，三三三—三三四頁）㈠要以寬厚的度量，給中國以面子；㈡不要限制中國的主權；㈢絕不能要求蔣介石下野；㈣不要干涉中國內政；㈤不要要求解散國民黨；㈥著重經濟上的合作。

在這種前提之下，石射提出和平的基本條件，大約如左：

㈠在政治方面：

⑴正式承認滿洲國（中國當然不會接受——作者註）；

⑵確立及實行防共政策；

(3)中國要嚴格取締全國的反滿抗日，貫徹與日本敦睦邦交；
(4)臨時、維新兩政府合併之後，在中央政府之下，繼續令它作為地方的特殊政權存在，但若干年，是否改組，由中央政府決定；
(5)在中國的主權之下，蒙古維持自治狀態。（前書，三三四—三三六五頁）
(二)在軍事方面：
(1)以長城南方一帶，及上海四周一定地區為非武裝地帶，但要附以期限，其範圍以絕對必要為限度；
(2)承認日本在華北、內蒙古、華中一定地區駐軍，但這是為著善後及保證，暫以一年為期限，駐軍地點及兵力，亦以最低限度為宜。（前書，三三五—三三六頁）
(三)在經濟方面：
(1)在華北、華中，從事開發資源的中日經濟合作；
(2)在中、日、滿三國間，簽訂有關交通、航空、貿易的適當協定。（前書，三三六頁）
(四)賠償：要求對於中方答應保障之日方財產與權益的直接損害，以及中方非法使用或處分日方財產或權益所產生的直接損害。鑒於「不以中國民為敵」的方針，不要要求將成為今後數十年中國國民之重大負擔的戰費賠償。（前書，三三六頁）
從以上所述，我覺得，當時身為日本外務省東亞局長的石射猪太郎，能提出這種意見，（其中有些意見我們雖然不能贊成），也還算是相當難得。

石射在其「外交官之一生」一書裏又說：「我於一九三八年一月六日的日記這樣寫著：『上海來信，它詳報日軍在南京的暴行，掠奪、強姦，慘不忍睹。嗚呼！這就是皇軍？這是日本國民民心的頹廢，是很大的社會問題。』」「而這就是『聖戰』和『皇軍』的真面目！從那個時候起，我便把它叫做南京大屠殺。日本報紙對自己同胞的畜生行為雖然保持了沉默，但壞事立時傳遍千里，轟動海外，日軍即刻受到應有盡有的指控，日本國民不但不知道這個民族史上千古的污點，而且還在歌頌赫赫的戰果呢！」（前書，二六八頁）

三

現在，除上述重光的「昭和之動亂」和石射的「外交官之一生」之外，我想再介紹幾本有關的日本外交官回憶錄。第一本是，九一八事變當時奉天總領事館首席領事，親自處理九一八事變之森島守人所寫的「陰謀、暗殺、軍刀」，是書於一九五〇年由岩波書店出版。作者曾譯此書連載於「中外雜誌」，並加上石射的一篇文章，於去年由黎明文化事業公司以「日本侵華內幕」之書名問世。此書專談九一八事變之內幕，及偽滿洲國之真相。

第二本是，九一八事變當時奉天總領事林久治郎的遺稿，這些遺稿撰寫於他擔任駐巴西大使期間（一九三二年至一九三五年），後來由現任日本國學院大學教授的馬場明整理，加上馬場寫的「解說」，以「滿洲事變與奉天總領事」（副題林久治郎遺稿）的書名，於一九七八年，由原書房所出版。此書一共二〇四頁，自濟南事件談到偽滿洲國的降世。

第三本是，曾任天津代理總領事及駐華公使之田尻愛義的回憶錄，書名叫做「田尻愛義回想錄」，於一九七八年同樣由原書房印行，一共有二五六頁。它從北伐談到日本的戰敗。作者曾把林久治郎和田尻愛義所寫有關九一八事變的部分，譯成中文，加上前述石射、森島及其他人的文章，將由水牛出版社出版「日人筆下的九一八事變」一書。

又，石射猪太郎的「外交官之一生」，作者已經把其有關中國外交的部分譯成中文，近期內並將由水牛出版社出版「石射猪太郎回憶錄」的單行本。

總之，日本對華政策之所以失敗，完全源自日本之缺欠具有遠大眼光的政治家，以及日本軍閥之橫逆和霸道所導致，這決不是偶然的。

（原載民國七十六年六月三十日「近代中國」）

第六章 近衛文麿與中日戰爭

一

一九三七年六月四日，近衛文麿繼林銑十郎之後，組織了第一次近衛內閣。由於近衛文麿是與皇室血統最近的所謂「五攝家」（得為攝政之家門者有近衛、鷹司、九條、二條、一條之五家）首位豪門之家的出身，備受元老西園寺公望的青睞，長得很帥，虛歲只有四十七歲的青年宰相，給人們以新鮮、理智、富於活力的印象，而受軍部、政黨、右翼、左翼分子以及一般人民的歡迎。

近衛於當日，發表要緩和國內的相剋和摩擦，以及伸張國際正義和社會正義為施政的根本方針（註一）事實上，在一九三六年，所謂二・二六事件（註二）以後，西園寺曾奏請昭和天皇命令近衛組閣，近衛以健康欠佳為理由謝絕過。所以，此次近衛不敢不接受，雖然他很不願意出任首日後，近衛在他的手記，就組閣當時的心境說：「根本上認識日本國民該走向之命運路，並將儘量堅實地往這條道路前進。為此，要儘力抑制往往急性蠻幹的軍部一派，他們的之中合理者，將予以採納」。（註四）可見當日軍部在日本社會已經成為一個問題。

可是，近衛就任首相一個月零三天，竟爆發了後來發展為太平洋戰爭，從而使日本戰敗的盧溝橋事變。本文擬就近衛文麿與中日戰爭作一個綜合性的敘述，以試論近衛在中日戰爭扮演的角色及其意義。

二

七月七日夜間，日軍一個中隊在盧溝橋附近演習，結束演習後準備回營時，突遭槍擊，結果少了一個士兵，（註五）於是向上面報告，上面遂由北平特務機關長松井太久郎大佐，以聯絡冀察政務委員會顧問櫻井德太郎中佐，與冀察政務委員會代理委員長、第二十九軍副軍德純會面，作了不擴大事件的約定。（註六）

盧溝橋事變的消息，於七月八日凌晨到達日本中央；陸軍中央與外務省和海軍省聯絡結決定「不擴大事態，迅速在現地以交涉謀求解決」的方針，並訓令日本駐天津軍。（註七）

七月九日上午，近衛內閣舉行了臨時內閣會議，決定支持陸軍中央的擴大事態的方針，但事實上，戰事卻逐漸的擴大。就其來龍去脈，日後近衛說：

與爆發支那事變的同時，內閣自不用說，陸軍也主張不擴大方針，但事與願違，日趨擴大。……我（日後）問石原莞爾君，作戰部長的你主張不擴大方針，政府也支持這個方針而行動，為什麼擴大了呢？石原君回答說，給表面上贊成，背後策畫擴大的陽奉陰違的傢伙騙了。這些傢伙在陸軍省和現地策動的。至少當時參謀本部是不擴大方針；陸軍省的杉山元（大臣）和梅津美治郎（次官）的態度極不明瞭；朝鮮總督南次郎大將和朝鮮司令官小磯國昭大將，公然對政府提出「徹底幹」的意見書。因此，在政府大本營會議席上，經常有根本的意見衝突。（註八）

根據近衛本人的體驗，盧溝橋事變之所以一直擴大，乃由於統帥與國務分離，政府完全管不了軍政和軍令；而軍中央又節制不了現地軍所造成。故近衛慨嘆說：「與其說是內閣無力控制軍（而且從憲法上的規定來講，內閣與統帥係完全互相獨立），毋寧說是軍首腦部無統帥軍的力量來得更恰當」。（註九）

由於首相對於軍的作戰情況和意圖毫無所悉，所以無從訂定外交政策和財政政策，因而對日皇上奏請求：即使是統帥事項，請能事先告知內閣；但日皇卻回答說，陸相不同意在政黨出身大臣也在座的內閣會議報告作戰事宜，故關於統帥事項，將由日皇轉告首相和外相。但首相和外相

只有聽，不能提出任何意見。（註一〇）

的確，近衛非常熱心於早日收拾盧溝橋事變，他甚至於接受石原莞爾的建議，曾想親往南京與蔣介石會談，以政治解決這個事變。（註一一）

近衛在他的手記說：「發生盧溝橋事變後沒多久，喚起我過去的回憶（蔣作賓大使的秘書丁氏告訴：有事要聯絡，請找宮崎龍介、秋山定輔兩氏）（註一二）遂以除非與蔣介石氏直接面談，無由防止事變之擴大，為聯絡此事，與秋山君商量，而決定遣派宮崎龍介。故徵得陸軍大臣杉山大將的同意，趕緊擬派宮崎到南京，可是在神戶上船前，（宮崎）卻被憲兵逮捕，秋山定輔也同樣被憲兵逮捕。其情況極其複雜，問了杉山陸相他親自同意的事情，為何要以憲兵來破壞，但他的回答卻不得要領」。（註一三）由此可見，近衛是真正有意與國民政府早日謀求解決衝突的。但參謀本部卻預定從七月下旬到八上旬，動員十五個師團到中國戰場，和二十五億到三十億日圓的預算，而在事實上，到九月底，已經有相當於十五個師團的兵力在中國大陸。（註一四）

日本之進攻中國，係分內蒙古、華北和華南三方面進行。關東軍占領內蒙古，成立蒙疆政權；北支那方面軍占領河北、山西、山東三省，泡製「中華民國臨時政府」（王克敏為負責人）；華中以上海為重點，投入三個師團，因遇中國軍的頑強抵抗，損失很大，故又從華北調來三個師團，編成第十軍，由杭州灣登陸，加以由華北調到上海派遣軍的第十六師團，在長江下游的白茆口登陸，中國軍的戰線遂崩潰，全面退卻，國民政府遂遷往武漢和重慶。（註一五）

其實，日本政府尤其是近衛的作法，對於擴大對中國的侵略戰爭，責任最大。七月十一日，五相會議（首相、外相、陸相、海相和藏相）和內閣會議，決定出兵方針；從十一日黃昏起，近衛且邀請眾議院、貴族院代表、財界有力人士和媒體代表前來首相官邸，親自表明政府的決心。七月十三日，近衛又邀來產業界和主要雜誌的代表，要求他們的通力合作。由之日本報紙遂大吹大擂「膺懲暴支」，煽動強硬派，而導致了事態的擴大和不可收拾。（註一六）難怪曾任外相的重光葵批評近衛是「最適合作軍部的傀儡，也不由地作了軍部的傀儡」，他「只是順著時勢之波浪的一個公卿而已」；（註一七）當時擔任外務省東亞局長的石射猪太郎，對近衛有這樣的看法：「他當然具有識別善惡的能力，但卻欠缺擇善的勇氣，對於來自外邊的壓力，隨時隨地屈服。正因為如此，所以中日事變便隨強硬論之所欲，無止境地擴大下去。他對其信念太不忠實了。以這種人物為非常時期首相的日本，你說糟糕不糟糕。」「近衛公爵，實在太淺薄了。」（註一八）

三

在這樣日軍凶猛進攻中國大陸的同時，在中國擁有莫大權益的英國，曾經有意調停中日間的衝突，唯因日本陸軍反對，遂改由德國出面從事調停，是為所謂陶德曼(Osker Paul Trautmnn, 1877–1950)（也有人把他譯為托勞特曼或逃的慢）工作。

十一月二日，外相廣田弘毅向德國駐日大使逖爾克先（Herbert Von Dirksen, 1882–1955）先提出對華和平條件。由逖爾克先獲得和平條件的德國駐華大使陶德曼，於十一月五日轉告蔣介石其條件。蔣氏以(1)德國要作調停者到底；(2)維持華北的行政主權為前提，同意與日方進行和談。

但日方以戰況對日本非常有利，甚至將占領南京，故加重條件，並於十二月二十二日將其內容告訴逖爾克先，十二月二十六日，由陶德曼交給國民政府，並希望國民政府在隔年一月五、六日以前回答。（註一九）日本政府當局和軍部，以等待著中方好消息的心情過了新年；一月十三日，中方不是回答，而是說想詳細知道日方所要求的具體內容，於是日方以這是中國的遷延策，毫無誠意，乃於一月十六日，發表那馳名的「爾後不以國民政府為對手」的聲明。

對於這個聲明，曾任首相的若槻禮次郎等人有所批評，（註二〇）而近衛本身也知道這個聲明的錯誤。近衛在其手記說：「這個聲明，不待識者指出，非常失敗。我自己深深承認這個失敗。因此在必須改正這個聲明的錯誤的認識之下，我曾經努力於欲與重慶恢復關係，採取過各種手段，但皆未成功，……」。（註二一）

而進行改組內閣（五月二十六日），以及發表「新秩序」聲明（十一月三日）等等，都是為了修正「不以國民政府為對手」的聲明。對於新任外相的宇垣一成，近衛要他致力於取消這個聲明。（註二二）但因這個無視國民政府的聲明，使國民政府更堅定其抗戰的決心，是不待煩言的。（註二三）

改組近衛內閣時，最受注目的人事是陸相。因近衛與陸相杉山搞得極不愉快，水火不容，故以為不撤換杉山，無由解決中日事變，於是用了二虎九牛之力，以在徐州戰場的第五師團長板垣征四郎中將為陸相。近衛以為板垣是不擴大派，可是事實上，與杉山一樣，板垣也是一個傀儡，唯部下的意見是聽，因此使近衛非常失望。（註二四）

原來，近衛對於板垣這個人的思想、個性毫無認識，希望板垣出任陸相只是基於風評和傳聞，所以與板垣一面談，便大失所望。面談的第三天，內大臣秘書官長松平康平便對西園寺的秘書原田熊雄表示：「這是絕對機密，陛下對內大臣說『近衛說他與板垣見了面，覺得板垣是個笨蛋』，並笑著說『近衛很快就會變』」。（註二五）

事實上，板垣就任陸相之後，中國戰線更加擴大，而進行了漢口作戰和廣州作戰。故近衛在他的手記寫著：「我真搞不懂陸軍內部的意見究竟來自何處，內閣被不知其真面目的統帥的影子所操縱」。而對人表示，他「不願意幹傀儡這一行業了」。（註二六）

失望於板垣的近衛，對於新任的內相末次信正（海軍大將）更是不滿。近衛之起用末次，是為了要應付右翼勢力，可是就任內相以後的末次的態度，卻宛如右翼勢力的代言人，內閣由之無法抑制右翼的動態。束手無策的近衛，甚至對昭和天皇上奏說：「末次是本內閣的癥結」。（註二七）因此，近衛一直想辭職，以早日脫離這個苦海。近衛對他的好友原田熊雄表示：「人們太高估我了。我怎麼能當總理大臣，真是僭越至極」。（註二八）

就任外相以後的宇垣一成，很努力於與國民政府的和平工作。他希望日軍尚未攻占漢口以前，能夠找到和談的線索。六月二十六日，駐香港總領事中村豐一來電說，孔祥熙的親信蕎輔三欲與其見面，以試探和平的條件，而有所請示。宇垣甚至親自擬具給中村的訓令，叫他進行，並要中村回國面談有關事宜，且決定中村、蕎會談相當成熟以後，孔祥熙將秘密前來九州雲仙，以便與宇垣面商。（註二九）

此時，為處理中日事變，日本政府要成立一個直屬於首相的中央機關「對支院」。這個機關如果成立，不僅將減少外相的權限，將在占領地設立機構，現地當面的政務，也將由其掌理。為著反對這個案，宇垣終於九月二十九日，向近衛首相提出辭呈。（註三〇）對於宇垣的提出辭職，近衛還表示他不知道宇垣為什麼不幹，可見近衛自改組了他的內閣。

的確，改組後的近衛內閣，每況愈下，西園寺之對其秘書原田說：「現今的內閣像是個聯邦」，（註三一）不是完全沒有道理。

在這樣狼狽的情況之下，於一九三九年一月四日，近衛內閣終於提出辭職。對於第一次近衛內閣，近衛本身在其手記作了這樣的總結：

> 在第一次內閣，過去一年多我的首相生活的結論是，我的內閣是極其宿命的中間內閣，沒有任何輿論作後盾。
>
> 自齋藤內閣以來，西園寺公（公爵）所提示的對軍部方針，在主義（原則）上就是反

對的，但可以說潮流或時潮，一切內閣都不得不成為中間內閣，而常識化和固定化。尤其是統帥與國務，猶如外國的東西，互相乖離，而為其橋梁的，是性質極其曖昧的陸軍大臣。而且，這個陸軍大臣，經常要致內閣的死命。內閣亦即國務，因此也就成為只是被統帥所操縱的很脆弱的東西而已。國民生活和外交政策，與國民的意思輿論，毫無關係，而為軍部，極端來說是由模糊不清，無從捉摸的統帥的影子所決定、修正和放棄。我曾屢次要求軍部大臣求得這個模糊不清，無從捉摸的軍部意志的真面目，這是為了或多或少滿足自己的政治責任和政治良心所為。當時，為著轉變對支政策，我懇請宇垣氏出任外相，而宇垣氏的對支政策又遭軍部的改廢而遭挫折，鑒於軍部對我攻擊之增強，我為負起擴大支那事變之責任，遂清算和放棄我做為中間的存在，而有獲得國民輿論作後盾，以抑制軍部的決心和希望。

今日，要以各政黨的力量來抑制軍部是不可能的。因此，我得出這樣的結論：唯有成立與已有政黨不同的國民組織，在全國國民之間生根的組織，及以它的政治力量為背景的政府，才能抑制軍部，進而解決日支事變，而為研究其組織化，乃是我第一次內閣總辭職時的很大的希望。（註三一）

幾乎與宇垣外相正在與孔祥熙進行和談事宜的同時，傳出了陸軍省軍務課長影佐禎昭，從香港請國民政府外交部亞洲司司長高宗武到東京，秘密策動誘出汪精衛的情報。而對於汪精衛工作，近衛是盡了力的，但他並沒有意思要汪精衛成立新政府，而是希望以汪為橋梁，與國民政府和談。（註三三）

四

根據第一次近衛內閣書記官長風見章的說法，如果不是為了汪精衛工作，近衛一定於一九三八年十一月底以前就提出辭職。因為近衛要他代擬辭呈是在十月下旬，風見將辭呈草稿交給近衛是十一月三日，而一直拖到隔年一月，乃是為了等著汪精衛逃出重慶。（註三四）

近衛下台後，出任樞密院議長，而又以無任所大臣（不管部部長）入平沼騏一郎內閣，就是為了要繼續為汪精衛工作「服務」。一九三九年六月十四日，據說近衛曾與訪日的汪精衛筆談大約三個小時半，近衛從乃父篤麿關心中國問題，及與孫中山的關係談起，使汪精衛大受感動，而說「近衛公（公爵）是位非常了不起的政治家。日本有這樣的人物，日本必很有前途」。（註三五）

一九三八年七月八日上午九時，近衛曾與為瞭解日本國情，擅自秘密前往日本的外交部亞洲司司長高宗武，會談大約一個小時。他們見於近衛住宅，在座者還有松本重治。此時近衛說：「現在我的使命是在使兩國將來勿再演此種悲劇」。並表示他不贊成冀東自治，「日本之對華基本要求在乎提攜，在乎合作，絕無侵略中國領土主權之意」。（註三六）從各種角度來判斷，近衛應無帝國主義思想，亦無侵略中國之本意。

前面我們說過，近衛下台以後，很想組織一個以民意為後盾的政黨，俾能控制軍部，以解決中日事變。於是由近衛的親信風見章、有馬賴寧、木舍幾三郎等人開始新黨運動。近衛的基本構想是擬以現有政黨二成，新興勢力三成的比率，形成新的政府勢力。（註三七）惟因大家看好近衛的政治行情，故所有政黨皆爭先恐後地自動解散，俾趕搭這部新巴士。這種情勢，使近衛大感驚愕，並不以為然。近衛曾對木舍幾三郎說：

真糟糕。大家在大叫新黨派，但究竟有多少成的人真正感覺需要新政黨而大喊，我實在不懂。你我的目標是要儘量避免與軍正面衝突，組織新黨，以此政治力量在某種程度上抑制軍的橫蠻，但所謂新黨派的人士中，卻似有不少人欲組織親軍黨、軍政黨，以抬我轎子者。如果普通議員這樣做還情有可原，但堂堂新黨派之幹部中有不少這樣的分子，所以我不能輕易接受。此外，右翼方面，亦拚命宣傳近衛之組織新政黨，是為了要再重演幕府政治。早上，原田（熊雄）來電話說，這些人明天要在東京全市分發反對新黨的傳單。當然，我知道其背後有軍的操縱，今後我們的聲音愈大，軍陰險的反對工作必愈來愈激烈；我最耽心的

是，所謂新黨派的幹部，有沒有與其對抗的氣概。（註三八）

對於只順著時勢，為自己利益，不顧國家前途，想跟著近衛，俾分得一官半職的機會主義者，近衛覺得非常討厭，故對新黨運動，日益慎重。因此對於報紙根據有人說近衛有意出馬，近衛便對大眾傳播媒體表示：成立新政治體制是有必要的，但「只是政黨解散，撤除中間的門扉忽驟忽散，說這就是新政治體制，那簡直是欺騙國民」，必須喚起全國國民，其組織與思想亦必須符合時代的要求，只是拍軍的馬屁，盲從軍實毫無意義，「如果一切要聽從軍，索性就實施軍政」。（註三九）

近衛辭去首相以後，經過平沼騏一郎（一九三五年一月五日）、阿部信行（一九三九年八月三十日）和米內光政（一九四〇年一月十六日）三個內閣，於一九四〇年七月十七日，近衛又奉命組閣，成立第二次近衛內閣。

對於大家要他組織新內閣，近衛曾在元老座談會席上表示：應由精通軍事者出任，他自己既沒有這個力量，也沒有這個心理準備。（註四〇）惟因內大臣木戶幸一以下，前首相若槻禮次郎、平沼騏一郎、林銑十郎、岡田啟介和樞密院議長原嘉道都支持他，故近衛只有接受。

成立第二次近衛內閣以後，於七月二十六日通過「基本國策要綱」，一向稱為「帝國」者，改稱為「皇國」；開始使用「八紘一宇」這個用語；「東亞新秩序」，改稱「大東亞新秩序」。

第二次近衛內閣所做最重要的第一件事是，簽訂日德義三國同盟。外相松岡洋右堅持簽訂此項同盟，係基於以下的理由：㈠對德國的軍事力量認識不足；㈡為對抗美英對日本的壓迫；㈢焦急於欲早日解決中日事變；㈣屈服於陸軍的壓迫；㈤期待德國協助日本與蘇聯改善邦交。松岡以為日德義同盟加上蘇聯的力量，可以迫使美國就範，結果導致與美英開戰。所以日本與美國開戰那一天，松岡對其至友齊藤良衛表示：「締結三同盟是我一生中最大的失策」，而流下眼淚。（註四一）

一九四〇年三月三十日，汪偽政權正式成立於南京，但與此同時，近衛還是努力於重慶接觸，希望與國民政府進行和談。而所謂宋子良工作（桐工作）和錢永銘工作就是它的例子，但都沒有成功。日本政府之一直拖延正式承認汪偽政權八個月，係由於這種原因。（註四二）

第二次近衛內閣成立以後，於七月二十七日的大本營政府聯絡會議，作了決定日本命運的重大國策（隨世界情勢變遷之時局處理要綱），其要點為促進中日事變的解決，帝國南進（包括行使武力）；加強與德義的合作，迅速調整與蘇聯的國交。

時局處理要綱的第一項說：「關於處理支那事變，將集政戰兩略綜合力於此，尤其要滅絕第三國之援蔣行為，將盡一切手段以策動重慶政權迅速屈服」。（註四三）換句話說，近衛首相終於得到這樣的結論：除非請美國出面調停，不可能解決中國問題，因而決定開始與美國交涉。

日本與美國的交涉，因為種種陰錯陽差，外相松岡的估計錯誤，以及美國的堅定立場，而無法很順利進行。尤其是以「日本之希特勒」自居的松岡，使近衛束手無策。松岡不知道德蘇將要交戰（六月二十二日開戰），以為日德義三國同盟和蘇聯的「友好」能夠阻止美國之參戰，甚至主張不惜與美國一戰，昭和天皇很耽心與美國戰爭，因此對內大臣木戶幸一建議更換外相。而且美國也將美日交涉遲遲不進的責任完全推給松岡，近衛以其起用松岡致使鬧到這種局面，乃於一九四一年七月十六日提出總辭職。

五

七月十七日，舉行重臣會議討論結果，日皇還是請近衛再出面組閣。海軍大將豐田貞次郎接任外相，七月十八日正式成立第三次近衛內閣。

為打開與美國的外交僵局，近衛甚至準備前往美國親自與美國總統羅斯福會談，並徵得海軍的贊成，必要時將以密碼電報，呈請日皇核准所談結論；惟因陸相東條英機以美國的讓步為條件才能同意；後來因美國未同意，近衛美國之行才沒有實現。（註四四）

九月六日，舉行御前會議，討論「帝國國策遂行要領」，這是以對美英進行交涉，到十月下旬左右要完成戰爭準備為內容。即與美國的外交交涉，到十月上旬前後，如果未能貫徹日方的要求，日本決定與美、英、荷開戰。（註四五）

御前會議的前一天，昭和天皇曾召見近衛首相、杉山參謀總長和永野（修身）軍令部總長，有所垂詢，就當日的情形，《近衛手記》有這樣的記載：「陛下問杉山參謀總長：『日美開戰，陸軍確信多少時間能夠解決她？』總長奉答說：『南洋方面準備三個月左右把它解決』。陛下又問總長：『我記得爆發中日事變當時，你是陸相，那時你以陸相身分說：一個月左右可以解決事變，但經過了四年之久還不能解決』，總長惶恐地囉囉嗦嗦辯解中國內地廣闊，不能照預定作戰的理由，於是陛下大喝一聲對總長說：『你說中國內地廣闊，太平洋更廣闊，你有什麼根據說三個月』，總長只有低著頭，無以為答……」。（註四六）

對於打開與美國交涉的僵局，近衛日趨焦急，但美國對日本的猜疑根深蒂固，正如比亞圖(Charles A. Beard, 1874–1948)所說，因為日本人擁有很長的「野蠻行為」的記錄，近衛與「渴望血的軍國主義者」沒有太大的差別，想騙美國人。（註四七）

在這樣情況下，於近衛五十歲生日的十月十二日，近衛邀請了東條陸相、及川（古志郎）海相、豐田海相和鈴木（貞一）企畫院總裁到他的公館荻外莊，舉行最後一次有關和戰的會議。此次會議整整開了四個小時。

在這會議席上，東條的發言最重要和最有決定性。

東條：在日美交涉，駐兵問題（日軍駐中國大陸問題—引述者）絕對不能讓步。如果美國肯屈服，那就自當別論，否則交涉沒有成功的希望。

及川：現在已到決心戰爭，或繼續外交交涉的關頭了。如果交涉，就停止戰爭準備，專門交涉。但這以交涉有希望為前提。交涉二、三個月以後，中途變更是不行的。我贊成由首相裁決。

近衛：外相的看法如何？

豐田：因有對手，故不敢說絕對自信。

東條、及川：被拖延相當長期間，然後說這樣不行，而主張要戰爭，這是大有困難的，所以請現在作成決定。

近衛：不管選擇那一條路，都有風險。問題是那一條路風險更大。如果現在要做決定，我決定繼續交涉。

東條：外相是不是沒自信？外相的說詞不能說服統帥部。

近衛：比較兩者結果，我要選擇交涉。

東條：這只是首相主觀的意見。這樣無法說服統帥部。

及川：我也同意。

東條：首相不要這樣早做結論。我要聽聽外相的意見。

豐田：這要看條件如何，現在最困難的是駐兵問題，在這一點陸軍如果完全不讓步，交涉沒有成功的希望。但如果可以稍微讓步，交涉的成功不能說絕對沒有希望。

東條：駐兵問題是陸軍的生命，絕對不能讓步。

近衛：是否可以捨名取實，形式上照美國的意思去作，只要得到與實質上駐兵的同樣結果則可。總之，我一定要選擇外交交涉。如果要戰爭，我不能負責任。

東條：九月六日的御前會議，不是決定外交交涉如果沒有成功的希望，就要開戰了嗎？這個會議首相也是參加的，故說不能負責任，實在令人不能瞭解。

近衛：我的意思是說，對於交涉有更大的自信，卻要我往沒有自信的路走去，我就不能負這種責任。御前會議的決定，是就外交交涉沒有成功希望時候而言。現在不是沒有希望，是很有自信。（註四八）

九月十四日，舉行內閣會議之前，近衛又請來東條，要他以務實的態度原則上同意撤兵；並說「在支那事變經過四年還不能解決的今日，又要進入毫無把握的大戰爭，無論如何我不能同意」。但東條絕對反對，且說：「這是個性的不同」。束手無策的近衛，曾對其親信說：「陸軍要打一定輸的仗。海軍說沒有自信，陛下也反對戰爭，怎麼說陸軍皆聽不進去。實在太愚蠢了。」（註四九）由於近衛與東條無法獲得共識，加以陸軍開始要求近衛下台，因此近衛以因日美外交交涉與陸相意見不合為理由，於一九四一年十月十六日終於提出辭職。第三次近衛內閣，前後只有三個月便「壽終正寢」。

六

東條英機繼近衛之後組織內閣。東條首相自兼陸相和內相，後來又兼參謀總長，這是史無前例的。十二月八日，在箱根聽到對美國宣戰之電台廣播的近衛，立刻趕回東京。對於往訪近衛於華族會館的細川護貞，（註五〇）近衛說：「糟糕了。我感覺（日本）會敗得很慘。這樣的情況（贏的轟轟烈烈─引述者），頂多祇有二、三個月。」（註五一）

如近衛所意料，日本的戰勝日子並不長，自中途島 (Midway Island) 戰役（一九四二年六月五日）之後，美軍已經掌握了太平洋戰爭的主導權。一九四四年六月十九日，塞班島 (Saipan Island) 落入美軍手裡；十月二十日，美軍進攻雷特島 (Leyte Island)；十一月十一日，B29開始轟炸東京，十日，汪精衛病逝於名古屋帝國大學附屬醫院。

一九四五年二月十四日，近衛晉見昭和天皇，上奏三點：㈠日本一定戰敗；㈡憂慮戰敗後共產主義很可能得勢；㈢耽憂軍部內的革新運動。

近衛曾與若槻禮次郎、岡田啟介、平沼騏一郎密取聯繫，策動打倒東條；昭和天皇胞弟高松宮宣仁甚至一度欲幹掉東條。（註五二）不過昭和天皇很信任東條，（註五三）故近衛曾對人表示：昭和有若木戶的傀儡，上奏日皇的事，馬上會告訴木戶，木戶便立刻轉告東條。（註五四）木戶與東條交情很不錯，東條不喜歡昭和聽到不必要的「雜音」，所以連近衛三年多都沒有單獨晉見昭和的機會，就是由於這個原因。

到最後關頭的七月十二日，昭和召見近衛，要他前往蘇聯去請蘇聯出面調停和平。近衛且已經準備好了飛機和隨員，但此時蘇聯已經決定向日本宣戰，故托詞推諉，對近衛之擬往訪，不做正面答覆。七月二十六日，盟邦發表「波茨坦宣言」，八月六日，美國對廣島投下第一顆原子彈；八月八日，蘇聯對日本宣戰，日本終於在八月十五日無條件投降。

十一月二十二日，近衛以其曾三任首相，但未能解決中日事變和對美關係，致使國家滅亡，罪過重大，乃拜辭一切榮爵，謝罪於萬一。十二月六日，盟軍總部通緝近衛。近衛以公卿之尊，不肯就逮，乃於即將被捕的十二月六日凌晨，服毒自殺。享年五十五歲。

近衛文麿在自殺的前一天晚上，與其次子通隆談到隔天早晨兩點鐘左右。當時通隆要求其父親寫些東西，並給了鉛筆，近衛遂寫下了他的心情：

> 自支那事變以來，我在政治上犯了許多過錯。對此我深感責任，但要以所謂戰犯在美國法庭受審，是我所不能接受的。尤其是我對支那事變感覺有責任，故以解決這個事變為我最大的使命。

註釋

註一：矢部貞治，《近衛文麿》（東京：時事通信社，一九五六年），頁七五。矢部還有同書名但更詳細的著作，上、下兩冊，於一九五二年由近衛文麿傳記編纂刊行會出版。

註二：所謂二二六事件是一九三六年二月二十六日，陸軍內部皇道派青年軍官受北一輝的思想影響，企意以武力改造國內，指揮一千四百多名近衛師團士兵，開始叛亂，殺死齋藤實內大臣、高橋是清藏相、渡邊錠太郎教育總監等人的事件。叛軍後來歸順，政變由之失敗。主謀者槍斃。

註三：矢部貞治，前引書，頁六五；共同通信社「近衛日記」編纂委員書，《近衛日記》（東京：共同通信社，一九六八年），頁一三八、一三九。

註四：矢部貞治，前引書，頁七四。

註五：上村伸一，《日華事變》（下）（東京：鹿島研究所出版會，一九七一年三月），頁六〇。

註六：上村伸一，前引書，頁六一。日本國際政治學會太平洋戰爭原因研究部，《太平洋戰争への道，第四卷日中戰爭（下）》（東京：朝日新聞社，一九六三年），頁六。

註七：上村伸一，前引書，頁六四。

註八：矢部貞治，前引書，頁七六；風見章，《近衛內閣》（東京：中央公論社，一九八二年七月），頁六六。風見為第一次近衛內閣的書記官長（相當於我國行政院秘書長兼新聞局長），第二次近衛內閣的司法大臣。

註　九：矢部，前引書，頁七八；風見，前引書，頁六八—七二。

註一〇：矢部，前引書，頁七九—八〇。

註一一：風見，前引書，頁六七。

註一二：宮崎龍介（一八九二—一九七一）為中國（辛亥）革命之盟友宮崎滔天的長子，律師。櫻田俱樂部，《秋山定輔傳》，第三卷（東京：櫻田俱樂部，一九八二年三月），頁七六—一二八。作者譯過宮崎龍介和秋山定輔有關孫中山的文章，收於拙譯著《孫中山先生與日本友人》（水牛出版社）與（論中國革命與先烈）（黎明文化事業公司）二書。

註一三：風見，前引書，頁一三〇—一三一。

註一四：《太平洋戰争への道，第四卷，日中戰爭（下）》，頁二四。

註一五：江口圭一作、陳鵬仁譯，〈中日全面戰爭的爆發與陷入僵局〉，《近代中國》雙月刊，民國八十四年六月號；江口著、拙譯《中日十五年戰爭小史》一書，一九九六年，由幼獅書店出版。

註一六：上村，前引書，頁七五。藤原彰作、陳鵬仁譯，〈中日全面戰爭的擴大〉，《國魂》，民國八十四年七、八月號。藤原著、拙譯《解讀中日全面戰爭》一書，一九九六年，由水牛出版社出版。

註一七：重光葵，《昭和之動亂》，上卷（東京：中央公論社，一九五二年六月），頁一四九。

註一八：石射猪太郎，《外交官の一生》（東京：太平出版社，一九七三年二月），頁三五四；陳鵬仁譯，《石射猪太郎回憶錄》（水牛出版社，民國七六年），頁一六一。

註一九：外務省外交史料館日本外交史辭典編纂委員會編，《日本外交史辭典》（東京小川出版社，一九九二年五月），頁六五六—六五七；矢部，前引書，頁九〇；石射，前引書，頁三六三—三六四。廣田外相將加重的條件和內容告訴遜爾克先大使，遜爾克先對廣田說，這種條件，蔣介石是不會答應的。石射在他的日記寫著：「不錯，蔣介石如果接受這種條件媾和，他便是傻瓜，」見拙譯，《石射猪太郎回憶錄》，頁九四。

註二〇：森正藏，《旋風二十年》（光人社，一九六八年），頁二一五—二一七。若槻禮次郎，《明治・大正・昭和政界秘史》（古風庵回顧錄）（東京：講談社，一九九三年），頁三六八；松本重治，《近衛時代》（上）（東京：中央公論社，一九八六年一月），頁一四二—一四三；風見，前引書，頁七八；岡義武，《近衛文麿—「運命」の政治家—》（東京岩波書店，一九四六年六月），頁八二—八三。

註二一：矢部，前引書，頁九一；岡義武，前引書，頁八三；《太平洋戰争への道，第四卷日中戰争（下）》，頁五〇。

註二二：《宇垣日記》（東京：朝日新聞社，一九五四年八月），頁三一四—三一五；上村，前引書，頁二一四；石射，前引書，頁二七四—二七五；拙譯，《石射猪太郎回憶錄》，頁一〇〇—一〇一。

註二三：石射猪太郎的〈我對於收拾中日事變的意見〉。這篇本為絕對機密，戰後才公開的史料，非常值得國人一讀，收於《石射猪太郎回憶錄》一書。

註二四：《太平洋戰争への道—第四卷日中戰争（下）》，頁五〇；岡義武，前引書，頁五〇。

註二五：岡義武，前引書，頁八九—九〇。
註二六：岡義武，前引書，頁九〇。
註二七：原田熊雄述，《西園寺公望と政局》，第七卷（東京：岩波書店，一九六七年十一月），頁二〇七—二〇八；岡義武，前引書，頁九四。
註二八：岡義武，前引書，頁九三。
註二九：《宇垣日記》，頁三二六—三三三。石射，前引書，頁二七六—二七七；拙譯，《石射猪太郎回憶錄》，頁一〇七—一〇八。
註三〇：《宇垣日記》，頁三二三—三二六。宇垣認為，近衛門第、見識高超，但欠缺領導內閣的能力，非打開困局之才（頁三二五）。
註三一：《西園寺公望と政局》，第七卷，頁二〇三。
註三二：風見章，前引書，頁一八六—一八七。
註三三：風見章，前引書，頁一七〇—一七一。
註三四：風見章，前引書，頁一六三；陳鵬仁，〈影佐禎昭與汪精衛〉，《中國文化大學政治學研究所學報》（民國八十二年一月）。關於汪偽政權，邵銘煌博士論文〈汪偽政權之建立與覆亡〉（尚未出版）很值得一讀。
註三五：矢部，前引書，頁一〇四。
註三六：高宗武，〈東渡日記〉，總統府機要室特交檔案第二十七卷。

註三七：矢部，前引書，頁一一一。
註三八：風見，前引書，頁二〇七。
註三九：矢部，前引書，頁一一二。
註四〇：《木戶幸一日記》，下卷（東京大學出版會，一九八四年五月），頁八〇六；內川芳美編，《中國侵略と國家總動員》（東京：平凡社，一九八三年四月），頁一四八。
註四一：栗原健，《天皇—昭和史覺書》（東京：原書房，一九八六年六月），頁一五二—一五三。
註四二：拙稿，〈影佐禎昭與汪精衛〉，前引文，頁一七八；拙譯《汪精衛降日密檔》（聯經出版社出版）一書，收有影佐禎昭的回憶錄〈曾走路我記〉，本書亦收錄。
註四三：外務省編，《日本外交年表並主要文書一八四〇—一九四五》（下）（原書房，一九七八年二月），頁四三七。
註四四：栗原，前引書，頁一六四；田村幸策，《太平洋戰爭外交史》（鹿島研究所出版會，一九六六年九月），頁四一五—四二〇；蘆田均，《第二次世界大戰外交史》（東京：時事通信社，一九六二年），頁三一二—三二三。
註四五：《日本外交年表並主要文書》（下），頁五四四。
註四六：陳鵬仁譯，《昭和天皇回憶錄》（臺灣新生報社，民國八十年），頁五六。
註四七：矢部，前引書，頁一六一。

註四八：矢部，前引書，頁一六四。
註四九：矢部，前引書，頁一六八；岡義武，前引書，頁一八六—一八八；栗原，前引書，頁一七〇。
註五〇：細川護貞，係近衛文麿的女婿，前日本首相細川護熙的父親。
註五一：細川護貞，〈近衛公の生涯〉，收於《近衛日記》，頁一五〇。
註五二：這是前兩年，細川護貞來臺北訪問時，作者親自聽他細說的。《細川護貞座談》（東京：中央公論社，一九九〇年二月），頁一八二—一八六。
註五三：《昭和天皇回憶錄》，頁七四—八一。
註五四：矢部，前引書，頁一七七。

（抗戰勝利五十週年兩岸學術研討會論文）

第七章　影佐禎昭與汪精衛

一

日本自發動九一八事變、盧溝橋事變、太平洋戰爭，以至無條件投降，對中國積極進行侵略戰爭前後達十五年之久。在這十五年戰爭當中，中日單獨正面武力衝突是自盧溝橋事變到爆發太平洋戰爭的四年多。在這四年多的戰爭過程中，日本一直無法完全打敗以為幾個月就可以予以打敗的由蔣中正先生領導的中國國民黨和國民政府，因此透過許多管道曾有過各種各樣的對中國的和平工作。（註一）而且，這些和平工作都是由在軍事上居於優勢的日本所主動，中華民國政府從未對日本求過和平，（註二）這表明中華民國對日本徹底的不信任和抗戰到底的決心。（註三）

本文的目的是擬就在這許多日本對中國和平工作中，關係最大影響最深的影佐禎昭對汪精衛工作作一個綜合性的探討和敘述。

二

影佐禎昭（註四）與日本對中國和平工作發生關係始於與中華民國外交部亞洲司第一（日本）科長董道寧（註五）的接觸。一九三八年一月十七日，董道寧訪問滿鐵南京事務所所長西義顯（註六）於上海南京路的匯中大飯店。這時，日軍已經占領南京（一九三七年十二月），國民政府業已遷往漢口，董道寧是由漢口飛往香港，由香港搭乘外國輪船前來上海的。其目的是與日本駐華大使川越茂會面，以便從側面促進德國駐華大使陶德曼調停中日和平的成功。但沒有能夠達到目的。（註七）

董道寧往訪西義顯的前一天亦即一九三八年一月十六日，日本首相近衛文麿發表了其極著名但又極笨拙的「今後不以國民政府為對手」的聲明，（註八）所以董道寧訪問西義顯時，西義顯便打電話給同盟通信社上海分社社長松本重治，（註九）請他立刻來與董道寧會面。

在這以前，西義顯已經說服董道寧，要董道寧前往日本，向日本政府當局表明中國對和平的誠意，西義顯知道松本是近衛首相在中國的私人代表，（註一〇）因此希望松本與董道寧見面，面商董道寧前往日本的一切事宜。

松本很贊成董道寧去日本，並保證對其上司亞洲司長高宗武（註一一）說項，使其擅自前往敵國日本無事，因為董道寧的任務只是到上海。松本同時建議西義顯：事先回日本一趟，去見在希望早日結束中日戰爭的參謀本部第八（謀略）課長影佐禎昭，安排董道寧在日本的一切行動。（註一二）而松本之所以敢對董道寧保證無事，是因為他與高宗武是「莫逆之交」，他倆之認識，係由於何廉的介紹。（註一三）於是西義顯便於一月十九日，隻身搭上開往長崎的班輪。這是所謂日本對「汪精衛工作」的開端。（註一四）

到達東京的西義顯，遂前往位於橫濱市鶴見的影佐的住家，說明其來意。西義顯有一個哥哥叫做西義一，（註一五）當過陸軍大將，為西義顯所欽佩的軍人，但西義顯因為工作關係，看過許多不肖的「政治軍人」即軍閥軍人，因而非常討厭和輕蔑這些軍人。可是西義顯對影佐的看法卻不同，西義顯認為影佐到他擔任日本駐華大使館武官補佐官（助理武官）時為止，是個日本陸軍傳統的對華強硬政策的健將，但到發生盧溝橋事變，影佐從仙臺炮兵聯隊附調回參謀本部出任支那課長，受參謀本部第一部長石原莞爾（註一六）的影響以後，他的想法完全改觀了，因此西義顯決定去找影佐商量。（註一七）

西義顯對影佐禎昭的評價極高，認為他是日本軍閥中的「俊髦」，水平超群，所以影佐經常被安插在中央。所謂「中央」，不僅是軍閥支配整個陸軍，而且支配全日本的中樞。而主控這個中樞的就是以陸軍省軍務局為首以為與其相對的參謀本部的部課長們。因此此時的日本，無異是「主權在軍」。西義顯之所以那麼重視影佐，理由在此。（註一八）影佐後來調任握有極大權力的陸軍省軍務局軍務課長。

徵得影佐同意安排一切之後，西義顯前往熱海，找由上海回國中的其他另外一位盟友伊藤芳男，（註一九）請他趕回上海，陪同董道寧到日本來。

董道寧與伊藤芳男於一九三八年二月二十五日由上海出發，次日抵達長崎。西義顯在長崎接他們兩個人。二十六日上午動身長崎，二十八日上午在董道寧長大的橫濱下車，住進紐英格蘭大飯店，與影佐大佐首次會面。（註二〇）西義顯因扁桃腺發炎，遂把事情交給伊藤，而到大磯養病去。

在東京期間，由影佐引導，董道寧見了參謀次長多田駿中將，參謀本部第二部長本間雅晴少將和參謀本部支那班長今井武夫中佐等人。董道寧由多田得知，日軍中央確實希望中日之間早日獲得和平。影佐因為受了自稱日華人的董道寧熱愛中國和東亞的感動，答應全力支持這個和平運動，同時自動給與其在日本陸軍士官學校同期（註二一）的何應欽、張群寫信。（註二二）

董道寧於三月十日，由西義顯、伊藤陪同，搭乘烏蘇里輪，由神戶出發，三月十一日抵達大連，訪問了滿鐵總裁松岡洋右。在船上，為了今後工作的推展，西義顯、董道寧和伊藤芳男三個人，約定將分別稱呼為「太郎」、「次郎」和「三郎」，而偶然，這也是成為年齡大小的順序。董道寧與伊藤，於三月十三日乘輪離開大連到香港，董道寧由香港回到漢口，西義顯回東京，然後經由長崎又前往香港。（註二三）

三

一九三八年三月二十六日，西義顯到達香港，住宿於伊藤替他代訂的利巴爾斯灣大飯店，二十七日，除太郎、次郎、三郎外，加上高宗武和松本重治五個人聚會於該大飯店。此時決定今後稱呼高宗武為「四郎」、松本為「五郎」。（註二四）

高宗武對於董道寧擅自前往日本沒有深究，回到漢口以後，董道寧將影佐寫給何應欽、張群的私信交給高宗武，高將其交給周佛海，周交給汪精衛看了之後，經由陳布雷轉呈蔣委員長。高宗武告訴西義顯：蔣委員長看了影佐的書信之後，非常感動影佐的誠意和勇氣。保證絕不公開影佐的信件。中國所以與日本抗戰，是認為不抗戰不可能親日，勝負在所不問。如能瞭解中國的本意，蔣委員長願意考慮以下條件。蔣委員長認為，日本對中國作戰的真正意圖是：一、對蘇聯關係的安全保障；二、確保對中國的經濟發展與依靠。蔣委員長原則上承認這兩項。

第一項可以再分類為：與①東北四省；②內蒙；③河北、察哈爾有關聯的問題。關於①與②，以後再協議；③絕對要還給中國，並尊重長城以南中國主權的獨立和領土的完整。如能接受上述趣旨，當即停戰，並以上述條件為基礎進行和平細節的交涉。（註二五）

高宗武以上這番話，到底真的是蔣委員長告訴他的，高宗武擬稿經過蔣委員長同意的，還是高宗武個人獨創的，西義顯說他無法判斷，但卻答應照高宗武的意思一定轉達影佐其內容。（註二六）爾後，因為松本工作太過於繁忙，故推薦犬養健（註二七）來接替其與東京的聯絡工作。爾後，犬養在日本對汪精衛工作上，也扮演了極其重要的角色。（註二八）

這時西義顯一再慫恿高宗武親自前往日本，以向日本當局負責人說明中國當局的和平意願和條件。高宗武可能眼看董道寧去日本一行蠻有所獲，加以促進中日和平心切，決心去日本。但陳布雷暗中告訴他蔣委員長絕不會同意高宗武到日本去。

高宗武之所以選擇這個時候要到日本，是因為傳聞近衛內閣即將進行改組，外相將由宇垣一成（註二九）接任，宇垣有意改變近衛「今後不以國民政府」的政策，希望乘此機會促成中日兩國之間的和平。高宗武陷於進退維谷，因而與周佛海商量，周佛海主張高宗武應該到日本，他願意負責說服蔣先生。故高宗武於六月十日左右到了香港。（註三〇）

在此之前為著高宗武的赴日，西義顯於四月十九日，搭了靖國輪趕回東京，以安排有關事宜。四月二十七日，回到東京的西義顯，在參謀次長辦公室，對多田次長、本間第二部長、陸軍省軍務課長柴山兼四郎大佐，在影佐、伊藤陪同下，拚命說明高宗武所帶來中國當局對和平的條件，以為是絕好的時機，意圖說服多田等人。但多田中將和在軍閥中素以自由主義者著稱的本間雅晴少將卻無動於衷。原來，日軍正在準備進攻徐州，五月五日開始攻擊。（註三一）為了高宗武的正式訪日，西義顯於六月十九日，搭郵輪墨洋丸趕回日本，請影佐事先準備一切事宜。六月二十三日，高宗武由伊藤芳男陪同，乘日本女王輪，由香港出發，經上海，於七月二日晚抵達橫濱。松本送走高宗武和伊藤之後，由上海飛往福岡，五日到達東京。伊藤到東京車站接松本，並說他們於一個小時以前抵達東京，高宗武住在住友銀行所有之空屋。（註三二）

影佐曾與高宗武會談數次，並由伊藤、西義顯陪同會見了多田參謀次長，板垣征四郎陸軍大臣、近衛和松岡洋右，也由松本作陪見了松本的老闆同盟通信社社長吉永裕。高宗武對岩永表示其此行目的是：⑴欲試探日本陸軍有沒有早日實現和平的意思；⑵如果有，日本是否要與蔣氏直接交涉，還是要與汪精衛進行交涉。影佐說，高宗武告訴他：將來能為日本和平交涉對象的只有汪精衛。（註三三）西義顯說，高宗武在東京一再強調：唯有日本放棄帝國主義政策，把中國當作對等的國家，中日兩國之間才有實現和平的可能。（註三四）松本對其上司岩永說，和平運動的成功與否，完全要看日方能不能聲明要由中國撤兵。但岩永表示，撤兵非常不容易。（註三五）這時，松本曾為高宗武介紹犬養健，也將犬養介紹給影佐，俾將來必要時分擔松本的工作。

高宗武於七月九日，仍然由伊藤陪同離開橫濱。對於高宗武擅自赴日一事，據傳蔣委員長連聲說「荒唐荒唐」。蔣委員長在六月二十四日日記說：「高宗武擅自妄動，可謂膽大妄為矣！」因此周佛海聯絡高宗武暫時不要去重慶。（註三六）由日本回到香港以後的高宗武，因為生病住院與周佛海商量結果，周佛海推薦梅思平（註三七）代替高宗武參加工作。（註三八）

四

一九三八年八月二十九日，松本與梅思平開始會談。梅思平原為中央政治學校政治系主任，因受到校長蔣先生欣賞，而被提拔出任全國只有五個實驗縣之一的江寧縣長。松本與梅思平前後會談五次，梅思平最後表示中國方面的和平運動必須由汪精衛出面領導。（註三九）

梅思平與高宗武見面之後，於十月二十二日飛往重慶與汪精衛、周佛海等「同志」協議，並決定派高宗武和梅思平為代表與日方作進一步的具體折衝。在另一方面，松本因患腸傷寒住進上海的醫院，故將與梅思平會談的結論與備忘錄，交給前來探病的西義顯和伊藤，由伊藤面交出差正在上海的參謀本部的今井武夫中佐，然後由今井轉達影佐。（註四〇）

身受新任務的梅思平，於十一月二日回到香港向高宗武報告一切，並聯袂於十一月十二日，乘船到達上海，當晚起與日方進行會談。而由上海回到日本的今井，則將松本、梅思平會談的結論報告陸軍中央。於是板垣陸相遂派影佐、今井、犬養、西義顯和伊藤五個人前往上海，與高宗武和梅思平會談，而這就是日後的所謂重光堂會談。（註四一）這個重光堂位於上海虹口新公園旁邊，是從前日本特務頭子土肥原賢二中將的住處，被稱為土肥原公館而馳名於世。（註四二）

參加重光堂會談者，汪方為高宗武、梅思平和周隆庠；日方為影佐禎昭、今井武夫、犬養健、伊藤芳男和西義顯。其目的是具體化第二次近衛聲明（十一月三日），使日本政府的和平決心更加明確，並使汪精衛等人徹底瞭解日本政府的本意。（註四三）但實際上經常參加討論的主要人物是今井和梅思平、周隆庠擔任翻譯。

重光堂會談的主要內容為：

㈠承認滿洲國？

㈡日軍撤兵（隨恢復治安，兩年以內撤兵）。

㈢防共駐兵（為防止共產主義，日軍要駐紮內蒙。其期限以日華防共協定有效期間）（這雖然有很多問題，但如果沒有這一項，日本絕不會接受）。

㈣將租界歸還中國。

㈤撤消治外法權。

㈥要不要向中國索取賠償未定。（註四四）

在這個會談，汪方代表所提出有關和平運動的步驟大致如下：

㈠如果協議成功，日本政府要確定和平條件，並通知在重慶的汪精衛。

㈡經過一、二日以後，汪精衛將與同志藉口前往昆明。配合其到達昆明的時機，日本政府要發表和平條件。次日，汪精衛公開表明與蔣氏分手，即日飛往河內，然後轉往香港。

㈢到達香港後，汪精衛立刻正式聲明為建立東亞新秩序，響應日本以收拾時局。同時由國民

黨黨員聯名發表反蔣聲明，並對中國內地和南洋華僑展開和平運動。（註四五）

重光會談最後的協議案「日華協議紀錄」，於十一月二十日，在上海，由影佐和今井與高宗武和梅思平分別簽字，並約定日本政府與汪精衛雙方同意之後，汪精衛要逃出重慶，即按照上述汪方所提出步驟採取行動。（註四六）

結束了重光堂會談的影佐和今井，於十一月二十日黃昏離開上海回到東京。翌日，影佐與犬養訪問近衛首相私宅於東京荻窪，以報告重光堂會談的經過和結果。此時近衛表示，他個人對其所簽訂「調整日華國交之基礎條件」沒有什麼不同的意見，但其可否要由五相（首相、外相、藏相、陸相和海相）會議來作決定。

五相會議於十一月二十五日召開，通過板垣陸相的報告。以這個報告為前提，在十一月二十八日的內閣會議席上，除將「調整日華國交之基礎條件」中的「駐屯地以外之日軍要在兩年之內撤兵」修改為「駐屯地以外之日軍要早日撤兵」之外，也加上一些條件和修正，並決定了「日支新關係調整方針」。由於陸軍要求要使其成為國家的根本方針，故於十一月三十日的御前會議將其通過，正式成為日本的最高國策。（註四七）

五

重光會談後，高宗武自上海到香港，梅思平前往重慶。在重慶，汪精衛聽取梅思平的報告之後決心離開重慶，並在中國任一地區從事和平運動。

十二月二日，高宗武的哥哥往訪伊藤，轉告汪精衛完全同意重光堂會談的內容，並說汪之逃出重慶將在十二月八日左右。在香港得到這個消息的今井，向東京報告之後，首相官邸準備近衛於十二月八日到大阪，發表首相談話。但卻毫無汪精衛逃出重慶的消息，近衛不得已遂稱病取消大阪之行。（註四八）此時，近衛以為受了騙。十二月十日，汪的親信林柏生由香港聯絡說，蔣委員長於六日突然從前線回到重慶，以為被蔣氏發覺，但也沒有這種跡象。所以汪的逃出重慶還要晚幾天，請放心。（註四九）

十二月十八日，汪精衛利用蔣委員長對青年訓話的機會，帶著夫人陳璧君、秘書曾仲鳴飛往昆明，二十日由昆明乘包機飛抵河內。據汪精衛說，飛往河內的包機是龍雲替他訂的，而汪自重慶到昆明的機位，係由其門生交通部次長彭學沛所設法。繼汪之後，陳公博、林柏生、陶希聖也逃離了重慶。（註五〇）

配合汪精衛逃往河內，近衛於十二月二十二日以「總理談」的方式發表聲明，（註五一）該項聲明係以上述「日支新關係調整方針」為基礎，但卻完全沒有提到撤兵。但撤兵是汪派所堅決主張的一項，俾以此減少甚至消除汪精衛一群人的漢奸性質。但站在日本用兵的立場和觀點，不能輕言撤兵二字，所以犬養健感慨萬千地說「撤謊是萬事的開端」，（註五二）西義顯大為憤慨說「

日本欺騙了汪精衛」。（註五三）而據影佐的說法，近衛聲明之所以沒有撤兵二字，是由於軍方的要求。（註五四）

但民政黨眾議院議員齋藤隆夫（註五五）於一九四〇年二月二日，在米內（光政）內閣第七十五國會發表「關於處理事變的質詢」演說，提到前述近衛聲明與由中國撤兵的問題時，明明說到日軍的撤兵。（註五六）可見近衛聲明，正如影佐所說，因為軍方的強硬要求，故意把撤兵部分拿掉，以免影響在中國作戰的日軍士氣。

對於近衛的聲明，蔣委員長於十二月二十六日發表嚴正的聲明，予以反駁和痛擊。他說：「中國若承認了他的『東亞新秩序』和『日滿支』協同關係，就是將中國全部領土變成日本所有的大租界，這樣一來，中國若不是變為他的奴屬國也就降為保護國，而且實際上就是合併於日本，他說要使中國為完全獨立國家，豈非就等於馬關條約中的朝鮮麼？我可以斷言，在這篇聲明發表以前，世上或者有人希冀日本能悔過，自他這個聲明發表後，就再沒有一個明大義識時勢的中國人，再存和平妥協之想了！……老實說：中國的老百姓，一提到日本，就會聯想到他的特務機關和為非作惡的浪人，就會聯想到販鴉片，賣嗎啡，製造白麵，銷售海洛英，包賭包娼，私販軍械接濟土匪，豢養流氓，製造漢奸，一切擾我秩序，敗我民德，毒化匪化的陰謀」。

「綜觀近衛的這個聲明，我們可以斷言，日本真正之所欲，乃在整個吞併我國家，與根本消滅我民族，而決不在所謂中日合作或經濟提攜等等的形式，至於割地賠款，在這個大欲之前，當然更非侵略者之所重。拆穿來說：他們的所謂經濟集團，就是要將中國整個的財力資源受日本統制以代替其所謂不要賠款；他們要求內蒙華北駐兵，要求全中國土地內自由居住和營業，就是要使中國全部土地受其統制與支配，中國全部人民任其壓迫和奴役，以代替其所謂不要割地」。（註五七）

響應近衛聲明，汪精衛於十二月二十九日發出所謂豔電，對中國國民黨中央、蔣委員長和中央執監委員呼籲「反共和平救國」，林柏生在香港發行的《南華日報》並將其內容全部發表。（註五八）

一九三九年一月一日，中國國民黨永遠開除汪精衛的黨籍。（註五九）二日，蔣委員長電告龍雲中央對汪的處置，希望其能洞察奸人的陰謀和不要動搖。到達河內以後的汪精衛，因為深感生命的危險，故曾經考慮過要亡命歐洲，並曾向英、德、法三國申請其本人、夫人陳璧君和秘書曾仲鳴的簽證。（註六〇）這似乎由於四川、雲南等地並沒有出現汪精衛所期待的局面所致。

據傳二月一日，高宗武前往河內與汪精衛協議，結果達成要成立救國反共同盟會、軍的組織以及取消臨時、維新兩國政府的共識，高宗武並攜帶這些結論於二月二十一日抵達長崎，同行者有伊藤和周隆庠，犬養去接高一行。在東京，高宗武與首相平沼騏一郎和外相有田八郎等人會談。（註六一）

為著避免人們的耳目，高宗武一行被安排住在箱根的富士屋大飯店，犬養與高宗武住三樓，房間是隔壁，影佐為了與東京秘密電話聯絡住二樓。惟因立刻被警察懷疑，故第二天晚上便搬到半年前高宗武住過的東京「花蝶」。（註六二）

日本政府以五相會議決定汪精衛出馬，並於三月十八日通知將派遣其所要求的田尻愛義出任駐香港總領事。（註六三）四月一日，日本興亞院（註六四）會議決議：自四月以後六個月，將每個月將補助汪精衛的救國反共聯盟會三百萬元共計一千八百萬元，此筆經費由海關剩餘金支付。（註六五）

在另一方面，於三月二十一日，汪精衛在河內的住處遭到襲擊，曾仲鳴被暗殺。日本政府為救出汪精衛，決定派遣影佐到河內，影佐徵得陸相同意，以外務省的矢野征記書記官、海軍的須賀彥次郎大佐、眾議員犬養健、偽滿外交部囑託伊藤芳男、大鈴軍醫中佐和憲兵丸山准尉、松尾軍曹（中士）為隨員，另外還帶了一條最好的狼狗。（註六六）

他們於四月六日，由九州的大牟田乘山下輪船公司的貨輪北光丸（五千三百四十六公噸）出發，四月十六日抵達海防。他們在表面上都是裝著商人，前來越南買鐵砂的。影佐的頭銜為日本糖業聯合會庶務課長，犬養改姓平，身分是該聯合會的書記。但矢野和伊藤於四月五日由福岡飛往上海，由上海搭英輪於十日抵達香港，十七日與影佐一行在河內匯合的。（註六七）

替影佐與汪精衛擔任聯絡的是同盟通信社駐越特派員大屋久壽雄，他的法文很好，是受松本重治的指示來全力協助的。四月十七日黃昏，大屋透過伊藤轉達汪方的回信說：擬於明日下午一時半在汪住處會談。請日方人士在郊外的賽馬場排隊買票，此時汪方懂得日文的青年也會站在隊裡頭。這個青年將以老朋友的態度走近日方人士以英語說：「How are you?」這是口令，故請與其握手。然後坐他的車子過來。（註六八）

前往與汪精衛會談的日方人士是影佐、犬養和矢野三個人，而到賽馬場去接他們的則為周隆庠。周隆庠開的車子，以很快的速度繞了河內市內的大街小巷好一陣子，最後向右轉並向二、三十公尺前面的鐵門衝上去。鐵門馬上啟開然後又立刻關上。這裡就是汪精衛在科羅暮街的住處。

影佐等被帶到二樓，旋即穿著白色中國服的汪精衛由周隆庠陪同出來。這是影佐一行首次見到汪精衛。汪一個一個地握手良久，眼睛一直正視，表示對客人的禮貌。因為穿的是白紹衣衫，所以其舉措顯得有些女性般的優雅。他的中國話有廣東口腔，但卻有法語般柔軟的腔調。（註六九）

影佐代表日方人士對汪說：「我是奉（日本）政府命令，為幫助先生遷移到安全的地方而來的」，繼而向汪介紹矢野和犬養。因深怕呆的時間太長，為重慶的特務人員所探悉，而發生再次襲擊，故此時只談必要事項，其他事留待船上再詳談。汪精衛對於坐在他後面擔任口譯的周隆庠一句一句慢慢地說，好像要使周方便於轉譯，同時也不使初次見面的客人感覺他在感動，汪精衛首先感謝影佐等遠道趕來相助，然後表示在河內非常危險，而且很難與香港、上海的同志聯絡，本來想前往香港或者廣州，但在香港、英國官警監視極嚴，陳公博、林柏生等在那裡束手無策，廣州雖然是與孫中山先生和他自己關係很深的地方，但卻已為日軍所占領，到廣州將給中國國民以他在日軍保護下從事和平運動的印象。因此他選擇到上海，上海雖然也在日軍手裡，但上海有英美的共同租界，外國人掌握著市政和裁判權，中國人的自主行動遠勝於廣州，所以周佛海、梅思平已經在那裡積極作準備。（註七〇）

對於影佐問要怎樣與越南當局交涉離開河內，汪答說將以和平方法與其交涉，他相信越南當局希望把這個「燙手芋」交出去，故一定贊成他離開。影佐問他有沒有交通工具？並告訴他日方準備有五千五百公噸左右的貨輪。汪說他們已經租了一條法國籍小船。影佐問這條船多大？因為要航行中國沿海，對汪又有通緝令，需要格外小心。汪回頭問周隆庠，然後微笑著回答「據說是七百六十公噸」，它叫做法安・福連哈紅。對於日方人士表示耽憂，汪說雖然有些危險，但如果他乘日輪到上海，和平運動將受到很大的誤解。故出海時，希望在海防海面與影佐的船碰頭，並請能離開些距離跟蹤他們的船，萬一發生危險時，將以無線電聯絡。至於其他事務性的事，則由汪精衛的小舅陳昌祖代勞，請汪稍微休息。經過大約兩個小時，影佐等才告辭。臨走前，汪又出來，送影佐等走出走廊時，汪默默地打開一個房間給他們看。它是間空房，床上枕頭上放著一個黑色蝴蝶緞帶。這是曾仲鳴被暗殺的房間，影佐等默默地向它鞠了躬。（註七一）

四月二十日下午十時，以前，大屋來電話告知：越南當局將於明日上午九時動員一切警力負責將汪精衛由其住處沿路警衛護送到Hon Gay港口。惟因辦理出國手續、海關的檢查、解聘中國船員、新聘越南船員、裝載糧食、飲用水等等，至少需要三、四天時間，故希望在二十五日中午，在海防五海里海面叫做巴克龍比無人島附近匯合。（註七二）

四月二十五日中午左右開始，北光丸繞了海防海面巴克龍比島四周好幾趟，但皆找不到福連哈紅輪。經過了三天，毫無消息，影佐以為汪精衛「完蛋了」，而非常後悔沒強制汪一行坐北光丸。迨至第四天下午三點鐘左右，以無線電聯絡到福連哈紅輪，並約定在汕頭附近碣石灣匯合。到第五天即三十日快到中午，福連哈紅輪才開到碣石灣口，接近北光丸。其所以未能在無人島與北光丸準時碰面，是因為碼頭設備陳舊，裝載軟用水要用提桶，船的速度本來說是八海里，其實最快每小時只能走七海里所致。由於該輪太小，大家暈船暈得一塌糊塗，故汪一行終於全部移到北光丸來。（註七三）

六

五月二日，北光丸臨時變更行程開進基隆港，西義顯竟在碼頭歡迎他們。北光丸之所以落腳基隆港，是為了要補充糧食和飲用水。可能因為汪一行在河內吃得太差，所以在北光丸上大吃特吃，致使糧食和飲用水都短缺。（註七四）

在北光丸上，影佐和犬養常於晚餐後與汪精衛會談。此時汪精衛對他們兩人談的重點是：(一)

希望建立和平政府，以與日本合作的成績，使人民和重慶政府感覺抗戰之無意義；㈡希望日本政府名符其實地實行近衛聲明，不要使近衛聲明成為表面文章；㈢和平政府需要有兵力，但不希望以這兵力與重慶的軍隊戰鬥（內戰），以演民族間流血的慘劇；㈣日本人要瞭解：和平論既是愛國精神的流露，抗日論也是愛國精神的表現；㈤希望與日本政府各要人見面，以聽取他們對近衛聲明的誠意和對和平政府的意見；㈥他的和平運動不是要爭政權，其目的在於要使重慶政府贊成和平，停止抗戰。將來有一天如果重慶政府與他的運動匯合時，運動目的已經達到，故他願意隨時下野。汪特別強調：和平運動不是反蔣運動。（註七五）

北光丸於五月六日到達上海。因為好多日本新聞記者等著，因此汪精衛不登陸留在北光丸上，但汪夫人陳璧君卻不願意住在日本租界，堅持要到法國租界去住。結果讓陳璧君這樣作。影佐和犬養住進重光堂，在這裡犬養首次見到周佛海。犬養形容周佛海說：「高個子，大眼睛，說話很快，動作敏捷的典型的湖南人。」（註七六）

汪精衛住進事先準備好的臨時住處之後，與褚民誼、周佛海、梅思平、高宗武等會商結果決定訪問日本。汪立刻將此意轉告影佐，希望影佐與日本政府聯絡，同時著手起草和平工作計畫和對日本政府的希望事項等等，準備屆時帶往日本。影佐遂將汪意電報參謀本部，參謀本部回電表示同意，並說東京方面準備就緒後將另行電告。（註七七）

五月底，東京電知接待汪精衛的準備工作完成，因而汪一行於五月三十一日，由上海海軍機場搭乘日本海軍軍機經九州佐世保飛抵橫須賀。汪的隨員為周佛海、梅思平、高宗武、周隆庠和董道寧，日方隨行者是矢野征記、清水董三外務省書記官、犬養健和影佐禎昭。六月十日起，分別訪問首相、陸相、海相、外相、藏相（財政部長）和近衛文麿前首相。在這些會談，大多由清水擔任口譯。（註七八）

在與平沼騏一郎首相的會談，平沼首相先表示中日提攜應以道義為基礎，並稱贊汪對和平的熱情；汪說中日兩國長時相爭毫無意義，並問日方為解決中日衝突究竟要以重慶為和平運動的對象，或者以國民黨以外在野人士為對象，還是要以不分在朝在野、國民黨與否，凡是願為兩國前途著想，贊成和平的一切人士為對象？如果日方認為應以第三種方法為適當，汪願以他為首組織和平政權為達到和平目的而盡棉薄。

對此，平沼答說，現今內閣完全繼承和堅持近衛聲明的精神，同時贊成汪所陳的和平方策，日方絕對要支持和援助汪。汪似乎由此大大地加強了信心，日後他且再三引述平沼的中日道義提攜論以訓勉部下。（註七九）

汪精衛在訪日期間，對日本政府所提出要求的要點如下：

㈠汪精衛要組織中央政府。

㈡這個中央政府繼承中華民國國民政府的法統，所以要採取還都南京的方式。

㈢以同樣理由，國旗要用青天白日旗，以三民主義為最高指導方針。

㈣從前已經獲得結論之有關明示日軍撤退的時期，希望能有更明確的答覆。
㈤在日軍占領地區的中國法人或者個人所有的鐵路、工廠、礦山、商店、普通房屋，請能迅速發還。

以上各項，日本政府如果不能接受，汪精衛將取消建立中央政府的念頭，而將以民間人士的身分去從事促進和平的運動。

對於以上汪精衛的要求，日方的回答是：

㈠目前三民主義是排日抗戰的本源，故要求對其作理論上的修正。
㈡現在，青天白日旗為重慶抗日政府所使用，是日軍前線部隊攻擊的目標，為避免混淆起見，希望變更國旗圖案。
㈢在日軍占領地區之中國國民的住宅、工廠、商店等可以發還，惟因鐵路的運作與軍事作戰具有密切關係，故在戰爭期間請能仍由日方處理。全面和平後立刻發還。（註八〇）

根據影佐的說法，汪精衛對於板垣就承認偽滿問題問其意見時，汪答說，從孫中山先生於一九二四年在神戶的演講（大亞洲主義）來說，承認滿洲獨立並不違反孫文主義；既然要與日本和平，只有承認滿洲國的獨立。（註八一）

難怪高宗武批評「汪先生太美化日本國策」（註八二），最後唾棄汪精衛，脫離汪陣營，並與陶希聖一起暴露汪日密約的內容。

但事實上，汪精衛來日不到一週，日本政府則於六月六日的五相會議決定了「中國新政府樹立方針」（註八三）和指導對汪工作的腹案。這是日本政府對於汪和平運動態度的正式決定，極其重要。其要點如下：

㈠新中央政府以汪、吳（佩孚）、既成政權、反悔的重慶政府為其構成分子。

㈡新中央政府的構成分子，要事先接受有關調整日支新關係的原則。

㈢中國將來的政治形態採取分治合作主義，根據調整日支新關係方針，以華北為國防上及經濟上日支強度結合地帶，並在華南沿岸特定島嶼設立特殊地位。（註八四）

不知道日本政府已經決定了態度的汪精衛，竟於六月十五日向日方提出「就實行尊重中國主權原則對日本的希望」，（註八五）盼望日方儘快答覆，最好在周佛海於六月二十六日離開日本之前，最低限度給予大綱的提示。其主要內容如下：為實現內政的獨立，中央政府不設政治顧問等；需與日本商議的事項，要透過正式管道，由日本駐中國大使辦理；省政府、特別市政府不設政治顧問；最高軍事機關，設日、德、義、三國的軍事顧問團，一半是日本人，德國人義大利占一半等等。（註八六）

但這些要求與上述日本五相會議的決定內容是格格不入的，因此對汪所提出的要求，遲至十月二十四日才作第一次答覆，興亞院的決定是十一月一日。（註八七）

在這裡值得一提的是，六月十五日，汪再度與板垣會談時，板垣問汪：對於重慶方面的要人和軍隊的靠攏，有多大把握的時候，汪這樣回答：目前，蔣介石的轉變沒有希望，不過蔣是會隨環境改變的人，所以不是絕對不可能。孫科和宋子文是親蘇派，很難轉變；戴季陶、居正、陳立夫弟兄及所謂歐美派，大部分是反共和平。惟因蔣的監視很嚴，故很難逃出。不過這些人在重慶，反而有幫助。軍隊方面，大致可以分成黃埔系、共產系和地方軍系，後兩者暫且不談。黃埔系大多是反共的，因此只要日華合作有名分，他們有豎起反共大旗的可能。目前領導黃埔系的是陳誠，但陳誠的資歷聲望都不夠，何應欽比他好得多。何應欽有投靠汪的可能性，也能夠離間黃埔系。不過軍隊的民族意識特別強，日方對這一點認識不夠令人耽憂。(註八八)

汪精衛一行留下周佛海，於六月十八日，乘由東京芝浦開往天津的山下汽船會社的天星丸回國。此時，日本五相會議決定：為幫助汪精衛建立新政府工作，將每月貸款汪精衛三百萬元，此筆款項，自一九三九年七月以後，由正金銀行上海分行以貸給影佐的方式辦理，然後由影佐交付。但這筆貸款，遵照汪的意思，交給周佛海。(註八九)為日後與汪方交涉，日本政府決定在上海設立梅機關，由影佐負責。

七

隨汪精衛建立中央政府的具體化，日本政府便準備按照既定方針要汪精衛事先接受其對汪新政權的要求。因而阿部（信行）內閣遂於十月十七日遣派田尻（愛義）書記官攜帶「中央政治會議指導要領案」前往上海，開始與汪方交涉。

這個案的內容，基本上係根據一九三八年十一月御前會議的決定，它對汪政權所要求的條件極其苛酷，故難怪參與交涉的犬養要說：「假若原封不動地實行這個案，事實上華北將由中國獨立，海南島將歸於日本海軍所有。世上還有比它更差的傀儡政權嗎？」高宗武之罵說：「北也不行，南也不行，海也不可以，山也不可以。那麼你們要叫中國民族到那裡去？」實不無道理。外務省的清水董三更對影佐說：「如果真的對汪強制此種要求，作為國家的日本將沒有信義。我們是不是乾脆取消這個內約的交涉」。（註九〇）影佐也耽憂說：「這個文件的七成左右是戰時的要求。而且有八個地方是作為秘密協定的苛求。這還談什麼實現和平？若是，汪先生則非對中國國民道歉其不敏不可。」（註九一）影佐又說：「這已經不是日華交涉，而是名符其實的日本與日本的交涉。這樣下去，對蔣和中國國民，汪先生將成為賣國賊。所以從今天起我將展開我一生最重要的保衛戰。……這可能是我穿軍裝為國家作事的最後一次。」（註九二）

日汪調整國交原則的協議會從十一月一日起，在位於上海愚園路的六三花園舉行。此項會議，前後開了七次，首次參加者有周佛海、梅思平、陶希聖、周隆庠、影佐禎昭、須賀彥次郎（海軍大佐）、犬養健、矢萩那華雄（大佐）矢野征記和清水董三。林柏生從第五次開始參加；第二次以後日方增加了扇少佐、小池囑託和片山少佐等等。（註九三）

梅思平等人雖然曾以九牛二虎之力與日方抵抗，但在基本上還是抵抗不了以日軍為後盾的日方的橫暴主張，而在駐兵、派遣顧問、經濟、海軍在廈門和海南島的勢力範圍等問題上不得不讓步。這只要一看日方文獻就能夠知道汪方「無奈的抵抗」和日方的「戰果」。

日方在現地交涉所獲得的重要成果（摘錄；省略一、二）

三、掌握了軍事上的實權：

1.確保了防共駐屯權。

2.確保了治安駐屯權。

3.日本對於駐屯地區及與其有關聯地區之鐵路、航空、通信、主要港灣以及水路在軍事上的要求，獲得願意提供的保證。

4.確保了透過軍事顧問和教官由內部指導中國軍之權。

四、獲得了經濟上利權：

甲、在全中國：

1.確保了有關航空的支配地位。

2.有關國防上所必需特定資源之開發利用的企業權（在華北，日本優先，在其他地區則中日平等；省去3.4.）。

乙、在蒙疆：

確保了整個經濟層面的指導權與參與權。

丙、在華北：

1.掌握了鐵路的實權。

2.獲得了有關通信（不包括有線電信）中日共同經營權。

3.確保了特定資源，特別是國際上所必需埋藏資源的開發權和利用權。

4.確保了國防上所必需特定事業的合資事業參與權（日本優先）。

5.確保了華北政務委員會有關經濟行政的內部指導權（以下從略）。（註九四）

由於這種原因，高宗武挖苦犬養說：「你的努力，套用影佐式的說法，是要把三十分的拉到五十八分左右的努力」（註九五），也因此，使汪精衛大為緊張起來，而把影佐找來說，這個「內約」的原案，與起初的近衛聲明的精神大相徑庭，這樣下去，和平陣營裡對前途悲觀，致使有些同志已經開始脫離，而且還可能增加。（註九六）

也正因為如此，所以高宗武和陶希聖終於良心發現告別汪集團，並將「內約」的原案內容公諸於世。（註九七）對於「內約」內容被「自己人」公開，周佛海聲淚俱下對犬養說，高宗武曾向他借這些文件一個晚上，而覺得非常後悔。（註九八）

在這裡，我想說明一下所謂梅機關。這是為支援和幫助汪精衛以及日本政府聯絡的機構，設於上海北四川路，通稱梅華堂。起初是影佐、一田中佐（日後換成矢萩大佐）、晴氣中佐、塚本誠少佐、大村主計少佐、海軍的須賀少將、扇少佐、外務省的矢野、清水兩書記官、眾議員犬養等人。此外還有華北大學教授北山富久次郎、經濟專家未廣幸次郎、朝日新聞社客座神尾茂、前上海日報社長波多博等人的自動協助。參謀本部後來將他們的工作稱為梅工作，並將該組織命名為梅機關。梅機關的經費、辦公費由陸軍負擔，人事費及汽車費等則由其所屬機關負責，民間人士大多自行負擔其經費。因此影佐一再強調梅機關不是特務機關。

梅機關到一九四〇年八月，開設滿一年，汪精衛在南京成立政權時正式結束，大部分的梅機關人員成為阿部駐汪大使的隨員，同時為汪政權軍事委員會的顧問，譬如影佐為最高顧問、須賀為海軍首席顧問、矢萩陸軍大佐、川本陸軍大佐、原田（熊吉）陸軍大佐、岡田陸軍主計大佐、晴氣（慶胤）陸軍中佐、沖野海軍中佐、扇海軍少佐等也分別由汪聘為其軍事委員會顧問。（註九九）

汪政權於一九四〇年三月三十日，以「還都」的方式成立於南京，汪精衛自任行政院長，代理「國民政府」主席。同一天，美國國務卿赫爾(Cordell Hull, 1871~1955)發表聲明支持重慶的國民政府，不承認汪政權。

日本政府於四月一日任命前首相阿部信行陸軍大將為駐汪大使，並與汪政權交涉建交條約。對於此項條約的交涉，日本政府指示阿部兩點：㈠這是「在對抗日勢力繼續進行大規模戰爭行為中以成立於我占領地區內的新政府為簽訂的對象」，與一般交戰國間停戰後所簽訂的媾和條約完

全不同其性質；㈡現在戰爭仍然繼續中，故不要因為承認汪政權，締結新條約而受到可能連累目前戰爭行為的拘束。（註一〇〇）

新條約的交涉，自七月五日起至八月二十八日，舉行於南京，前後舉行過十五次會議。出席者日方為：阿部信行、日高信六郎、安藤明道、影佐禎昭、須賀彥次郎、松本俊一、犬養健、中村勝平、矢萩那華雄、太田一郎、華鹿淺之介、汪方為：汪精衛、褚民誼、周佛海、梅思平、林柏生、徐良、周隆庠、楊揆一、陳春圃和陳君慧。（註一〇一）

起初，汪方以為這條約是要把去年年底所成立的「調整日汪國交原則之協議會議紀錄」整理成為條約之條文的，但結果卻不是。日本的意圖是欲從「內約」抽出對其有利的部分擬在新條約予以體系化，其餘的統統不要了。（註一〇二）結果幾乎全部按照日本的原案通過。（註一〇三）

這個日華基本條約於十一月三十日，由汪精衛與阿部信行分別簽字，由此日本正式承認汪政權。新條約雖然已於八月底就談妥，其所以遲至十一月底才簽字，是因為日本於此時與重慶的兩個管道正在進行和談所致。一個是宋子良工作即所謂桐工作，另外一個是錢永銘工作。對於前一項工作，根據影佐的記載，板垣總參謀長曾經將事實告訴汪精衛，並獲得汪的諒解；對於後者，松岡洋右外相曾以書面徵得汪的諒解而進行，但均歸於失敗。（註一〇四）眼看與國民政府談和無望，日本政府才死心與汪精衛簽訂條約，承認汪政權。

汪政權成立一年多以後，汪政權內部的一部分人認為，此時汪應該正式訪問日本，俾與日本政府商議將來的重要問題。於是汪一行於一九四一年六月十四日由上海乘船出發，十六日抵達神戶。隨員為周佛海、林柏生、徐良、陳君慧和周隆庠等人。（註一〇五）

汪此行曾與昭和日皇見面，並與首相近衛文麿、外相松岡洋右、陸相東條英機、海相及川古志郎、藏相河田烈等人舉行會談，大多由周佛海陪同。（註一〇六）汪精衛最感動與昭和見面，汪說：「我赴日的目的，因會見日皇已經達到大半，」因為昭和一再對他表示中日提攜（合作）的重要。（註一〇七）乘汪此次訪問，日本政府答應給予三億日圓武器貸款和歸還收押房屋及日軍所管理的工廠。（註一〇八）

汪精衛一行，除周佛海以外，於六月二十八日返抵南京。對於此次訪問日本，周佛海說，在神戶、東京有成千上萬（他說有十萬人以上）的日本國民沿途歡呼萬歲，歡迎是出於民眾自動，不是政府的指示，表明周佛海的天真，見到昭和以及周在其母校京都帝大演講，比十幾年前黎元洪在該大學之演講更為盛大，表示「當年苦學時，不圖有今日大丈夫得意時也。」（註一〇九）說明周佛海好大喜功的性格。

影佐在神戶把汪精衛送走之後，曾經回到東京向近衛首相建議再公開表示將遵守一九三八年十二月二十二日的第三次近衛聲明，和援助汪政權的誠意，俾有利於和平運動的發展，並希望能將日華基本條約修正到近衛聲明的水平，但近衛並不積極。（註一一〇）此時，近衛將有關「正在努力於調整美日國交」的秘密信件交給影佐，要他親交汪精衛。影佐回到南京之後將這信件交給汪。汪看了此信以後說，希望日美的關係能夠改善，否則重慶政府將與英美成為一體，和平運動勢將更加困難。（註一一一）這是影佐與汪精衛關係最後的一幕。一九四二年五月，首相東條英機以「影佐對中國太寬大」，而把他調任北滿國界牡丹江的第七砲兵司令官，一九四三年六月，更將其調往定會戰死的南太平洋紐不列顛島拉巴烏(Rabaul)，擔任第三十八師團長。（註一一二）日本戰敗後，影佐由南太平洋的孤島被直接送往國立醫院，一九四八年，病逝於此，享年五十六歲。

八

日本對汪精衛的工作，無疑地始於謀略和終於謀略。外務省唯一參與此項工作的田尻愛義，曾經在參謀本部親自問過影佐，這是想與重慶進行和平工作，還是為幫助戰略的謀略工作，影佐的回答是謀略。（註一一三）日本軍部和興亞院對於汪精衛，意圖建立滿洲式的傀儡政權，從而希望在中國大陸奠定牢不可破的權益。因此起初對汪所許的諾言，多沒有兌現。（註一一四）

汪精衛以為，只要他登高一呼，雲南的龍雲、四川的潘文華、鄧錫侯、劉文輝以及其同鄉張發奎等人會起來響應他和支持他，但他們都沒有動。這是汪精衛的最大失算。其次是他對日本的看法太天真。日本內部、軍、政界的思想、政策都沒有統一，首相近衛根本沒有意思要汪精衛建立政權，近衛是想透過汪精衛與重慶的國民政府達到和平的目的。（註一一五）近衛根本就不相信中國人，當汪精衛再次延期逃出重慶時，近衛曾經對元老西園寺公望的秘書原田熊雄說：「反正是中國人的事，是否給汪騙了？」（註一一六）但後來到日本與近衛會談過的汪精衛卻非常稱讚近衛的人格高超，見識豐富，（註一一七）這真是一種諷刺。日本政府對於汪的謀略也報告了昭和天皇，昭和說：「謀略這種事是不可靠的。不成是原則，成才是奇怪。」（註一一八）元老西園寺則極力反對搞謀略，他認為「謀略是不宜用於文明的政治外交，如果這樣作，日本的外交太低調了。」（註一一九）

影佐禎昭對汪精衛非常欣賞，說他是「偉大的愛國者」。（註一二〇）不過影佐認為建立汪政權是失敗的，他說他相信汪精衛可能也這樣想。（註一二一）影佐結論說：「要使重慶轉向和平不是方法論的問題，實只有以事實來對重慶證明日本不是侵略國家，日本的對華政策不是侵略主義，捨此別無他途。」（註一二二）這是千真萬確的話，但問題是日本軍國主義者絕不可能作到這一點，這是影佐悲劇的所由來，也是汪精衛的悲劇，因為任何美麗的謊言都抵不過國家和民族的大義。

（原載民國八十二年一月中國文化大學政治學研究所學報）

註釋

註一：衛藤瀋吉在其論文「對華和平工作史」有一個概括的介紹。此文收於其所著「東アジア政治史研究」一書，此書於一九七五年由東京大學出版會出版。

註二：影佐禎昭「曾走路我記」，臼井勝美編「現代史資料」十三「日中戰爭」五，一九六六年七月，東京みすず書房，三九三頁。

註三：石射猪太郎作、陳鵬仁譯「我對於收拾中日事變的意見」，「近代中國」，民國七十五年八月三十一日，收於陳鵬仁譯「石射猪太郎回憶錄」，一九八七年，水牛出版社。

註四：影佐禎昭（一八九三—一九四八），廣島人，陸軍大學畢業。誘出汪精衛的主謀者，陸軍中將，曾任汪政權的最高軍事顧問，所遺留回憶錄「曾走路我記」（據說原文存於美國普林斯頓大學）是日本對汪精衛工作最重要的史料。

註五：董道寧，一九〇二年出生於浙江寧波。日本京都大學畢業。曾任外交部亞洲司第一（日本）科長，去世於抗戰期間。

註六：西義顯，一九〇二年九月降世於日本栃木縣足利市。早稻田大學畢業，滿鐵社員，著有「悲劇の證人」一書，為抗戰期間中日和平運動的重要史料，陸軍大將西義一的胞弟。

註七：西義顯「悲劇の證人」，一九六二年三月，東京文獻社，九〇—九二頁。

註八：石射猪太郎「外交官の一生」，一九七三年二月，東京太平出版社，二六四—二六六四頁，拙譯「石射猪太郎回憶錄」，九四—九六頁。

註九：松本重治，一八九九年十月二日出生於大阪，東京大學畢業，留學美國、瑞士、奧地利，曾任同盟通信社上海支局長，現任東京國際文化會館理事長，著有「上海時代」（三卷）、「近衛時代」（二卷）等書。

註一〇：西義顯，前引書，一二五頁。

註一一：高宗武，一九〇七年出生於浙江樂清。畢業於日本九州大學。曾任南京中央政治學校教授，外交部亞洲司長，曾參與中日和平運動，三年前去世於美國。

註一二：松本重治「近衛時代」（上）一九八六年一月，東京中央公論社，一五—一六頁。

註一三：同前註。

註一四：西義顯，前引書，九八—九九頁。

註一五：西義一（一八七八—一九四一），陸軍大學畢業。一九三四年陸軍大將，一九三六年陸軍教育總監。

註一六：石原莞爾（一八八九—一九四九），陸軍大學畢業。九一八事變的主謀者，被視為日本陸軍最傑出的戰略家，陸軍中將，最後是第十六師長，昭和天皇對他的評價缺佳。陳鵬仁譯「昭和天皇回憶錄」，一九九一年，臺灣新生報社，三三頁。

註一七：西義顯，前引書，一〇二—一〇三頁。

註一八：同前註，一〇五—一〇八頁。

註一九：伊藤芳男（一九〇六—一九五〇），山口縣人，倫敦大學畢業。曾任偽滿外交部囑託、偽滿駐汪大使館參事。戰後創辦住宅新報，並任社長。

註二〇：松本重治，前引書，一七頁。西義顯，前引書，一一三—一一四頁。董道寧給張群的親筆報告。總統府機要室特交檔案。董道寧在日本一共耽了九天。

註二一：影佐是日本陸軍士官學校第二十六期（一九一四年五月）畢業生；張群是該校中國留學生班第十期（一九一五年五月），何應欽為中國留學生班第十一期（一九一六年五月）的畢業生，他們是先後同學。因為期別與畢業日期差得很大，所以我們談到某人是日本陸軍士官學校第幾期畢業時，要特別留意。

註二二：影佐禎昭，前引文，三五八—三五九頁。西義顯，前引書，一一六頁。松本重治，前引書，一七頁。上述董道寧報告。

註二三：西義顯，前引書，一一八—一一九頁。松本重治，前引書，二一頁。

註二四：西義顯，前引書，一二四頁。

註二五：西義顯，前引書，一三五—一三六頁。松本重治，前引書，二六—二七頁。據松本書說，高宗武告訴他，蔣先生沒同意張群和何應欽給影佐回信。

註二六：西義顯，前引書，一三七頁。

註二七：犬養健（一八九六—一九六一），為中國革命之友，擔任日本首相時被少壯軍官暗殺的犬養毅的第三公子。曾任眾議院議員，戰後曾出任第四次吉茂內閣的法務大臣，著有其參與對汪精衛工作的「長江之水流不斷」（日文書名為「揚子江は今も流れている」）一書，是一本有關汪偽政權的重要紀錄。

註二八：西義顯，前引書，一二六頁。

註二九：宇垣一成（一八六八—一九五六），岡山縣人，陸軍大學畢業。陸軍大將。曾任陸軍大臣、外務大臣、朝鮮總督，曾奉命組閣，因遭陸軍激烈反對，未組成。昭和天皇對其評價很差。拙譯「昭和天皇回憶錄」，三八—三九頁。

註三〇：松本重治，前引書，二七—二八頁。

註三一：西義顯，前引書，一七四—一七七頁。

註三二：高宗武的「東渡日記」，總統府機要室特交檔案第二十七卷。原文說是在箱根會談乃影佐的記憶錯誤，那是高宗武第二次赴日之事。

註三三：影佐禎昭，前引文，三五九頁。松本重治，前引書，三三頁。

註三四：西義顯，前引書，一九五頁。

註三五：松本重治，前引書，三三—三四頁。

註三六：犬養健「揚子江は今も流れている」，一九八四年二月，東京中央公論社，一一三頁。

秦孝儀總編纂「總統蔣公大事長編初稿」，卷四上冊，民國六十七年十月三十一日，二二四頁。

註三七：梅思平（一八九六—一九四六），浙江永嘉人，北京大學畢業。曾任中央大學、中央政治學校教授、江寧實驗縣長。汪偽政權成立後，曾任其實業部長及內政部長，戰後以漢奸罪被處死刑。

註三八：日本國際政治學太平洋戰爭原因研究部編著「太平洋戰爭への道」，第四卷「日中戰爭」（下），一九六三年一月，東京朝日新聞社，二〇二頁。

註三九：松本重治，前引書，三七頁。影佐禎昭，前引文，三八七頁。

註四〇：松本重治，前引書，三九頁。

註四一：影佐禎昭，前引文，三六一頁。「太平洋戰爭への道」，第四卷「中日戰爭」（下），一九六三年一月，東京朝日新聞社，二〇二頁。

註四二：犬養健，前引書，八九頁。「太平洋戰爭への道」，前引書，二〇二頁。

註四三：西義顯，前引書，二一三頁。

註四四：鹿島平和研究所編「日本外交史」二十，上村伸一著「日華事變」（下），一九七一年三月，東京鹿島平和研究所出版會，二六七—二七三頁。外務省編纂「日本外交年表竝主要文書」（下），一九七八年二月，東京原書房，四〇一—四〇四頁。以上兩者皆有全文。犬養健，前引書，九五頁。

註四五：松本重治，前引書，四〇頁。

註四六：影佐禎昭，前引文，三六一頁。「太平洋戰争への道」，前引書，二〇三頁。

註四七：松本重治，前引文，四四—四五頁。前述「日本外交年表竝主要文書」，四〇五—四〇七頁有全文。

註四八：風見章「近衛內閣」，一九八二年八月，東京中央公論社，一六五—一六六頁。作者風見是第一次近衛內閣的書記官長（秘書長）、第二次近衛內閣的司法大臣（法務部長）。

註四九：「現代史資料九，日中戰爭二」六二五頁。犬養健，前引書，一〇〇—一〇一頁。

註五〇：上村伸一，前引書，二八一頁。

註五一：前述「日本外交年表竝主要文書」，四〇七頁。

註五二：犬養健，前引書，一〇一頁。

註五三：西義顯，前引書，二一七頁。

註五四：影佐禎昭，前引文，三六二頁。

註五五：齋藤隆夫（一八七〇—一九四九），兵庫縣人，早稻田大學畢業，留學美國耶魯大學，律師，當選眾議院議員十三次，抗戰期間，大事抨擊日本政府的中國政策；戰後曾任第一次吉田茂內閣和片山哲內閣（唯一的社會黨內閣）的國務大臣。

註五六：齋藤隆夫「回顧七十年」，一九八七年七月，東京中央公論社，二七四—二七五頁。

註五七：中國國民黨中央黨史委員會編「中華民國重要史料初編—對日抗戰時期，第六編，傀儡組織㈢」，一九八一年九月，三三—四五頁。

註五八：上村伸一，前引書，二八四頁。
前述「太平洋戰爭への道」，二〇六頁。
註五九：前述「傀儡組織㈢」，一二四—一二五頁。
艷電全文，請看前註書，五二—五四頁。
「總統蔣公大事長編初稿，卷四，上冊，一九七八年十月，二八七—二八八頁。
註六〇：前引「太平洋戰爭への道」，二〇七頁。
註六一：犬養健，前引書，一一一頁。
前引「太平洋戰爭への道」，二〇七頁。
註六二：犬養健，前引書，一二三—一二四頁。
註六三：田尻愛義「田尻愛義回想錄」，一九七七年十月，東京原書房，六八頁。
西義顯，前引書，二一八—二一九頁。
註六四：興亞院，一九三八年十二月設立於內閣的對中國的中央機關。它的任務是策劃、執行有關中國的政治、經濟、文化等政策，並與各省廳協調對中國的事務，以首相為總裁，外務、大藏、陸軍、海軍大臣為副總裁。
註六五：前引「太平洋戰爭への道」，二〇七頁。
註六六：犬養健，前引書，一二五—一二六頁。

註六七：上村伸一，前引書，二八六頁。

註六八：影佐禎昭，前引文，三六三頁。

犬養健，前引書，一三二—一三三頁。

註六九：同前註，一四三頁。

註七〇：影佐禎昭，前引文，三六四頁。

犬養健，前引書，一四四—一四五頁。

註七一：犬養健，前引書，一四五—一四七頁。

註七二：影佐禎昭，前引文，三六四頁。

犬養健，一五二—一五三頁。

註七三：影佐禎昭，前引文，三六四頁。

犬養健，前引書，一五三—一五六頁。

註七四：犬養健，前引書，一六一頁。

註七五：影佐禎昭，前引文，三六五—三六七頁。

犬養健，前引書，一五七—一六〇頁。

註七六：犬養健，前引書，一六六—一七〇頁。

註七七：堀場一雄「支那事變戰爭指導史」，一九六二年九月，東京時事通信社，二五八頁。

註七八：影佐禎昭，前引文，三六九頁。
上村伸一，前引書，二九四頁。
前引「太平洋戰爭への道」，二一一頁。
註七九：影佐禎昭，前引文，三六九—三七〇頁。
註八〇：犬養健，前引書，一九〇—一九一頁。
註八一：影佐禎昭，前引文，三七一頁。
註八二：犬養健，前引書，一七六頁。
註八三：「日本外交年表竝主要文書」，(下)，四一二—四一三頁。
註八四：前引「太平洋戰爭への道」，二一〇頁。
註八五：「日本外交年表竝主要文書」，(下)，四一三—四一五頁。
註八六：前引「太平洋戰爭への道」，二一〇頁。
註八七：みすず書房，「現代史資料13，日中戰爭5」，三一六—三一七頁。
註八八：上村伸一，前引書，二九六頁。
註八九：影佐禎昭，前引文，三七二頁。
註九〇：影佐禎昭，前引文，三七七頁。
註九一：犬養健，前引書，二〇〇頁。

註九二：同前註，二〇三頁。影佐說，成立這樣的內約，他覺得非常遺憾，心情極其暗澹。影佐前引文，三七九頁。

註九三：同註八七，二四九—二〇一頁，刊載整個討論紀錄。

註九四：前引「太平洋戰爭への道」，二二一—二二二頁。

註九五：犬養健，前引書，二六八頁。

註九六：同前註，二六九頁。

註九七：前引「傀儡組織㈢」，三三七—三四四頁。

註九八：犬養健，前引書，二六九頁。

註九九：影佐禎昭，前引文，三八二頁。

註一〇〇：前引「太平洋戰爭への道」，二二三—二二四頁。

註一〇一：前引「傀儡組織㈢」，三五八—三五九頁。

註一〇二：同註一〇〇，二〇五頁。

註一〇三：日汪條約全文，請參看「傀儡組織㈢」，三七五—三八〇頁。但中文有些脫落字，甚至於有意思不明白的字。譬如基本條約第六條有一個地方掉了「國防上」三個字，是否黨史會版掉了呢？還是本來就沒有，待查。日文說「長短相補」，中文為「以知相補」。

註一〇四：影佐禎昭，前引文，三八二—三八四頁。

種村佐孝「大本營機密日誌」，一九八一年七月，東京芙蓉書房，五八頁。一九四〇年十一月二十二日，有一則日誌題為：「蔣介石對和平交涉的回電」，其內容說：「請暫緩延期承認汪政權，先全面撤兵然後擬另外條約商議駐兵」。這是由陸軍省轉告松岡外相的。此電報之真偽不明。據種村日誌，當時在日本有十七個管道與重慶的國民政府進行著和平工作。

註一〇五：蔡德金編注「周佛海日記」（上）一九八六年七月，中國社會科學出版社，五二九頁。影佐禎昭，前引文，三八六頁。

註一〇六：「周佛海日記」（上），五三三—五三六頁。

註一〇七：影佐禎昭，前引文，三八六頁。

註一〇八：同前註。

註一〇九：「周佛海日記」（上），五四三頁。

註一一〇：同前註一〇七，三八七頁。

註一一一：同前註。

註一一二：犬養健，前引書，一三一頁。日本近代史研究會編「日本陸海軍の制度、組織、人事」，一九八二年三月，東京大學出版會，二二頁。

註一一三：「田尻愛義回想錄」，六七頁。

註一一四：重光葵「昭和の動亂」，上卷一九五二年六月，東京中央公論社，二一二頁。

註一一五：風見章，前引書，一七〇頁。

註一一六：犬養健，前引書，二一七頁。

原田熊雄述「西園寺公と政局」，第七卷，一九六七年十一月，東京岩波書店，二三三頁。

註一一七：前述原田熊雄書，第八卷，六頁。

註一一八：同前註，第七卷，二三四頁。

註一一九：同前註，二三五頁。

註一二〇：影佐禎昭，前引文，三九四頁。

註一二一：同前註，三九三頁。

註一二二：同前註。

第八章　中日戰爭期間日本的鴉片政策

一

江口圭一編著《資料日中戰爭期阿片政策》（以蒙疆政權資料為中心）一書，於一九八五年七月二十三日，由東京岩波書店出版，一共有六百三十五頁，定價七千五百日圓。

全書分成兩部，第一部為「解說—中日戰爭與鴉片」，包括序章「問題的所在與研究史」、第一章「鴉片與中國・日本」、第二章「蒙疆政權」、第三章「鴉片政策」；第二部「資料—有關鴉片文書」。在抗戰期間，這是極機密的資料。資料占全書大約將近四分之三的分量。以下，我擬依序介紹我認為應該或值得介紹的內容。

二

抗戰期間，日本對中國以及中國人有過不少極其野蠻而殘酷的行為，以平頂山事件（一九三二年）、南京事件（一九三七年）為首的大屠殺，（註一）以及萬人坑、三光政策、石井細菌戰部隊、使用毒瓦斯等乃是它的典型，而使用鴉片和麻藥，更是反人道和反人性的戰爭犯罪行為。

日本軍部以麻藥為侵略中國的手段，且美其名為「王道」、「東亞新秩序」以顛倒是非，麻醉日本國民的良知和良心，更令人髮指。生產和販賣鴉片不是現地軍人和商人的偶然行為，而是日本有系統和有組織的政策。遠東國際軍事法庭的判決說：「一九三七年以後，在中國與買賣鴉片有關係的，有日本陸軍、外務省和興亞院。」（頁四）

興亞院設立於一九三八年十二月，總裁是首相，副總裁為外務、大藏、陸軍、海軍各大臣，它所掌管的項目中有鴉片。「興亞院研究中國各地需要鴉片的情況，並主持華北、華中和華南之鴉片的配給」。換句話說，抗戰期間的鴉片政策是日本國策的一環，無異是日本國家的犯罪。（頁四—五）

作者江口教授介紹了山內三郎的「麻藥與戰爭—中日戰爭之秘密武器」、千田夏光的「皇軍『鴉片』謀略」、倉橋正直的「日本之鴉片、嗎啡政策」、佐藤弘編「大東亞之特殊資源」、小林英夫「『大東亞共榮圈』之形成與崩潰」、淺田喬二編「日本帝國主義下之中國—中國占領地經濟之研究」和中村隆英「戰時日本對華北經濟之支配」等書，(註二)但認為這些書都是回憶、傳聞之類的記載，不是使用第一手資料專門研究抗戰期間日本在中國的鴉片政策，覺得不夠深度和分量，一直想獲得其第一手資料。(頁五—七)

所幸，江口教授偶然在舊書店購得自一九四一年六月至一九四二年十月，擔任蒙古聯合自治政府經濟部次長沼野英不二(註三)所擁有的文件，其中有相當部分是關於鴉片政策的第一手資料。(頁八)

遠東國際軍事法庭檢察處的書證之一的北京政府「占領期的狀況」說，北京「鴉片的來源均來自日本人所獎勵耕煙地區蒙疆政府所設立蒙疆組合所販賣」，而檢察處最後的求刑為：「鴉片的主要供給者是由蒙古傀儡政府所管理，由日本軍所獎勵的蒙疆組合，由日本人及朝鮮人搬運和販賣。」(頁八)(註四)

這等於說，蒙疆政權是全中國占領地的「鴉片的來源」和「鴉片的主要供給者」。而沼野資料(江口教授如此稱呼)是從未公開過的蒙疆政權和興亞院等的內部文件，皆以蒙疆生產和配給鴉片為目的所作方針、意見、報告、紀錄、契約書、統計之類。江口教授認為，沼野資料很可能是日本在中國大陸鴉片政策的唯一和全部資料，由此可見此批資料之如何珍貴。(頁八—九)

三

中華民國政府遵照孫中山嚴禁鴉片的「禁煙遺訓」，於一九二七年十一月，發表自一九二八年起三年以內將完全禁絕鴉片以及類似藥品之計畫，一九二八年七月，完成北伐的同時成立國民政府禁煙委員會，九月，公布禁煙法及其施行條例，十一月，在南京召開了第一次全國禁煙會議。（頁九）

一九三五年，國民政府又公布五年禁煙計畫，立刻禁止麻藥，登記癮者，買賣鴉片之統制與限制、限制栽種罌粟等等，準備於一九四〇年以前全面禁絕鴉片。遠東國際軍事法庭的判決文說：「發生中日事變之前，為消滅吸用鴉片，中國政府決然繼續努力」，「在南京之吸用鴉片者，到一九三七年幾乎絕跡」。（頁一六）

可是降至一九三〇年代，尤其在抗戰期間，在朝鮮，罌粟的栽種和鴉片、麻藥的的生產大為增加。在朝鮮生產的鴉片，皆向臺灣和偽滿的專賣局（公賣局）提供。根據記載，從朝鮮提供偽滿專賣局的海洛英，一九三七年一百零六公斤，一九三八年一千二百公斤，一九三九年一千二百公斤，一九四〇年三百六十公斤；嗎啡，一九三七年交偽滿專賣局三十公斤，一九四四年，交朝鮮日本軍五百公斤。（頁一七—一九）

日本自從取得臺灣、租借關東州和併吞朝鮮以後，開始與鴉片發生關係，但自一九一〇年代至一九二〇年代，日本已經在向中國走私和私賣鴉片與麻藥。麻藥尤其是海洛英的麻醉效果特別大，價錢比較便宜而且吸用方法簡單，（註五）所以自取締鴉片以後，麻藥變成鴉片的代用品，而在中國大陸很快地流行起來，於是中國遂成為世界上最大的麻藥市場。（頁一九）

而在中國大陸走私和私賣麻藥的主角，無疑地是日本，即日軍和日本官憲曾經直接或間接參與和予以助長。一九三二年二月，日本在中國的東北泡製了傀儡國家「滿洲國」。吸鴉片遂在東北蔓延，尤其熱河省為中國有數的罌粟栽種地，其財政，一半靠鴉片的收入。（頁二二）

根據山內三郎的記述，在冀東地區，稍稍從事生產或販賣海洛英的日本青少年，在天津花柳界花天酒地，在大連的花街或舞廳，揮金如土的情形，簡直不可思議。（註六）

遠東國際軍事法庭檢察處提出美國駐上海財務官 M. R. 尼克爾遜的一項報告（一九三七年一月十一日「日本人在通縣及北平之藥類走私機關」）證實說：

「通縣的日本軍隊被調回北平時，為迴避中國警察的檢查，許多藥品曾由軍隊運往北平。這些藥品運抵北平以後，讓人們將純益的三成半作為報答送給日軍。……走私機關於一九三六年九月創立於北平及通縣。在北平的機關叫做東亞同樂分社，位於東交民巷日軍營房內，在通縣的機關稱為東亞同樂社，設在馬家胡同。該俱樂部會員，皆為日本人及朝鮮人藥類走私者。」（頁二四）

此項報告，是否完全正確，雖不得而知，但日本人之在分離華北的工作過程中，曾經大事走私和私賣麻藥是無庸置疑的事實。

四

日本對於內蒙古的控制，最大的對手是俄國。一九一二年七月，第三次日俄協約約定：以北京的經度（東經一一六度二七分）將內蒙古分成東西部分，日本承認俄國在內蒙古西部的特殊利益，俄國則尊重日本在內蒙古東部擁有特殊利權。（頁二九）

就日本而言，內蒙古可能是「赤化中國」的通路，也可能為「防止赤化」的障壁。而一九三一年九月十八日柳條湖事件所引發的九一八事變，（註七）對日本支配內蒙古實具有決定性的影響。即九月二十二日，開東軍策定「滿蒙問題解決策案」，以「受我國之支持，建立以東北四省及蒙古為領域，以宣統帝為首腦的中國政權，俾使其成為在滿蒙各民族的樂土」為方針。（頁三一）

一九三三年五月三十一日，成立塘沽停戰協定，日本以武力將熱河省併入於「滿洲國」。至此，日本名符其實地自第三次日俄協約以來所追求統治東部內蒙古的目的。關東軍於是以西內蒙古為新的目標，開始從事所謂內蒙工作。而由於創設興安省和將熱河省併入「滿洲國」，東部內蒙古隨之消聲匿跡，以後說到內蒙古，便意味著西部內蒙古。而欲將這個內蒙古—察哈爾、綏遠省納入日本統治之下的工作就是史稱的內蒙工作。（頁三二—三三）

關東軍的內蒙工作，（註八）與熱河作戰同時進行。一九三五年，關東軍開始積極進行內蒙工作。該年一月四日，關東軍以新上任的參謀副長板垣征四郎（註九）為首，召集其幕僚、特務機關長、駐中國武官等在大連舉行會議，以研究分離華北的工作和內蒙工作。此時對內蒙有過如下的重要決定：

㈠今後要著重政治工作和籠絡民心，為此將在通遼蒙古軍官學校培養察哈爾的人才，對首腦人物要予以物質上之援助，並努力於建設交通和通信。同時要利用喇嘛教以掌握民心。

㈡對外蒙，要設法恢復滿蒙貿易，甚至滿蒙兩國互相承認，如果可能將在庫倫等地設立「滿洲國」領事館，同時在察省西北擴充諜報網，以進一步對外蒙展開諜報、宣傳和謀略工作。

㈢錫盟長索王，於一九三四年十二月上旬前往北平，可能為中國政府所誘出，索王如反滿，關東軍應以特別措施以德王取代索王。

㈣對宋哲元軍，將要求其在「滿洲國」內或在國界線上的部隊撤退。為此必要時，在「滿洲國」內將使用在滿兵團，在國境外，除以機隊監視外，特別要請北平的武官協助。

㈤對熱河省西南國境，關東軍尤其要弄清楚。中國方面如果「侵犯」我方所相信的國境，將根據我方之見解，採取各種手段以驅逐出去。關東軍無意令中國永遠接收多倫。即要確保李守信

的冀東特別自治區。（頁三六—三八）

在另一方面，於一九三五年六月十日，日軍以何應欽、梅津協定（註一〇）將國民政府勢力從河北省趕出去。與此項分離華北工作的同時，關東軍推動了內蒙工作。六月二十七日，奉天特務機關長土肥原賢二（註一一）與察省代理主席秦德純訂立了協定。（註一二）因秦、土協定，關東軍的內蒙工作大為進展。關東軍清除了與德王對立的宋哲元軍，改變了一向對關東軍有警戒心的德王的態度，並使其逐碁接近關東軍。七月，關東軍贈送飛機給德王，德王同意關東軍在西蘇尼特建設機場，關東軍與德王開始合作。（頁三九）

九月十八日，關東軍參謀副長板垣征四郎、第二課長河邊虎四郎（註一三）和參謀田中隆吉，（註一四）往訪德王於西烏珠穆沁，轉告關東軍對他的支持。十一月，德王答訪長春，與關東軍司令官南次郎（註一五）會面，表示欲編成訓練蒙古人部隊，故由板垣交德王五十萬日圓的工作費。此時德王曾要求把興安省交給他，但為關東軍所拒絕，而要德王在察省擴張其地盤。歸途時，德王到多倫，首次與李守信見面並開始合作。（頁四〇）

一九三五年十一月二十五日，在河北省出現冀東防共自治委員會（十二月二十五日，改稱冀東防共自治政府），繼而以為冀東事件出動的關東軍的武力為背景，於十二月十八日成立冀察政務委員會，華北分離工作由之更進一步。

為對付德王與日本的勾結，國民政府於一九三六年一月二十五日公布綏遠省境內蒙古各盟旗地方自治政務委員會暫行組織大綱，組織綏境蒙政會，以伊克昭盟盟長沙王為委員長。其目的在於阻止成立察哈爾盟和分裂蒙政會，故以往的蒙政會遂只是德王派的錫林郭勒盟、察哈爾盟一部份的組織。（頁四〇—四一）

因蒙政會的分裂，雙方的對立更加激烈。在關東軍的指導下，德王於二月十日，在西蘇尼特建立蒙古軍政府（亦稱為內蒙軍政府），起初是秘密，迨至五月二十五日以德化為首都才公開化。以德王為主席，李守信為副主席兼蒙古軍總司令官，六月，德王和李守信前往長春，與「滿洲國」簽訂互助協定，「滿洲國」皇帝溥儀授與德王以武德親王的稱號。（頁四一）

七月，關東軍參謀田中隆吉兼任內蒙古特務機關長，積極以武力侵犯綏遠省。田中以冀東特殊貿易的收益為主要資金以編成謀略部隊，在關東軍的援助和指導下，以蒙古軍進犯綏遠省。但自十二月十四日以後攻擊洪哥爾特（音譯）的蒙古軍，受到中國軍的反擊而潰退，二十四日，傅作義部占領了蒙政會的大本營和前進根據地的百靈廟。田中隆吉曾經命令蒙古軍奪回百靈廟，但不僅為中國軍所擊退，而且蒙古軍的一部分在西拉姆林（音譯）叛亂，殺死日籍軍事顧問預備大佐（上校）小浜氏善，並向中國軍投降。如此這般，綏遠事件由於關東軍和蒙古軍的失敗，由之關東軍的所謂內蒙工作，也隨之遭遇到一大頓挫。（頁四一—四二）

日本陸軍的對內蒙工作，從正式文件來看，是對蘇聯戰爭準備的一環，以達到確保「滿洲國」西方的內蒙古，以控制內蒙為跳板，俾擴大對華北、外蒙及西北的支配等軍事上、政治上目

的，同時要開發地下資源，希望獲得戰略物資。（頁四四—四五）

而從當時綏遠省的財政收入來看，禁煙稽查處和禁煙辦事處的稅收分別為二百七十萬元和一百萬元，共計三百七十萬元，占整個財政收入八百三十八萬元的大約四四%，可見鴉片稅收在綏遠省的財政收入如何重要。（頁四七—四九）

此時，傅作義部的軍費為大約三百萬元，其中一百萬元由中央補助，二百萬元由綏遠省稅收支出；關東軍和「滿洲國」則對蒙古軍政府每月補助大約三十萬元。對於綏遠省的財政收入，德王當然垂涎不已，而關東軍也希望其內蒙工作的爪牙德王能將綏遠拿到手中。由於此種欲望和需要，關東軍製造了察東事件和綏遠事件。（頁四九）

關於察東事件，美國駐上海財務官E. M. 賈科布遜一九三六年六月六日的報告（遠東國際軍事法庭所提出證據之一）說：

「李守信所統率的傀儡軍隊，不但鼓勵農民要增產罌粟，而且遵照日本人的意思實施了『麻醉政策』。北察哈爾各六縣開設了『海洛英』店舖，在多倫建立生產『嗎啡』和『海洛英』的工廠。

最近，一家叫做板原組合的藥舖，以要在南察哈爾十縣推銷麻醉藥為目的，開設於張家口。張家口衛戍司令官張元榮事先無法予以阻止其開張。從北察哈爾到張家口、西察哈爾之麻醉藥的輸送，係在傀儡軍車輛警衛之下，使用張家口—庫倫公路進行的。這些地方的推銷

代理人多是該地方的地痞流氓。（頁四九—五〇）

北察哈爾六縣（多倫、寶昌、沽源、張北、商都、康保）的麻醉藥販賣店，一共有五十七家，全是日本人開的，其中價錢最高的是張家口，多倫等五縣一兩海洛英為三十七至三十八美元，張家口卻為四十五美元。」（頁五〇）

同樣地，美國駐上海財務官M. R. 尼哥爾遜一九三七年四月八日「日方在北察哈爾獎勵種植罌粟」的報告稱：

「最近，作為鼓勵種植鴉片用罌粟之手段，在北察哈爾六縣的日本官憲，以縣長名義對農民發出公告，對按照要求種植罌粟者，將依左列規定予以獎勵。

㈠按照要求種植鴉片用罌粟者，免除其地租。

㈡種植五畝以上者，除上述㈠所述利益外，將免除強制兵役。

㈢種植二十畝以上者，除上述㈠㈡所述利益外，將由縣政府贈予榮譽證。

㈣種植五十畝以上者，除㈠㈡㈢所述利益外，將予以村或地方長老之地位，並登記為公職的候選人。

㈤在日本商社及縣政府共同主持下，要在六縣設立鴉片配給協力協會（合作社），此等協會以一兩六毛錢的定價向農民收購鴉片，並在日本庇護下在華北來販賣。傀儡官憲說，如此辦理，這六縣的財政將會獲得大改善。

日本人為向農民以定價收購鴉片，在六縣開設鴉片收購機關。每畝罌粟田地必須賣一百兩生鴉片給專賣代理店。傀儡政權管轄內的吸用鴉片者，不准他們減少鴉片的消費量。種植和吸用鴉片者，稍有差錯，要受嚴重的處分。有許多人因混合其他成分於鴉片賣給專賣局而被處死刑。」（頁五一—五二。遠東國際軍事法庭速記錄）

前述美國駐上海財務官E. M.賈科布遜一九三六年五月九日「關於在察哈爾和熱河生產海洛英的報告書」也說：

「日軍入侵北察哈爾六縣以後，坂田組在張家口設立了分社。該分社有一百七十名員工，一日生產八十包海洛英。各包重量十八兩，價格六百美元。……坂田組張家口分社擁有四十個以上大型水瓶，水井、抽水機、木製壓搾機十二個，過濾器五十個，木製大桶四十個，木製杓六十，數百布製袋，大量石灰，工業用紙，以及其他為此目的所需要的物品。」（頁五二）

如上所述，日本的內蒙工作與鴉片具有很密切的關係，他們大事鼓勵種植罌粟和吸用鴉片與麻藥。隨著日本勢力範圍的擴張，鴉片和麻藥的污染範圍也跟著而擴大。（頁五二）

五

盧溝橋的戰火一爆發，於一九三七年七月二十八日，日軍對平津地區的中國軍便發動總攻擊。關東軍曾極力要求日軍中央對內蒙使用武力，參謀本部並未同意，但關東軍卻於八月五日和八日，分別進軍於多倫和張北。八月九日，日本參謀本部對支那駐屯軍和關東軍下達「剿滅大約張家口以東中國軍」之察哈爾作戰的命令，但關東軍却展開了遠大於日軍中央所意圖之規模的作戰。（頁五五）

八月三十一日，關東軍司令部之「察哈爾方面政治工作緊急處理要綱」的方針是，要在察哈爾省建立德王的內蒙自治政府和由察南自治政府所構成的察哈爾政權，並將其置於隸屬關東軍司令官之張家口特務機關以及日本顧問指導之下，「在滿洲中央銀行援助之下儘速管理察哈爾銀行」、「及時派遣滿洲國交通部有關官吏、滿鐵職員、電信、電力公司之技術人員，俾使交通、通信之確保、郵政之接收、配電等周全」。換句話說，關東軍要併吞察哈爾省，使其「第二滿洲國化」。（頁五五—五六）

八月十四日，關東軍編成察哈爾派遣兵團司令部，十七日在多倫開設戰鬥司令所，關東軍參謀長東條英機（註一六）出任司令官。參謀長出任司令官實無前例。關東軍與由日本國內增派支那駐屯軍的第五師團（師團長板垣征四郎中將）合作，動員「滿洲國」軍和蒙古軍，進犯察省，於八月二十七日占領了張家口。

軍中央在軍事上和政治上雖然欲將關東軍的行動範圍限於察省北部，但關東軍卻並未聽中央之節制。即關東軍於九月四日在張家口建立察南自治政府，同時與第五師團並肩進軍山西省內，於十三日占領了大同。軍中央認為關東軍擴大其作戰範圍至山西省，很是危險，而欲控制關東軍部隊之前進，但關東軍卻欲徹底攻擊內蒙，進入山西省北部，俾與河北省作戰互相呼應，關東軍此種想法與第五師團的構想不謀而合，而此兩者的行動一直牽制了華北方面軍和日軍中央。（頁五六—五七）

關東軍於十月一日策定「蒙疆方面政治工作指導要綱」，其方針是，除已成立的察南自治政府外，要組織內蒙自治政府和在山西省大同建立晉北自治政府，爾後將這三個政權合併，設蒙疆聯合委員會於張家口，在最高顧問金井章次以下設日本顧問，張家口特務機關長由幕後指導，以管理或統制鐵路、通信、郵政、財政、幣制、礦業以及重要產業，維持治安，以為日本「帝國軍的核心」。（頁五七）

日軍中央以關東軍的此種行動忽視其準備對蘇作戰的原來任務，對整個國防的指導有不良影響，故另編第二六師團（師團長後宮淳中將），以配置於內蒙。關東軍的部隊，從十月十二日以後歸後宮中將指揮，攻進綏遠省內西方，十四日和十七日分別占領綏遠和平綏線的終站包頭，結束了所謂察哈爾作戰。在這期間，根據關東軍的構想，於十月十五日成立了晉北自治政府，十月二十八日，將綏遠改稱厚和豪特（厚和），並設立蒙古聯盟自治政府。十一月二十二日，蒙疆聯合委員會降世於張家口。（頁五八）

一九三五年九月四日，由日本所泡製的第一個傀儡政權察南自治政府成立於張家口，這個政權管轄察南十縣（一萬六千四百平方公里，人口大約一百四十五萬人），「滿洲國」間島省長金井章次出任最高顧問（十月二十五日以後為竹內元平），于品卿和朴運宇就任最高委員。（頁六〇）

十月十五日，降生於大同的晉北自治政府管轄晉北十三縣（二萬三千八百平方公里，人口大約一百五十萬人）。

十月二十八日建立於厚和（綏遠）的蒙古聯盟自治政府，「以蒙古固有的疆土為其領域」（蒙古聯盟自治政府組織大綱第二條），管轄烏蘭察布盟、錫林郭爾盟、察哈爾盟、巴彥塔拉盟、伊克昭盟、厚和市和包頭市（四十六萬六千六百平方公里，人口大約二百五十四萬人），最高顧問是金井章次，第二最高顧問為宇山兵士，主席雲王，副主席德王，蒙古軍總司令是李守信，並採用成吉思汗紀元（成紀）。（頁六〇）

十一月二十二日，合併上述三個政權在張家口成立蒙疆聯合委員會，金井章次就任最高顧問兼代理總務委員長，村谷彥次郎為參議。同日，該委員會對關東軍司令官植田謙吉大將發出如下內容的公函：①該委員會一切命令及執行，請關東軍及日滿政府予以協助，尤其請植田司令官能予幕後指導；②該委員會最高顧問、參議、顧問及重要職員，請植田司令官由日滿推荐；③該委員會所管理或統制之主要交通及產業，請植田司令官指定日滿各機關代為經營或合併；④該委員會暫時希望日軍駐兵，……在財政上有餘力時，願意分擔日軍駐兵的經費。（頁六〇—六一）對此，於二十五日，植田回答：將在毫無妨礙的範圍內予以協助。由此可見蒙疆政權的真面目。

吉岡安直大佐和松井太久郎大佐先後就任張家口特務機關長、羽山喜郎中佐和田中實中佐先後為大同特務機關長、桑原荒一郎大佐和高場損藏先後出任綏遠（厚和）特務機關長。張家口特務機關長指導蒙疆的政治工作並指揮各地特務機關長，各地特務機關長幕後指導各地最高顧問。即關東軍對晉北、蒙古聯盟兩個自治政府建立了關東軍司令部→張家口特務機關長→最高顧問→蒙疆聯合委員會、察南自治政府，及張家口特務機關長→大同、綏遠（厚和）特務機關長→各最高顧問→晉北、蒙古聯盟兩個自治政府的統治架構，關東軍於是實現了蒙疆的「第二滿洲國化」。（頁六二）

察南在行政上雖然屬於內蒙的一部分，但其人民卻大多為漢民族，與平津具有很深厚的關係。晉北是山西省的北部。關東軍之所以死心塌地要將這些地區編入蒙疆政權，乃欲以察南和晉北的物產與財源來支持這個傀儡政權。（頁六三）

龍煙鐵礦位於察南自治政府管轄內的宣化、龍關兩縣，埋藏量達九千二百萬噸，占中國第一位（占總埋藏量的二八%），礦質也好。而位於晉北自治政府管轄內的大同煤礦（晉北煤礦）的埋藏量，有人估計為九十六億到二百億噸之間，煤質是極佳的瀝青煤（粘結煤）。一九三七年十月十日關東軍司令部的「蒙疆方面政治工作指導要領」，曾以掌握煤礦、鐵礦及其他重要礦物為目標。而鴉片也是蒙疆政權的最重要財源之一。（頁六三—六四）

關於察南和晉北的歸屬問題，日軍中央對關東軍的強硬態度讓步，承認既成事實，但為使關東軍專心於準備對蘇聯作戰，中央於一九三七年年底編成了直屬中央的駐蒙兵團。蓮沼蕃中將就任兵團司令官，參謀長是石本寅三少將，司令部要員大多由關東軍調任。（頁六四）

一九三八年一月四日，閑院宮（載仁）參謀總長曾對駐蒙兵團、關東軍和華北方面軍下達了如下的命令：

㈠駐蒙兵團司令官要負責內蒙及察南晉北主要地區之安定。

㈡駐蒙兵團與關東軍之作戰地區的境界，以滿洲國與內蒙及察哈爾省為境界線，與華北方面軍的境界，以內長城及綏遠、陝西省境長城為線。……。（頁六五）

駐蒙兵團非常忠於關東軍，於二月十二日呈報陸軍省說「蒙疆地方大致以現行機構如察南、晉北及蒙古聯盟自治政府為一體，華北政權另行指導其發達最為理想」。而因關東軍和駐蒙兵團的大力要求，日軍中央於一九三八年七月將駐蒙兵團改編為駐蒙軍，隸屬於華北方面軍之下，但陸軍省於七月六日在「蒙疆政務指導要綱」中，確定察南和晉北歸屬於關東軍和駐蒙軍。

一九三八年三月二十四日，蒙古聯盟自治政府主席雲王去世，副主席德王代行職務，七月一日，德王出任主席，李守信為副主席。八月，蒙疆聯合委員會調整機構，將原來的總務、產業、金融、交通四委員會制改為總務、產業、財政、交通、民生、保安六部。（頁六五—六六）

蒙古聯合自治政府完全在駐蒙軍主控之下，故其一切產業及政治皆以配合和協助日本的作戰為目標。也正因為如此，所以蒙古聯合自治政府充滿了矛盾。它雖然冠著「蒙古」兩個字，使用成吉思汗紀元，蒙古人居於政權的中心，但根據一九四三年三月底的調查，在總人口五百五十二萬七千六百七十一人中，漢民族有五百二十七萬九千二百九十九人，占九五・五%，蒙古人只有十五萬八千七百人，祇占二・八七%，尤其是在察南和晉北，蒙古人只有六百三十一人。蒙古聯合自治政府這個名稱，使極力要求獨立，欲建立「蒙古國」的蒙古人非常不滿，而漢民族也以其冠有「蒙古」二字而極其反彈。（頁七〇—七一）

日本之所以不准內蒙獨立，與所謂汪精衛工作有關。一九三八年十一月三十日，日本御前會議決定「日支新關係調整方針」時，規定「蒙疆為高度的防共自治區」，而這是為使汪精衛建立新中央政權和德王等要求蒙古獨立雙方都能接受的妥協的產物。汪精衛主張：所謂蒙疆，就中國的觀念來說是指察哈爾、綏遠兩省而言，但日方沒有接受汪的主張。而蒙疆的所謂「自治」，並非蒙古人或中國人的自治，而是假自治之名，完全由日本人統治的「自治」。（頁七一—七二）

日本的統治，無需說，就是日軍的武力統治，是屠殺中國人的統治。德王府主治醫師吉福一郎在其所寫回憶〈東條兵團之大部隊走了之後〉一文中指出：（可能在一九三八年前半年）他到萬全時，在城內只看到兩個小孩和一個老翁發呆在那裡站著。他告訴老翁他們是醫生，不要怕。據老翁說，日軍留下老人和小孩以外，其他人統統殺光，理由是萬全縣城有間諜滲透進來，屍體都運到城壁四角。吉福一行曾到城壁四角去看過，處處皆成血海，有的還沒死就被丟棄在那裡，仍在呻吟，他曾予以治療，但還是無濟於事。吉福醫師說，他從沒有這樣感覺無力感過。（頁七二—七三）

張家口總領事館警察的紀錄，蒙疆日本人興亞協力會的機密書「宣傳皇道的尖兵」的記載，以及各種投書，都描寫著日本人的霸道和欺侮中國人的情形，不過大多是喝醉酒者的粗暴行為和囂張。其中最不能原諒的是日本有關當局和傀儡政權之熱中於鴉片的生產和販賣。（頁七三—七六）

爆發盧溝橋事變以前的一九三七年六月當時，張家口總領事館管轄內的日僑共計有九百四十人，「日僑中，有不少利用綏遠方面的特殊情況，與京津方面從事該項職業者勾結，幹製造和搬運麻醉藥這個行業者」，天津總領事館警察部長大江曾經訓示：「不務正業者有增加之傾向，如果放任，將不可收拾，……故對日僑擬以嚴懲主義以採取釜底抽薪的措施，對中國人亦支持中方一向的強制禁止政策，以協助其取締」。（頁七七）

張家口總領事館警察署，曾經檢舉過二十多名朝鮮人麻藥業者，其中三名惡質者已經予以驅

逐出境，其餘者則全力輔導其就正當職業。（頁七七）

一九三八年一月十八日《蒙疆新聞》報導說：

「最近因為價格暴漲，朝鮮人同胞的私自買賣嗎啡的風氣大盛，因探知由北京方面有組織的走私網拚命往張家口遷移，該署便決定要徹底予以檢舉，故最近開始積極活動，一連串地逮捕私賣嗎啡者，嚴格調查結果……意外地發現日僑亦參與其間，從北京方面很巧妙地偽裝大量走私，將其分賣給朝鮮人業者的事實，為揭開這個黑幕，正擴大進一步的檢舉。」（頁七七）

根據張家口總領事館警察署對於鴉片、麻藥的取締，其所檢舉和逮捕人數，日本人一九三八年二十二人，三九年九人，四〇年十二人；朝鮮人一九三九年二十七人，四〇年為十三人。日本官方表面上在取締麻藥，但自一九三九年以後，日本的國策卻令蒙疆政權大量生產麻藥。換句話說，日本政府當局才是在中國大陸生產和推銷鴉片的元兇。

六

根據資料記載，在盧溝橋事變前，鴉片的生產量和運出管轄外數量，向京津運出大約七百萬兩（一兩為三十六公克），太原大約二百萬兩左右；管轄內消費量大約四百萬兩，總生產量為一

千三百萬兩左右，但也有人說，生產量為一千萬兩，當地消費量七百萬兩，運出三百萬兩。（頁八三）

與此同時，西北的鴉片也運到蒙疆地區，「稱為西路貨的甘肅省產七百萬兩，寧夏產三百萬兩，共計一千萬兩集貨於此地，爾後再運往京津」。根據蒙疆聯合委員會產業部顧問高津彥次於一九三八年初所造的「蒙疆地區輸出入額概算表」，一年的輸出總額為一億一千九百五十萬六千三百九十八日圓，鴉片一千一百萬兩，一兩二日圓，共計二千二百萬日圓，向「華北及滿洲」輸出，獸皮四千萬日圓，糧穀三千萬日圓，鴉片居第三位，占總金額的一八・四%。一年輸入（不包括機器、鐵製品）總金額為四千七百九十萬九千五百三十一日圓，鴉片一千萬兩，一兩一・五日圓，共計一千五百萬日圓，僅次於獸皮（一千八百萬日圓），占總金額的三一・三%。（頁八三）

一九三八年察南自治政府的預算為歲入歲出皆為四百零二萬一千二百九十九日圓，其鴉片稅收預定為六十五萬日圓（歲入的一六・三%），後來編列增加預算，因資料不全，不能知道其全部歲入和歲出，不過鴉片稅收，迨至一九三八年九月底，徵收了一百一十六萬五千二百九十五日圓，該年底的推測徵收金額為一百五十一萬九千九百六十四日圓。又根據另外一項資料，該年度察南自治政府之徵稅收入為六百四十二萬七千日圓，所以如果按照推測徵收了的話，鴉片稅收應該占整個租稅收入的大約二四%。（頁八七。《鴉片在蒙疆》，資料5，頁二四五）

一九三八年晉北自治政府的預算為歲入歲出均為七十八萬九百六十五日圓，其中鴉片稅收預定十萬二千日圓（歲入的一三・一％），爾後追加預算為二百六十五萬二千一百一十九日圓，該年租稅收入為二百二十九萬八千日圓，因資料不全，不詳其鴉片稅收多少。（頁八八）

蒙古聯盟自治政府之成紀七三三年（一九三八年）的歲入預算為七百五十四萬九千四百七十六日圓，其中鴉片稅收為六十萬日圓（歲入的七・九％），後來預算總額修改為九百三十萬日圓，鴉片稅收為二百五十六萬日圓，占歲入的二七・五％。（頁八八—八九）

根據《鴉片在蒙疆》的記載，一九三八年度的鴉片輸出量為九百八十五萬四千七百七十九兩，金額為四千三百八十二萬一千一百七十五日圓，占總輸出金額的四一％，其中，輸出京津者八百九十萬八千四十兩，「滿洲國」九十四萬六千七百三十九兩。（頁八九—九〇）

一九三九年度歲入預算中鴉片稅收所占的預算，察南自治政府為二百一十九萬六千日圓（占歲入的二四・三％，以下同），晉北自治政府為三百四十九萬四千二百八十日圓（五八・九％），蒙古聯盟自治政府四百七十四萬六百日圓（三四・三％）。三個政權加起來的預定鴉片稅收為一千零四十三萬八百八十日圓（三六・三％）。皆比前年增加很多，尤其是晉北自治政府的部分，增加得更顯著。（頁九四）

一九三九年六月，蒙疆政權大大地改變了它的鴉片政策。其目的在於確保蒙疆政權的財源，和確立全中國占領地區之鴉片的「自給」，即欲實現鴉片的增產與統制。如所周知，日本中央政府的興亞院成立於一九三八年十二月，為掌控中國占領地區鴉片的需求與供給，興亞院於一九三九年三月設立興亞院蒙疆聯絡部。而由該聯絡部的文件「昭和十四（一九三九）年以後每年於本院所召開中國鴉片需給會議所決定計畫事項」的紀錄，我們可以知道蒙疆政權的新鴉片政策，係由興亞院所主導。（頁九四—九七）

蒙疆聯合委員會於一九三九年六月六日，公布了暫行鴉片管理會等有關法規，並於七月一日開始實施。暫行鴉片管理令，規定統制鴉片的配給（第二、七條）、鴉片的輸出入、運輸之許可制（第三條）、種植罌粟之許可制（第四條）、由蒙疆土藥股份有限公司和清查官署收納鴉片（第五、六條），以及取締、處罰等等。（頁九七）

蒙疆土藥股份有限公司法規定：「為收納鴉片，以繳納委員會清查署」，以資本金一百五十萬日圓，設立該公司。蒙疆土藥股份有限公司董事長由賀東溫出任，設總公司於張家口，分公司設於大同、厚和等十一個地方。（頁九八）

如此這般，蒙疆政權建立了種植罌粟者↓土藥公司↓清查官署↓鴉片配給人↓吸用者這種「准鴉片專賣制度」的清查制度，同時指定種植罌粟的地區和面積。其指定面積、生產預定數量、收納預定數量，因資料而有些不同，總之指定了大約一百萬畝，預定生產一千五百萬至二千萬兩，其中預定收納大約七百萬至七百五十萬兩。尤其值得注目的是，從前幾乎沒種植或種植很少的察南和晉北，分別指定了一萬畝和一萬五千畝這件事。（九八頁）

土藥公司向種植罌粟者收購鴉片的補償價格是，每兩頭等品三・五日圓，二等品三・三五日圓，三等品三・二日圓，等外品二・八日圓以下，而等級之決定，完全以器官機能（日文稱為官能）來鑑定。所謂「官能鑑定」，乃「依五官鑑定鴉片品質的方法，主要地以色澤、香味、質的粗細、麻醉性料子的多寡等來決定等級」。公司所收購的鴉片，全部繳納清查官署，而由政府支付公司收購補償價格的百分之九。（頁一〇〇）

鴉片的價格，因為豪雨會有很大的差距。一九三九年上半年蒙疆的鴉片價格，在張家口和大同，比前一年漲五成左右，為七至七・五日圓。京津的市價，從一九三八年年底的大約七元，一九三九年後半年為十五、六元，一九四〇年竟漲至二十二、三元。（頁一〇一）

可是蒙疆政權還是令土藥公司以三・五日圓至三・二日圓的價錢向種植罌粟者收購，因收購價格與市價差得太遠，故土藥公司的收購成績並不理想，而由此亦可窺悉蒙疆政權是最可痛恨的剝削者。譬如一九三九年，蒙疆政權由之賺得鴉片錢四百六十七萬日圓。（頁一〇一－一〇二）

一九三九年四月十四日，美國駐日大使J. C.格魯對美國國務卿的報告「日本在中國所占領地區的麻藥情況」說：

「由日本北方軍支配的黃河與萬里長城間的中國，其情況比前一年更加惡化。法的統制於一九三七年八月失效，非法交易日益增加。由日本陸軍所建立和維持的北京臨時政府，成立不久就開始著手麻藥問題。該政府於一九三八年二月二十四日，以第三十三號命令，廢除中國中央政府之臨時禁鴉片、禁麻藥法及該規則，並釋放在這些法律、規則下拘留的人犯。故麻藥情況在日趨惡化……。

根據可靠消息，對於北京開設鴉片販賣店及吸鴉片店唯一的限制是繳納稅金。因此一九三八年十月，北京的此種店鋪應該有三百家。當時，北京各處皆銷售海洛英，根本沒有取締。」（頁一〇四—一〇六）

上述對格魯的該項報告又說，一九三八年十月一日，天津雖然公布關閉租界內的鴉片窟，但在實際上租界內的小窟和租界外的大鴉片窟還是照常營業，十一月十二日的報紙報導說：「名目上中國治下之天津地區經許可之鴉片窟總數達一百八十九所」，麻藥「在日本租界隨處可以買得到」。（頁一〇六）

對格魯的報告又稱，在濟南：

「自從日軍占領以來，聯合總務所濟南分所，以繳納一定稅金為條件，公然許可販賣鴉片。一九三九年年底，許可販賣粗製鴉片者四家，准許販賣煉鴉片者四十店。迄至一九三八年十一月，煉鴉片的販賣店從四十家增加到一百三十六家。一九三八年十一月，十萬兩的粗製鴉片，經由濟浦鐵路，由北方運進濟南，其中的一萬兩，將運到內地及其他大都市。」（頁一〇六）

曾作南京大學歷史學教授，並為南京國際安全地帶委員會創立委員的M. S. 貝茲，曾經在遠東國際軍事法庭作證說：

「一九三七年中日事變以前的大約十年，不曾公然販賣和使用麻藥。使用麻藥時都躲在最裡頭房間，……既不公開吸用，更不會在年輕人面前吸。

一九三八年十一月，我曾與幾位朋友訪問過幾個販賣所和鴉片窟。我們曾拿到幾張官營獨占機關為各販賣者所作規定的抄本，以及販賣者繳納稅金證書的抄件。依當時的規定，官設營業的鴉片窟有一百七十五家，鴉片販賣店三十家。……

根據當時並未發行的鋼版印刷的報告書，維新政府在一九三九年度，每月有三百萬美元的收入。……這個鴉片的三百萬美元的收入，是日本和中國雙方的官員都承認的數字，這是維新政府的主要財源，是今日該地方政府所不能沒有的財源。（頁一〇八）

對格魯報告更說，上海自被日軍占領以後，海洛英、嗎啡等又在上海出現，且日趨增加。熱河產鴉片在上海價錢比較便宜的主要來源。……鴉片、海洛英的輸入與販賣，有許多日本人參與，裡頭包括日本軍特務機關。（頁一〇八）

以上觀察之屬實，我們可以從里見甫的宣誓口述書（遠東國際軍事法庭速記錄㈠頁八〇八—八一〇）獲得證明。里見作證說，他曾受華中派遣軍特務部總務班長楠本實隆大佐之托，於一九三八年春天到上海去販賣許多波斯產的鴉片；一九三九年三月，成立維新政府和興亞院華中聯絡部，於該年五月，在維新政府戒煙總局之下，組織販賣鴉片的機關宏濟善堂，就任其副董事長；

一九三九年年底開始賣「蒙古鴉片」，「興亞院決定支付蒙古政府的價錢，興亞院的方針是要儘量給蒙古政府更多的利益」。（頁一〇八—一〇九）

一九三九年九月二十日，美國駐廈門領事K.特・G.馬克比第呈國務卿的報告說：

> 「該市（於一九三八年五月）被日軍奪取以前，鴉片的販賣和使用被中國政府當局禁止，欲根絕鴉片之買賣的他們的努力，我認為獲得相當的成功。可是自日軍進入廈門以後，其買賣大為增加，而且大部分為臺灣人（中國民族的日本臣民）所作的生意。這些臺灣人一定獲得日本海軍的方便與暗中的許可，日本海軍躲在中國傀儡政權的後面，而積極統制該市。
>
> 一九三九年春天，成立了中國事務局（興亞院）的廈門聯絡事務所（＝廈門聯絡部）。……廈門聯絡事務所是日本海軍的傀儡，等於在華北同種事務所屬於陸軍的監督。……
>
> 由於以下所述理由，該機關在廈門決定鴉片的使用許可，開始准許鴉片窟的存在。最近，從可靠管道得悉，目前市內大約有三十個鴉片窟。（頁一一〇—一一一）

一九四〇年三月十一日，美國駐廣州總領事M.S.麥耶斯呈國務卿的報告「關於廣州地區鴉片及其他麻醉藥交易之件」，曾經被提出遠東國際軍事法庭檢察處作為證據。（「裁判速記錄」〈一〉頁八〇一—八〇二）它說，一九三九年五月，與日本軍特務部密切合作的臺灣人陳思齋創辦了專賣鴉片的商行福民堂，為獲得專賣權的許可，除二十萬日圓的「禮金」外，陳某每月要付特務機關一千萬日圓；鴉片的來源，起初主要來自澳門，一九四〇年一月，波斯鴉片由上海運來，既不取締也不必登記，任何人都可以自由吸用，海洛英也自由公開買賣；一九三九年後半年以還，似在從化、番禺一帶開始大規模地種植罌粟，經許可的鴉片窟三百二十九家；此外可能還有一百家到兩百家的秘密窟；鴉片的買賣似由日本軍特務部管理並鼓勵其消費，……這是軍方金庫最簡單而繼續不斷的最好資金來源。（頁一一一）

一九三八年十二月二十六日，蔣介石主席抨擊近衛的「東亞新秩序」聲明說：

「中國的老百姓，一提到日本，就會聯想到他的特務機關和為非作惡的浪人，就會聯想到販鴉片，賣嗎啡製造白麵銷售海洛英，包賭包娼，私販軍機接濟土匪，豢養流氓，製造漢奸，一切擾我秩序，敗我民德，毒化匪化我的陰謀。（頁一一一。《總統蔣公思想言論總集》，第十五卷，演講，頁五七六。中國國民黨中央黨史會發行）

在國民政府禁煙政策之下，根絕鴉片和麻藥已經獲得相當成功的中國，自日軍入侵以後，無論在華北、華中和華南，皆利用傀儡政權或買辦勢力，公然販賣甚至專賣鴉片，對麻藥採取鼓勵和放任的政策。這種「毒化」中國政策的直接目的，一方面為了獲得日軍本身和傀儡政權的資金，另方面擬藉此以麻醉中國人的抗戰意志和力量，以滅亡中國。（頁一一二）

七

除天災以外，由於清查制度本身以及收購價格與市價差距太大，罌粟的生產遠不如理想，蒙疆政權的財政由之發生問題，故蒙古聯合自治政府於一九四〇年年初，制定「鴉片收納機構改革實施要綱」，解散蒙疆土藥股份有限公司，採取令原有的土商組織收納人組合（公會），隨京津的市價之價格以收納和拋售。（頁一一七）

根據這個新的方針，蒙古聯合自治政府於一九四〇年五月二十七日，公布「關於廢止蒙疆土藥股份有限公司法之件」，並溯及該年三月三十一日開始實施。如此這般，蒙疆土藥公司僅僅九個多月就「關門大吉」。

一九四〇年六月，依蒙疆土業組合約款，「由清查總署長所指定之鴉片收納人組織」（第二條），並以「在蒙疆地區內從事所生產鴉片之收納為目的」（第三條）的土業組合，在張家口清查署管轄內，設崇禮（組合員三人）、宣化（三人）、張北（四人）、興和（三人）四處，大同（晉北，十一人）一處；厚和署管轄內設豐鎮（十四人）、托（克托）縣（十一人）、包頭（九名）、厚和（九人）、薩（拉齊）縣（十一人）五處，共計十處（七十八人）。（頁一二一）

土業組合從生產者收購鴉片的期間是由六月十五日到十一月底，收購價格採取順應京津市價的可變式收購價格制，只提示該市價便宜五、六成的最低價格，其最低價格為每兩六日圓，原則上收購價格可以隨意決定，惟為照顧生產者及防止組合間的無謂競爭，亂吊高價格，故事先談攏價格，在管轄內大體上以同一價格收購。其價格為頭等品（九成品）八日圓，二等品（八成品）七日圓，三等品（七成品）六日圓，等級的決定，仍與前一年一樣，採取官能鑑定的方法。（頁一二一）

蒙疆政權將從土業組合以單價八日圓收納的鴉片，加二・五日圓課徵金以十・五日圓賣給土業組合，以這個課徵金為它的利益。而土業組合（土商）則以十五到十六日圓賣給蒙疆政權的配給管道，以其差額四・五日圓到五・五日圓為其利益。換句話說，收納價格與配給價格的差額亦即利益七至八日圓，蒙疆政權獲得大約三分之一，土業組合分得大約三分之二。（頁一二四—一二五）

由於保障土商能夠得到相當多的利益，因此蒙疆政權始能收納比前一年七・六倍的鴉片，並將大約五・三倍的鴉片配給到管轄外。

對於管轄內，從一九四〇年一月到六月，以頭等八日圓、二等七・五日圓、三等七日圓配給，六月以後統一為「囍牌」，一兩十日圓，十二月漲為十二日圓。其數量為二十五萬二千三百兩，金額為二百四十萬五千日圓。（頁一二五）

一九四〇年度清查榷運特別會計的決算是，蒙疆政權得到了共計一千五日六十二萬多日圓的

鴉片利益。從該年度一般會計的歲出預算（包括追加金額）五千九百七十一萬多日圓看來，當可知道鴉片利益多大。（頁一二六）

根據蒙疆銀行調查課的貿易統計，一九四〇年的鴉片輸出金額，自一月到四月加起來為六千四百三十四萬五千日圓，遠比占第二位的五穀、穀粉類的一千二百六十七萬八千日圓多得很多，占整個輸出一億二千三百六十四萬四千零四十八日圓的五二％。（頁一二六）

從蒙疆往中國各地的鴉片配給量，從一九三九年度的七十二萬七千兩，到一九四〇年度的三百八十二萬兩，增加五倍以上，但在各地如何處理，因無資料，故不詳。（頁一二六）

南京大學教授貝茲，曾托中國各地的朋友調查鴉片和麻藥的情況，並在遠東國際軍事法庭作證說：

「北京大學社會學瑟拉教授說，一九四〇年春天，在北京領有鴉片執照的販賣店有六百家以上，吸用海洛英者遠比吸用鴉片的人多。

漢口的基爾曼主教稱：領有執照的鴉片窟有三百四十，持有販賣鴉片執照的旅館有一百二十家。漢口的人口只有四十萬人。……基爾曼主教強烈比較戰前與一九四〇年的情況，並非常氣憤。因為在戰前，很限制販賣麻藥，予以取締。但一九四〇年則公開販賣和廣告。

在人口五十五萬人的廣州，經登記的鴉片窟有八百五十二，沒有登記的有三百。根據廣州醫院的東普遜博士所作的調查，在占領地區政府的店或領有執照的店則公開售鴉片，也賣許多海洛英。時有令人對鴉片非常感覺魅力的廣告，日本士兵在賣淫窟（妓館）時以鴉片付費，日軍在兵站地以鴉片支付工人的工資。根據販賣者和官吏的說法，所有鴉片皆由大連來。但據說也有來自伊朗的。海洛英的供給者說，海洛英主要地由天津來，其次是大連。在占領地區根本不取締鴉片的販賣。（頁一二七）

美國駐濟南領事一九四〇年十二月九日之報告「濟南領事地區鴉片之種植、販賣及用途」說：

「根據某外國商人的計算，在濟南的鴉片銷售額每月（中國聯合準備銀行）達FRB五百萬元（一FRB元相當於〇・〇七七美元）。因一般工人買不起，故此項藥品（鴉片）多由中流或上流階級所消費。但工人在工人的資力範圍內買海洛英及其他藥品以滿足麻醉性的刺激。而在濟南的幾百日本人和朝鮮人，則以推銷此種藥品作為其全部或一部分的生活費。（頁一二七—一二八）」

從一九三八年一直在上海共同租界工部局麻藥部門工作的H.F.基爾作證說：

「一九三八年以前，在上海不可能看到很多的麻藥。……從一九三八年到一九三九年，也非常困難見到麻藥。可是自一九三九年以後，海洛英多起來了。一九四〇年以後，有好幾次我緝拿到五十至一百盎斯的海洛英。通常，他們把海洛英裝在紅色樹膠袋。上面常常蓋著日本文字的圖章。對於販賣海洛英者，我問過他們這些麻藥從那裡來，他們都說來自天津或北京。……我在上海共同租界內，曾經逮捕過許多推銷海洛英的商人。他們都說他是臺灣人或朝鮮人，因都具有日本國籍，……故必須交給日本領事館。經過二、三日以後，我會在同條馬路上遇到在街頭賣海洛英的這些人。」（頁一二八—一二九）

基爾說，隨日本統治權和影響往華中擴大，海洛英在上海的數量也逐碁增加。而這種比例，在其他中國的日軍所占領都市和鴉片，也同樣可以看得到。（頁一二九）

一九四〇年蒙疆政權之鴉片的收納與配給上了軌道之後；由之作為中國全占領地區鴉片的供給源，蒙疆的地位遂日漸重要。一九四〇年年底，興亞院的需給（需求與供給）會議，將一九四一年度的需求計畫定為：蒙疆管轄內鴉片收納數目為七百萬兩，其中運往華北三百五十萬兩，華中三百萬兩，管轄內消費量四十萬兩，預備十萬兩，此外就舊貨（一九四〇年產）將分別運往華北和華中八十萬兩和一百三十萬兩。一九四〇年十二月二十七日，興亞院同時決定了「鴉片及麻藥政策指導要綱」，興亞院蒙疆聯絡部則「根據（該）要綱指導現地機關，以期儘速普及徹底強化鴉片制度」。（頁一三三）

是即蒙疆政權的鴉片增產政策，一方面既是為了該政權本身的財政需要，另方面更是為了達成「東京興亞院會議所分配本年度該地區產鴉片對東亞共榮圈最低限度的供應量六百五十萬兩的」目標。（頁一三三—一三四）

蒙疆政權曾就一九四一年度的鴉片生產費用作了一次調查。它說，比諸高粱、小麥等，「罌粟的利潤雖然最多，但這是由於收成比較良好所致，一部分災害地區的農民大多很慘，損失很大，故（成紀）七三七年度（一九四二年）有逡巡種植罌粟的傾向」，「要之，自然條件好時罌粟是能夠獲得莫大利潤，但如果收成不好，將蒙受很大損失的危險性蠻高的農作物」。（頁一四二）

對英美宣戰兩天後的一九四一年十二月十日，興亞院召開會議決定了一九四二年產蒙疆鴉片的運出量為一千萬兩的「中國鴉片需求計畫」。其所以作這樣的決定，乃由於一九四一年度的生產和收納獲得意外的好成績所致。

可是，一九四二年的罌粟的收成非常之差。因此起初的預定生產量一千七百八十六多萬兩，興亞蒙疆聯絡部以為將為大約八百萬兩，後來更預測為七百八十多萬兩。（頁一四六－一四七）因此，興亞院於八月二十日，不得不將蒙疆鴉片的收納收量，從一千萬兩降為七百萬兩。惟收納率為大約六〇%，故從上述預定生產量，欲收納七百萬兩，根本不可能。

面對罌粟的大歉收，鴉片的收購和收納遭遇到很大的困難，於是蒙疆政權遂訂出對策，一方面對收購等級各提高一級，以誘出生產者手頭的鴉片，降低收納等級和預付收購款等等，另方面對地方行政首長分配責任數量，和強制收購。（頁一四八－一四九）

這種軟硬兼施的收購、收納工作，還是未能奏效，這一來由於災害造成歉收，二來乃由於京津的市價與所定收購價格相距太大所導致。換辭言之，蒙疆政權欲以極其低廉的價格強制收購，結果出現了一九三九年的同樣情況。（頁一五〇）而土業組合對蒙彊政權的這種作法反彈，也是收購鴉片沒有成績的另外一個原因。

一九四二年度蒙疆對管轄外的鴉片販賣數量為九百二十二萬七千零六十六兩，比前一年的五百三十四萬八千兩多得很多。但自一月到九月所賣出的八百三十五萬二千零六十六兩是一九四一年產的剩貨。加上一九四一年度所賣出的二百七十四萬八千兩，這等於說，該年產鴉片的收納量一千一百一十四萬五千八百六十六兩中，一千一百一十萬零六十六兩銷售到管轄外。（頁一五一）

其中，對華中，依一九四一年七月十五日的契約，協定自一九四一年七月至一九四二年六月，販賣一九四一年產的鴉片七百萬兩，但實際上自一九四一年八月到一九四二年八月，一共賣了六百五十萬兩。協定為十四日圓的單價，一九四二年一至四月，與前一年年底一樣被壓成十三・五日圓。對華北，於一九四一年十一月，契約自一九四一年十二月到次年七月，以單價十四日圓，銷售一百五十萬兩，但至一九四二年八月，曾照契約的單價和數量履行。（一五二頁）

一九四二年的最大特色是，隨太平洋戰爭的開始，蒙疆鴉片的供給對象要擴大到「大東亞共榮圈」即南洋。對於蒙疆鴉片供給南洋，最積極活動的是興亞院華中聯絡部。華中、南洋占領地、蒙疆政權、華北以及東京，都期待蒙疆鴉片超越中國占領地擴大其「地盤」到南洋占領地。且在「七三七年（成紀）度收納鴉片販賣預定」分配了南洋五十五兩，香港二十萬兩，但實際

上，在一九四二年年底以前，蒙疆並沒有直接賣鴉片給南洋。（頁一五四—一五七）

蒙古自治邦政府在成紀七三八年（一九四三年）四月的「罌粟鴉片在蒙疆」緒言說，因太平洋戰爭的爆發，外國鴉片不能輸入，故蒙疆成為「大東亞共榮圈」各地區的鴉片重要供給地。加以該政權的財源極為匱乏，雖有與時勢背道而行之嫌，仍需種植罌粟，以為財經基礎。一九四三年度的罌粟種植面積為一百萬畝，預定收購一千萬兩，如此還不夠「共榮圈」之需求。由此可見，一九四三年以後，蒙疆政權還是在積極生產鴉片，惟因本書資料即蒙疆政權之內部文書的所有者沼野英二，於一九四二年十月二十七日離開了該政權經濟部次長的職務，沒有該年年底以後的資料，故一九四三年以後的情況，只能知道其片段。（頁一六一）

蒙疆政權於一九四二年十二月十六日，公布了成紀七三八年度預算的概要。惟一九四三年度的鴉片生產可能發生重大變故，因此起初預定收購一千萬兩的，後來修改為五百萬兩。（頁一六三）

關於這個期間華北的情況，曾向遠東國際軍事法庭的「麻藥商人陳餘三之簽名供書」說：

「從一九四四年五月到一九四五年一月，我是北平信義鴉片窟（土膏店）的經理。據我所知道，在日本占領期間，北京大約有二百四十七處鴉片窟，二萬三千人經許可而為鴉片吸用者，八萬未經許可的吸用者，時來吸用者有十萬人。

盧溝橋事變以前，不得公開賣鴉片。

> 但自日軍占領以後，不出幾個月，即在所謂地方維持會期間日軍開始准許販賣鴉片。凡欲經營鴉片窟者，首先必須向煙酒統稅局，繼而向禁煙局申請許可。禁煙局由日方所設立之蒙疆土業組合供給鴉片。……
>
> 在日軍占領之前，北京的鴉片吸用者比較少，只有在自己家裡吸用。我認為日軍占領後吸用鴉片者為占領前的十倍以上。
>
> 在日本人顧問支配下的禁煙局，一點都不想禁止鴉片，而且准許公開賣鴉片。蒙疆土藥組合，雖然也有中國人參加，但實權完全掌握在日本人手裡。」（頁一六四）

但自一九四三年年底以後，在華中出現了特別的狀況。即南京高等法院曾向遠東國際軍事法庭檢察處提出了訊問盛有盦的紀錄，和傀儡南京政府內政部長梅思平「有關禁止鴉片事業」的口供書。它說：

> 「在事實上日本支配麻藥交易最好的證據是，日本真正和誠實地同意禁止麻藥交易時，麻藥交易就被禁止了這個事實。」
>
> 自汪（精衛）獲得足夠維持全部經費的歲入以後，一九四三年十二月，南京以及其他都市的學生從事反鴉片遊行示威，破壞了鴉片商行及鴉片窟。為此日本曾派顧問來南京商量，汪政權以考慮鴉片為蒙古政權的主要財源為條件，約定要援助汪政權恢復中國戰前禁止鴉片的措施。日本當局同意以下事項：從一九四四年四月，蒙古的種植罌粟要先減量，其次禁

止；從蒙古的輸入要減半；要遵守戰前的規則；日本要幫助中國禁止走私。由此，到一九四四年十二月，南京一切麻藥工廠完全絕跡，每月平均（從蒙疆到上海）的運送量減少六〇%以上，阻止了走私的增加，建設了醫院，鴉片癮者皆經登記，所有的鴉片窟皆予以關閉。（頁一六五—一六六）

八

以上所述是本書第一部的主要內容。第二部為資料即有關鴉片的文件，一共有四十九種。其目錄如下：

一、禁煙法，民國十八年七月二十五日修正公布。

二、參考資料，一九四一年九月，日本厚生省衛生局所撰寫，說明(1)盧溝橋事變前鴉片的需求、供應狀況；(2)事變後鴉片需求之增加；(3)事變後鴉片之供給狀況；(4)獲得鴉片的可能方案。

三、「滿洲國」的鴉片政策。這是所謂鴉片十年禁斷政策，以實施鴉片癮者的登記制度，由地方政府公營管煙所，為矯治癮者設立康生院，以配給制度減少癮者，限制及減產罌粟，以期十年內能完全消滅鴉片之吸用。

四、蒙疆鴉片情況概說，係為蒙古聯合自治政府經濟部煙政鹽務科的資料。分成㈠實施制度前的鴉片情況；㈡創設清查制度當時的制度概要；㈢現行制度概要；㈣鴉片之性質與用途（罌粟）；㈤鴉片之生產及其方法；㈥鴉片之消費情況；㈦鴉片之買賣法；㈧鴉片之製造；㈨鴉片之取締；㈩政府之指導方針（包括蒙疆鴉片之特性）；⑪吸用禁止策；⑫蒙疆鴉片之將來。

五、鴉片在蒙疆（拔萃）滿鐵華北經濟調查所

一九四一年五月十五日

目次

第五章　盧溝橋事變後蒙疆的鴉片政策

第一節　盧溝橋事變後不久的鴉片政策

第一項　概要

第二項　察南自治政府的鴉片行政

第三項　晉北自治政府的鴉片行政

第四項　蒙古聯盟自治政府的鴉片行政

第二節　蒙疆政權最近的鴉片政策

第一項　清查總署之開設

第二項　暫行鴉片管理令之公布與蒙疆土藥公司之設立

第六章　蒙疆財政與鴉片

第一節　盧溝橋事變前中國及蒙疆財政與鴉片之關係

第二節　蒙疆三自治政府之財政與鴉片及其後之經緯

六、罌粟在蒙疆（拔萃）蒙疆自治邦政府經濟部煙政鹽務科

成紀七三八年四月

目次

第四節　氣候　土質

整地及播種

整地之時期、畦的製作及播種、預借種子、播種期、播種方法、施肥。

第五節　拾掇

發芽、間拔、除草、中耕、灌溉排水、摘芽摘果。

（附）使用於罌粟作之農具，揚水機價格及灌溉用挖井費。

第六節　割漿

割漿時期、割漿用器具、割漿方法、採汁次數、時間、採汁量及每畝成苗株數、結果數。

第七節　奶子（漿液）的曬乾、儲藏。

第八節　種子、蒴果、莖葉之處理

罌粟種子之集貨（附）關於罌粟種子之生產及消費之調查。

第九節　罌粟之病蟲害及其他之受害

病害：㈠黑斑病，㈡褐斑病，㈢露菌病，㈣麵粉病，㈤根腐病，㈥萎縮病。

蟲害、旱害、風害、該地區罌粟病蟲之防除法。

第十節　鴉片生產費與勞力

成紀七三六、七年度鴉片、高粱、小麥生產費、工資、勞力來源、租稅公課、佃租、地價及春耕資金、肥料費、農具費、畜力費、水利費、販賣費、鴉片價格與農民經濟。（附）煙地之後農作物。

第四章　鴉片收納機構、實際成績及土業組合情況

第一節　成紀七三四年度鴉片收納機構及收納實際成績

煙政方針、有關法令之制定、政廳盟別收納預測、收納機構方式、收購概況與收納實際成績、剩貨收購之實施。

第二節　成紀七三五年度鴉片收納機構及收納實際成績

鴉片生產收購預測、收納機構方式之修改、收購概況及實際成績

第三節　成紀七三六年度鴉片收納機構及收納實際成績

清查署別生產收納預測與實際成績、鴉片收納機構概要、收納概況、播種工作與煙地調查、鴉片收納工作與收購處之指導監督、罌粟種子之生產消費狀況及有關種植罌粟之各項調查。

第五章　鴉片之秘密交易情況

第一節　稽查概況

第二節　鴉片及麻藥類之取締法規

第三節　生產地之取締
農民之取締、秘密交易者之取締
第四節　走私之取締
鐵路之取締、陸路之取締、航空路之取締。
第五節　鴉片之秘密交易價格
第六章　煙膏之製造與吸用
第一節　原料鴉片
需求與供給概況、從業者情況。
第二節　製造方法
煙膏製造設備及器具、製造工程及中間生產物之名稱、配給。
第三節　煙灰
煙灰之集貨與價格
第四節　煙膏渣滓
煙膏渣滓之收得量、渣滓之處理方法。
第五節　吸用
鴉片吸用所概況、吸用鴉片用具。

第七章　鴉片及煙膏之嗎啡含有量
第一節　蒙疆產鴉片的碼啡含有量
第二節　蒙疆煙膏中嗎啡含有量
第三節　煙灰碼啡含有量
第八章　巷間之麻藥代用品及戒煙劑
第一節　麻藥代用品
各種麻藥代用品之擬和物之搜集、民間鑑定法、吸用方法、秘密買賣方法及市價。
第二節　戒煙劑
戒煙劑、分明的主劑、戒煙方法。

附錄

㈠有關鴉片之國際條約概要
㈡年度別販賣鴉片實際成績
㈢蒙疆土業總組合約款（成紀七三六年度）各地區土業組合約款（成紀七三六年度）蒙疆土業總組合約款（成紀七三七年度）中文，各地區土業組合約款（成紀七三七年度）中文
㈣鴉片收納人須知

(五)各土業組合出資者明細表

(六)暫行鴉片管理令

成吉思汗紀元七百三十四年　六月六日

民國二十八年

蒙疆聯合委員會總務委員長德穆楚克棟魯普

(七)暫行鴉片管理令施行細則

成吉思汗紀元七百三十四年　六月十五日

民國二十八年

蒙疆聯合委員會總務委員長德穆楚克棟魯普

(八)蒙疆土藥股份有限公司法

(九)清查總署官制

(十)清查署官制(拔萃)

(十一)清查工廠官制

(十二)暫行鴉片稽查令

(十三)暫行鴉片麻藥稽查提成規則

(十四)罌粟種植處理規定(拔萃)

(十五)禁煙特別法

(十六)禁煙特別法施行規則（拔萃）

(十七)成紀七三四年度財政部主管

清查榷運特別會計歲入歲出計算書

(十八)成紀七三五年度財政部主管

清查榷運特別會計歲入歲出決定計算書

(十九)成紀七三六年度經濟部主管

清查榷運特別會計歲入歲出決定計算書

(二十)成紀七三五年度鴉片收納實際成績一覽表

(二一)成紀七三五年度配給關係統計表

(二二)蒙疆經濟概況（拔萃）

目次

一、概說

二、東亞共榮圈內蒙疆的經濟地位

三、各部門別概況

國稅

金融外匯

貿易（附物資統制概況）

煙政

鹽務

礦業

工業

農業

糧穀

林業

附蒙疆鴉片情況概說

二十四、成紀七三六年度罌粟種植及鴉片收納販賣實際成績概況（拔萃）

目次

三、鴉片收購收納販賣方式及實際成績

㈠收購，㈡收納方式，㈢收納概況，㈣拋售及販賣。

四、禁煙特稅

㈠稅率，㈡賦課狀況，㈢納期，㈣禁煙特稅的免除，㈤對納稅違反者的罰則，㈥禁煙特稅的徵收實際成績。

五、土質肥料

㈠土質，㈡肥料。

⑴罌粟之三成分含有情況，⑵肥料之種類與施肥量，⑶施肥時期。

六、種植罌粟與其他農作物之關係

㈠種植面積與收成量，㈡投下費用及利潤。

二十五、成紀七三六年度鴉片收納事業概況及實際成績調查（拔萃）

二十六、成紀七三六年度煙政事業概況（拔萃）

㈠收納概況，㈡配給概況，㈢稽查概況。

二十七、鴉片買賣契約書

二十八、鴉片買賣契約書

二十九、昭和十七（一九四二）年度中國鴉片需求供應計畫數量

昭和十七年八月二十日

興亞院

三　十、成紀七三七年度罌粟種植地區及面積協商會議案（拔萃）

三十一、最近蒙疆經濟特殊情況　最高顧問上京原稿（拔萃）

三十二、現地狀況報告及陳述意見

三十三、關於蒙疆鴉片情況及意見

興亞院蒙疆聯絡部

昭和十七年八月十九日

三十四、鴉片集貨對策

三十五、鴉片集貨工作情況

三十六、豐鎮縣繳土工作實施要領

三十七、鴉片特殊收購方策案

三十八、蒙疆華北間經濟調整會議協商事項（拔萃）

三十九、成紀七三七年度收納鴉片販賣預定

四　十、鴉片讓渡契約書

四十一、關於確立大東亞共榮圈各地區鴉片政策之件

四十二、南方占領地區鴉片政策暫定要領

四十三、南方占領地鴉片制度

四十四、對東亞共榮圈鴉片需求供應之狀態及滿蒙鴉片政策之考察（拔萃）

四十五、成紀七三八年度鴉片集貨方策案

四十六、根據大陸聯絡會議之鴉片集貨緊急對策案

四十七、里見甫宣誓口供書

四十八、禁止鴉片吸煙處理經過

南京高等法院院長趙琛

四十九、蒙疆土業組合收納區畫地圖

以上資料，以「五、鴉片在蒙疆」和「六、罌粟鴉片在蒙疆」最為詳細，前者占九十四頁，後者占一百頁。而這些資料，作為研究抗戰期間日本在中國的鴉片政策，是非常珍貴的。無需說，這些資料在當時都是極機密資料。（註一七）

註釋

註一：關於南京大屠殺，作者譯過前一橋大學教授藤原彰的《南京大屠殺的真相》，收於拙文集《中國與日本》（一九九〇年，臺灣商務印書館），拙譯《仍然應該說NO的日本》（一九九〇年，中央日報社）也收入此文。同時請能參閱拙文〈南京大屠殺，中外學者、外交官、新聞記者曾佐證，永野信口雌黃亦難扭曲史實〉，刊於民國八十三年五月八日《中央日報》。關於抗日期間日兵屠殺中國人的情形，請參看拙譯《鐵蹄底下的亡魂》一書，此書於民國七十年，由黎明文化事業公司出版。

註二：關於臺灣的鴉片問題，請能參考劉明修著《臺灣統治と阿片問題》（東京山川出版社，一九八三年）。

註三：沼野英二，一八九六年六月出生於東京，一九二三年東京帝國大學法學部政治學科畢業，曾在專（公）賣局大阪、熊本、宇都宮、東京地方專賣局服務，一九四一年任專賣局煙草（香煙）事業部煙草課長，同年六月十四日出任蒙古聯合自治政府經濟部次長。一九四二年十月二十七日辭職，歷任神戶稅關長、神戶海運局長、滿洲拓殖公社東京支社長等職，一九八一年一月去世。

註四：遠東國際軍事法庭「裁判速記錄」〈八〉」（雄松堂書店，一九六八年），頁六八九—六九〇。

註五：吸用鴉片，需要相當的設備、技術和程序，麻藥以打針或吞丸劑就能得效果，時或參於香煙或粘於香煙吸。

註六：當時，參與海洛英製造的青年，在花街、舞廳一夜敢化幾百日圓。結晶海洛英，一公斤的工錢為一千日圓，一個晚上能作五到十公斤，故他們能揮金如土。

註　七：關於九一八事變，請能參閱中央黨史會出版《中華民國重要史料初編》，對日抗戰時期，「緒編」㈠，民國七十年九月；拙譯《日人筆下的九一八事變》，此書於一九九一年，由水牛出版社出版。

註　八：關於內蒙工作及內蒙自治運動，請參閱福島義澄編《蒙疆年鑑》成紀七三九年（一九四四年）版，蒙疆新聞社，一九四三年，頁七一以下；秦郁彥：《日中戰爭史》（河出書房新社，一九六一年），頁一〇五以下；島田俊彥：〈華北工作と國交調整〉，日本國際政治學會太平洋戰爭原因研究部編《太平洋戰爭への道〈3〉日中戰爭〈上〉》（朝日新聞社，一九六二年），頁二二五以下；稻葉正夫：《內蒙工作》、島田俊彥・稻葉正夫・解說：《現代史資料〈8〉日中戰爭〈I〉》（みすず書房，一九六四年），頁lix以下；松井忠雄：《內蒙三國志》（原書房，一九六六年）；中嶋萬藏（蒙古聯合自治政府總務廳總務科長）《高原千里蒙疆回顧錄》，（らくだ會本部，一九七三年），頁四三以下。黨史會：《中華民國重要史料初編》，對日抗戰時期，緒編㈠。

註　九：板垣征四郎（一八八六——一九四八），岩手縣人，陸軍士官學校、陸軍大學畢業，陸軍大將。曾任關東軍參謀長、陸軍大臣。為九一八事變的主謀人，戰後被遠東國際軍事法庭判死刑。

註一〇：關於何梅協定，請參閱梁敬錞：《日本侵略華北史述》（傳記文學社，民國七十三年十一月三十日初版），頁三七以下。

註一一：土肥原賢二（一八八四——一九四八），岡山縣人，陸士、陸大畢業，陸軍大將。曾任奉天特務機關長，第七方面軍司令官，戰後被判死刑。中國人將其稱為「土匪原」。

註一二：關於秦土協定，請參考梁敬錞前引書，頁六九以下。

註一三：河邊虎四郎（一八九一―一九六〇），富山縣人，陸士、陸大畢業。陸軍中將，陸軍大將河邊正三的胞弟。曾任第二航空軍司令官、參謀次長、著有《市が谷台から市が谷台へ》一書。

註一四：田中隆吉（一八九四―一九七二），島根縣人，陸士、陸大畢業，陸軍少將。戰後為遠東國際軍事法庭作證人，著有《日本軍閥暗鬥史》、《裁かれる歷史》等書。

註一五：南次郎（一八八五―一九五五），大分縣人，陸士、陸大畢業，陸軍大將。曾任駐中國軍司令官，朝鮮總督、陸軍大臣，戰後被判無期徒刑。

註一六：東條英機（一八八四―一九四八），岩手縣人，為陸軍中將東條英教之子。陸士、陸大畢業，陸軍大將。曾任關東軍參謀長、陸軍大臣、參謀總長和首相。曾實行憲兵政治，二次大戰後，被遠東國際軍事法庭判死刑，一九四八年十二月二十三日在巢鴨監獄執行絞刑。

註一七：凡文中稱為「支那」、「北支」、「中支」、「南支」等者，我統統把它改成中國、華北、華中、華南等等。

第九章　香港與中日戰爭

一

一九三一年爆發九一八事變時，英國放棄在遠東不從事防備的政策，而開始建設香港要塞，致力於裝備的現代化，並於一九三六年完成了九龍要塞。日本之具體以英國為假想敵人，係始於此時。（註一）

但狡猾的英國，為著保持其在中國的既得權益，時或欲勾結和討好日本；一九三二年一月，美國國務卿史汀生(Henry Lewis Slimson, 1867~1950)對日本侵略滿洲，發表不承認此種情況的態度時，英國沒有表示支持就是由於這種原因。（註二）

一九三七年七月七日發生盧溝橋事變（註三），日本一意侵略中國；一九三八年十月，日軍占領廣州及華南一帶以後，英國決定不以香港為前進海軍基地，更放棄了九龍要塞。（註四）

因日軍在中國大陸勢如破竹，占領了上海、南京、廣州和武漢，故香港對中國的地位日趨重要，它既是國民政府與列國聯絡的唯一大門；也是國民政府獲得外面物資的轉運港口和從事宣傳、謀略的基地。（註五）

一九三九年二月，日軍攻占海南島以後，香港完全陷於孤立；加以一九四〇年六月，在歐洲戰線，英軍大敗於德軍，法國向德國投降之後，英國根本無力東顧，因此香港之將淪於日軍手裡，便成為時間的問題。

本文之目的，擬敘述日軍攻占九龍和香港之經過及其種種，以供國人參考。

二

日軍之認真考慮和研究對香港的作戰，係於隨中日戰爭全面化和長期化，以為必須截斷援助國民政府管道的一九三九年。日軍雖然曾經封鎖大陸海面，但以香港為轉運港口以援助國民政府的貿易額卻日益增加，日軍認為這是國民政府不屈服的最大原因之一，所以決定對香港「開刀」。

一九四一年十一月六日，日皇正式下達準備香港作戰的命令，命令隸屬第二十三軍（司令官為酒井隆中將）的第三十八師團（師團長佐野忠義中將）擔任此項作戰。（註六）

日軍於是積極著手準備，包括製作和印刷兵要地誌、判斷敵人陣地和裝備，展開諜報戰以及兵員的訓練和所需武器、資材等的搬運。日軍，包括步兵、砲兵、工兵、通信兵、航空隊（日軍分成陸海軍、陸海軍各有航空隊），加上海軍第二遣支艦隊（司令長官為新見政一中將），一共為五萬五千人以上。（註七）

反此，日軍判斷，英軍有英國兵、印度兵和中國兵，包括兵種：步兵、砲兵、工兵、通信兵、戰車兵和若干海軍和空軍，大約為七千至九千人。（註八）但實際上有有一萬二千人左右，總司令為馬爾多比陸軍少將。（註九）

由於日軍大量而不斷地在寶安海面搬運軍需資材，故遂有日軍即將展開香港作戰的傳聞，因此，在深圳負責囤積作戰資材的北島（驥子雄）支隊長便瞞騙寶安縣長劉煖等人說十月十三日，這是為了昆明作戰的準備：並儘量利用深夜作業。（註一〇）

迨至十一月下旬，因所搬運彈藥數量太多，而又傳出近日將有香港作戰的風聲，所以北島支隊長便於十二月二日，與指揮下的部隊長商量，採取了各種各樣的欺騙措施，包括令日本人所經營的餐店、慰安所（所謂軍中樂園）等照常營業到開戰前一天晚上：邀請英軍參謀，十二月十五日來參觀日本警備隊的田徑賽：十二月七日，更令深圳安所的慰安婦十幾人盛裝，登上英方所注目的金牌嶺高地，在英軍國境警備隊面前，假裝慰問團的觀光等等。（註一一）這個偽裝工作是成功的。

但這時日方卻發生了一件意想不到的事件。即十二月一日，攜帶對第二十三軍之開戰命令文件的支那派遣軍總司令附杉阪共之少佐所搭乘的中華航空公司上海—廣州班機（上海號），在國民政府軍第七戰區直轄游擊獨立第九旅地區附近掉了下來。

十二月二日，第二十三軍特情班竊聽給獨立第九旅的無線電，得知「上海號」墮落地點；四日，日軍機發現該機，第二十三軍遂命令炸燬「上海號」，以免開戰命令落到國民政府手裡。杉阪與久野虎平曹長（上士）同道，只受輕傷，欲將極機密文件交給其他日軍，惟因無法突破中國軍防線，遂將文件撕毀，埋於竹林。五日拂曉，被中國崗哨盤問，兩人分手，杉阪被殺，久野獲日軍救助。（註一二）這一事件的發生，使日軍當局驚慌失措。

十二月八日上午三時五十一分，第二十三軍參謀部接到參謀總長軍機電報，日軍遂展開香港作戰，上午七時二十分，日機起飛，轟炸啟德機場地上的英軍十四架飛機，全部被炸燬，英軍由之完全失去香港的制空權。（註一三）二十三軍之實行攻擊香港，規定在日本南方軍登陸馬來半島之後。上午九時，日軍確保了深圳鐵路鐵橋，日軍部隊陸續渡過深圳河，該日黃昏，日軍已迫近英軍的第二道防線「醉翁線」。

十二月九日深夜，日軍占領了「醉翁線」西端城門水庫附近的「二五五高地」（日名），英國號稱可維持六個月的「醉翁線」，因此被突破其一角。英軍由之退居九龍要塞。但以在九龍要塞作戰不利的英軍，遂撤退到香港島。因此，十二月十二日上午九時，日軍幾乎未受到任何抵抗，進入九龍市內，下午二時，占領青衣島，香港之大陸部分的新界和九龍，終於完全落在日軍手裡。（註一四）此時，日本憲兵隊曾經逮捕了國民政府的要人顏惠慶等多人。（註一五）

三

輕而易舉地占領了九龍的日軍，於十二月十五日，第二十三軍司令官酒井隆對第三十八師團下達了攻擊香港島的命令。其登陸地點定為「北角東南方突出部」。（註一六）

在這以前的十二月十日起，第二十三軍的航空隊，一方面轟炸香港島的英軍軍事設施，一方面散發傳單，對香港居民大事宣傳，迨至占領九龍以後，十三日便派出軍使，以勸告英軍投降。

日軍曾經前後兩次，派遣軍使規勸英軍投降，但皆為英方所拒絕。因此日軍砲兵便於十二月十七日上午，對維多利亞街道全面砲轟，第二十三軍的重、輕轟炸機，也全力轟炸香港總督官邸一帶，龐大的維多利亞街道，由之頓時成為火海和煙海。（註一七）

英軍撤退九龍時，曾全面破壞主要馬路、橋梁等交通幹線，所以日本工兵日夜趕工修復。由於交通條件極端欠佳，師團的重車輛，每小時平均只能開〇・七公里，九公里的路途，竟開了十三個半小時。（註一八）

十二月十七日下午八時正，第二十三軍對三十八師團正式下達不管天氣如何，十八日要登陸香港島的命令。於是第三十八師團於十八日下午九時，分成左右兩翼部隊，離開九龍此岸，在北島砲兵隊的砲擊掩護，和在香港島南方海面大約三十海浬處，三艘日本海軍艦艇的佯動下，於九時五十九分滿潮時刻前後，第三十八師團部隊奇擊登陸香港島成功。（註一九）

第三十八師團主要地分成右翼隊（隊長為步兵團長伊東武夫少將）和左翼隊（隊長是田中良三郎大佐）進攻，十八日深夜，日軍控制了香港島東北部柏架山的丘陵地帶；十九日早晨，日軍南下，經由大灣，攻擊英國海軍基地赤柱半島。

從十二月十九日至二十三日，在五叉路和淺水灣（春坎灣）飯店（香港大飯店別館）有過激烈的戰鬥。就後者的戰鬥，日方說俘虜了四十五人的英國士兵；但英方的記載卻說，將近六百人的英國兵和老百姓被屠殺。因此，在戰後的香港法庭（BC級戰犯審判），田中良三郎大佐以虐待俘虜和屠殺醫療隊員，而被判處二十年有期徒刑。（第二四號事件，一九四七年五月二十二日判決）。（註二〇）

經過六天的戰鬥，於十二月二十五日下午三時，英軍司令官馬爾多比少將會見楊總督，以(1)巴里珠山已失陷；(2)倉庫山狹和北海岸陣地逐漸瓦解；(3)機動火砲只剩下八門，而且砲彈亦所剩無幾，因而建議向日軍投降。（註二一）

二十五日下午七時，英駐港楊總督和馬爾多比少將，由多田（督知）中佐陪同，到達九龍尖端之半島大飯店三樓的第二十三軍戰鬥司令室，在蠟燭光下，向酒井軍司令官表明要無條件投

降。（註二二）

第二十三軍於下午七時三十分，下令即時停戰（波集作命甲第二一八號），故第三十八師團乃於下午八時下達立刻停戰的命令。下午九時四十五分，日本大本營發表：日本完全占領了香港。（註二三）香港人，自此開始過其三年八個月的苦難日子。

完成作戰任務的第三十八師團，於十二月三十日奉命準備參加南方離島作戰，分別於一月十二日、十八日和三十日，離開香港，前往印尼。（註二四）

四

一九四一年十二月二十九日下午，日軍在九龍半島南端尖沙咀的半島大飯店，成立了香港軍政府，其目的在於「軍事基地化香港及使其成為覆滅重慶政權的政治謀略基地」（波集作命甲第二二五號，十二月二十八日上午十時下令）。香港軍政府以第二十三軍為母體，在酒井軍司令官之下設總務、民政、經濟、司法、海事五部，總務、民政部長由軍特務機關長矢崎勘十少將出任；海事部長由本田勝熊海軍中佐擔任；軍經理、法務部長分別就任經濟部長和司法部長。（註二五）

隨太平洋戰爭日本在南方擴大占領地，英國統治下的香港和馬來半島，無論在軍事上、政治上、和經濟上日趨重要，為鞏固香港軍政，日本乃決定設立直屬於大本營的占領地香港總督部。

一九四二年一月十九日，日本大本營任命預備役磯谷廉介中將為占領地香港總督，參謀本部第二十班長（戰爭指導班）有末次大佐為參謀長。香港總督部是一個統帥機關，與普通的軍司令部沒有什麼兩樣，其業務與支那派遣軍在華南的作戰、兵站、收集情報等具有極密切的關係，在指揮系統上，香港總督受支那派遣軍總司令官之指揮。（註二六）

除總督、參謀長外，香港總督部的主要人員如下：參謀多田督知中佐、參謀（兵站）釘宮真石中佐（兼第二十三軍參謀）、副官中尾金彌少佐、總務長官泊武雄、民事部長市來吉至、財務部長中西有三、交通部長高松順茂、香港防衛隊長足立重郎少將、獨立步兵第六十七大隊長永峰真猛中佐、獨立步兵第六十八大隊長渡邊美邦中佐、獨立步兵第六十九大隊長陶村政一中佐、香港砲兵隊長川口久勝中佐、香港俘虜收容所所長德永德大佐。（註二七）

五

在日本統治三年八個月的香港，曾經發生過不少不幸事件。其中最慘痛的是，在赤柱聖・斯特芬初中的野戰醫院，七個護士小姐被日兵輪姦，爾後被殺傷。在這次大屠殺中，有一百七十人被殺死。他們有的被挖出眼球，切斷手足，割掉耳朵、舌頭或鼻子。有大約七十名傷兵在病床

上，以刺刀被刺死，屍體大多被切斷。從醫院外邊的草叢，發現三具護士屍體，其中一個人的頭被砍掉。（註二八）

關於日軍在香港所作所為的著作，謝永光有簡單的介紹。他首先介紹的是英國人恩達科特的「香港占領史」（Hong Kong Eclipse，又題名「黯淡無光的香港」）。它敘述二次大戰時日軍進攻香港的經過，和在日本統治下香港人的窮苦生活。他不但使用香港政府當局的檔案，還訪談過五十九位當事人，與六十七位當事者通信，六個人對其問卷調查，自動提出資訊，是一本很有價值的專書。（註二九）

其次是薩空了（一九〇七—一九八八）的「香港淪陷日記」，這是作者自一九四一年十二月八日至一九四二年十月二十五日的日記，它詳細描寫在此期間香港文化人的生活、逃難情形、社會情況、大眾傳播媒體的活動、物價和民生，為香港被日軍占領頭一個月提供最珍貴的參考資料。初版於一九四六年發行於香港，一九八五年再版於北京。（註三〇）

第三本是李樹芬（一八八七—一九六六）的回憶錄「香港外科醫生」。李樹芬是香港的名醫，在跑馬地與其他中國醫生開設養和醫院，被推為院長。一九一一年至一二年，李樹芬曾任中華民國臨時總統府醫事顧問兼衛生部長。日軍占領香港後，為收攬民心，曾任命許多「華民代表」，李樹芬亦被列名。但李氏深明民族大義，隻身逃往後方，投入祖國抗戰行列。戰後回香港，把日本統治下的自己經驗撰成「香港外科醫生」一書。此書描刻當時香港的戰況，日軍占領

下悲慘的情形，和日軍的暴行，是今日最難得的史料之一。（註三一）

第四本書是唐海的「香港淪陷記」。它斷斷續續連載於戰時桂林的刊物，全文曾刊登於香港的雜誌。它敘述淪陷後香港社會的種種，可以補充前述之兩部著作。

此外，謝永光還列舉了以下各書和各文：陳濟棠「香港脫險記」，茅盾「脫險雜記」（有日譯本），文強「香港淪陷前後港穗見聞雜記」，周尚「第二次世界大戰香港陷落前後」（以上是專書）；范基平的「香港之戰回憶錄」和顏惠慶的「香港羈旅」（「顏惠慶自傳」第十七章，臺北傳記文學出版），這些多是敘述日軍進攻香港前後的見聞。（註三二）

以上，我根據日文資料寫了日軍攻占香港的大致經過，和日軍占領香港以後的概況。其中，以由日本防衛廳防衛研修所戰史室著，朝雲新聞社發行的「香港・長沙作戰」一書最為詳細。此書香港作戰部分，占有三百三十五頁的篇幅，書中有不少有關圖片和作戰地圖。不過，日本人寫的戰史，有的地方不是很可靠，這是要特別說明的一點。

註釋

註一：防衛廳防衛研修所戰史室著「香港・長沙作戰」（一九七一年，東京朝雲新聞社），三一〇頁。國防部史政編譯局有中文譯本。

不過，日本首次正式討論對英作戰，乃開始於一九三六年六月三日，修訂「帝國國防方針」和「用兵綱領」的時候。（《香港．長沙戰》），一〇至一一頁。

註　二：栗原健「天皇─昭和史覺書」（一九八五年六月十日，東京原書房），六三至六四頁。

註　三：關於中日戰爭，作者曾撰寫「近衛文麿與中日戰爭」一文（慶祝抗戰勝利五十周年兩岸學術研討會論文）；並翻譯藤原彰著《解讀中日全面戰爭》和江口圭一著《中日十五年戰爭小史》二書，此二書由水牛出版社和幼獅公司分別出版。

註　四：前引《香港．長沙作戰》，六至七頁。

註　五：香港的貿易金額，一九三六年為五億二千五百零七萬八千港幣；一九三七年增至十億八百四十四萬港幣；一九三八年為十一億三千一十萬港幣；一九三九年為十一億二千七百六十萬港幣。由此可見，因中日戰爭，香港對大陸在經濟上的重要性。（《香港・長沙作戰》，四頁）。

註　六：前引《香港．長沙作戰》，三九至四二頁。

註　七：前引《香港．長沙作戰》，五六至七五頁。

註　八：前引《香港．長沙作戰》，七九至八〇頁。

關禮雄著，林道生譯「日本占領下の香港」（一九九五年一月十五日，東京御茶の水書房），三三頁。

註　九：前引《香港．長沙作戰》，八七頁。

註一〇：前引《香港．長沙作戰》，九六至九七頁。

註一一：前引《香港・長沙作戰》，一〇一至一〇二頁。

註一二：前引《香港・長沙作戰》，一〇三至一〇六頁。

註一三：前引《香港・長沙作戰》，一一七至一一九頁。

註一四：高木健一等人編著，「香港軍票上戰後補償」中，和仁廉夫作《三年八個月を知っていますか?》（一九九三年七月三十一日，東京明石書店），三四至三五頁。

註一五：前引《香港・長沙作戰》，一八八頁。

註一六：前引《香港・長沙作戰》，一八三頁。

註一七：前引《香港・長沙作戰》，一九〇頁。

註一八：前引《香港・長沙作戰》，一九二頁。

註一九：前引《香港・長沙作戰》，二二三至二二八頁。

註二〇：前引，和仁廉夫《三年八個月を知っていますか?》，三六至三八頁。

註二一：前引《香港・長沙作戰》，三〇八頁。

註二二：前引《香港・長沙作戰》，三〇九頁。

註二三：前引《香港・長沙作戰》，三〇九頁。

註二四：前引《香港・長沙作戰》，三二一頁。

註二五：前引《香港・長沙作戰》，三二六至三二七頁。

註二六：前引《香港・長沙作戰》，三二九至三三〇頁。
註二七：前引《香港・長沙作戰》，三三一至三三二頁。
註二八：謝永光著、森幹夫譯《日本軍は香港で何をしたか？》（一九九一年，東京社會評論社），一三至一四頁。
註二九：謝永光著、森幹夫譯《日本軍は香港で何をしたか？》（一九九一年，東京社會評論社），一五至一六頁。
註三〇：謝永光著、森幹夫譯《日本軍は香港で何をしたか？》（一九九一年，東京社會評論社），一六至一七頁。
註三一：謝永光著、森幹夫譯《日本軍は香港で何をしたか？》（一九九一年，東京社會評論社），一七至一八頁。
註三二：謝永光著、森幹夫譯《日本軍は香港で何をしたか？》（一九九一年，東京社會評論社），一八頁。

第十章　張學良對昭和史之證言

前　言

如其書名所示，這是張學良對昭和史的一個看法的專書。NHK（日本放送協會的簡報，放送是廣播的意思）的採訪組，在日本大眾傳播界是有崇高地位的，而另外一位著作者臼井勝美是近代、現代中日關係的著名學人，曾任筑波大學教授，現任櫻美林大學教授，我曾經翻譯過他的三部名作。（註一）此書的副題，亦即在NHK播出的標題是「張學良談到中日戰爭之路」。NHK這個訪問在電視播出時，最少有三千萬人以上收看，包括海外的日本人和外國人。又，這個訪問，華視曾經在臺北播出。後來這個訪問整理成書，於一九九一年八月一日，由東京角川書店出單行本，全書一共有二百八十八頁，書中有六十二張照片、四張地圖、簡單的有關年表以及參考書目。其封面、封底用張學良的同一張年輕時候軍裝小照。

此書分成五章，後面有臼井勝美對於張學良的「解說」，和松崎昭一所撰〈日本的大陸政策〉一文。以下，我擬依其章節的順序，介紹和評論其內容，以供國人研究的參考。

張學良的登場

在日本，甚至於全世界，對於張學良最感興趣的莫過於西安事變。尤其是日本人對於這個事件特別關心和表示非常的興趣。不過對這個事件的興趣，中國人當然不亞於日本人和其他外國人，因為它的真相極其複雜，富有神秘性，對日後的中日關係和中國內政的影響實在太大了。由於這種原因，多年來，多少日本人，包括媒體和學者，一直想訪問張學良，俾揭開其真「面目」，而此次NHK的訪問，可以說是一種突破，是「世紀的創舉」。

本書，首先說明他們如何成功的採訪張學良的經過。一九八八年十一月，為試探採訪張學良的可能性，他們前來臺北，尋找「搭橋」的人物。他們找到了歷史小說家高陽，(註二)並與高陽在前中央社東京分社主任李嘉住宅會面。但高陽表示，要採訪張學良，恐怕不可能，因為臺灣的政治情勢還沒有到允許張學良公開發表意見的階段。不過，答應將繼續互相交換有關資訊和提供資料。(頁一二一一一三)

爾後，他們看到一九九〇年五月十七日的「中國時報」報導說，六月一日，將在臺北圓山飯店舉行張學良九十歲的祝壽宴會。於是ＮＨＫ採訪組一行遂飛往臺北。

隨著臺灣的解嚴，蔣經國總統的逝世，李登輝副總統之繼任總統，民主化的加速，張學良之「恢復名譽」，ＮＨＫ之訪問張學良的時機逐漸成熟。而在這過程中，扮演關鍵性角色的便是張學良的親友王新衡的長公子王一方。

一九九〇年六月十五日，ＮＨＫ在臺灣的協助者朱慧姬（王一方的高爾夫球友）聯絡說：張學良願意接受訪問。張學良的理由是：「我很想對二十一世紀的日本年輕人說話，而答應ＮＨＫ的訪問。」時間是六月十七日，地點在王一方公館。訪問者為當時ＮＨＫ的特別主幹磯村尚德（註三）和前述的臼井勝美。（頁一六—一七）這是第一次訪問。第二次訪問舉行於該年八月三日下午，在臺北某大飯店。張學良從他父親張作霖談起，而談到他的青年時代。

張學良因為十一歲時母親去世，所以特別喜歡他的父親，和尊敬其父親。因為他父親擁有非凡的才華，而且是位心胸非常寬大的人物。張學良舉出乃父曾經寬恕過欲謀刺他的人的例子。（頁二一）

張學良說他是個淘氣的少年，喜歡打網球和乒乓球，好玩，因而被取綽號為「花花公子」。他曾經想到美國去學醫，但其父親要他當軍人，以繼承「父業」。

不得已，張學良於十九歲時遂成為東三省講武學堂的第一期學生，從而走上不是救人的醫生而是殺人的職業軍人的道路。在講武學堂，他邂逅戰術教官郭松齡，並在思想上很受其影響。而郭松齡的叛變，更大大地改變了張學良的命運。

張學良所最信賴的副命令郭松齡於一九二五年十一月二十三日起來叛變。郭部勢如破竹，張作霖的天下有如風前之燭，奄奄一息。如果沒有日本關東軍的相助，張作霖恐怕早已「嗚呼哀哉」了。即當時的關東軍司令官白川義則以奉軍與郭軍的軍事衝突可能破壞南滿鐵路為藉口，而對雙方提出警告，並禁止在南滿鐵路的三十公里以內從事戰鬥。如此這般，關東軍間接幫助了張作霖和挽救了張作霖的旦夕命運。（註四）一九二五年十二月二十三日，吳俊陞部攻取郭松齡的司令部，二十四日，郭被捕。此時，張學良還想給他父親拍假電報，說郭松齡已逃往海外，以救郭之一命呢！但郭松齡夫妻被押到張作霖那裡，並處死刑。（頁二九－三三）

一九二一年，張學良奉父親之命訪問日本，以參觀日軍演習，俾來日對東北的經營有所幫助。這是張學良首次也是唯一的一次訪日。張學良表示，他很想去看看戰後日本的情形。如果他去訪問日本，必定轟動全世界。經過這次的訪日，他深感奉軍現代化的重要，因為唯有這樣作才能抗日。（頁三七－四〇）

張學良說，他曾經見過在病床上的孫中山先生。孫先生對他說：「你們東北位於紅白兩個帝國主義之間。因此你們東北年輕人的責任特別重大。」孫先生這番話非常感動張學良，並使他對國民政府抱有很大的期望。日後，張學良不顧日本的堅決反對，毅然決然宣布東北服從國民政府的領導，促成中國的統一，孫先生的這句話，當是很重要因素之一。

孫先生去世後，蔣中正先生領導北伐。（註五）張作霖準備與北伐軍一戰，此時張學良對其父親表示他反對內戰。但張作霖還是想迎擊北伐軍。不過日本估計張作霖敵不過北伐軍，深怕北伐軍順戰勝張軍之勢，追擊張軍到東北，進而影響日本在東北的一切權益，因此要張作霖「乖乖地」離開北京，回到東北。

一九二八年六月四日凌晨，不情願回東北的張作霖回到瀋陽郊外時，被關東軍炸死。（註六）這一舉竟使日本與張學良結下世仇，而成為張學良徹底反日，並於一九二九年十二月二十九日，東北改懸青天白日國旗的最重要原因。欲阻止北伐軍進入東北以分離東北與國民政府的日本，結果反而促成了中國的統一，不能不說是歷史的諷刺。

對於關東軍炸死張作霖的事實，日本政府一直欺騙世人，甚至於矇騙昭和天皇，使昭和很火，因而要首相田中義一提出辭職。（註七）

為阻止張學良服從國民政府，以保全其在東北的權益，日本政府特派張作霖的老朋友，老練外交官林權助（註八）為特使，參加張作霖的出殯。林權助對張學良軟硬兼施，希望張學良不要與國民政府合作。對於林權助，張學良說：「我是中國人。」（頁五三—五六）明大義，識大體的張學良，戰勝了日本帝國主義的壓迫和林權助的人情。

此章最後部分，對於各方面調查、求證張作霖被炸死真相說的很詳細。惟因比較瑣碎，故此處從略。有興趣者，請參閱拙譯：《張作霖與日本》（水牛出版社）一書和將由聯經出版社出版張學良此書的拙譯本這個部分。

張作霖被炸死那一天恰好是張學良的生日。由於不能慶祝父親的忌辰，因此張學良將他的生日改為六月一日。繼承其父親遺志的張學良，遂於七月一日就任東三省的保安總司令，成為奉天軍閥的實際領袖，而與野心勃勃的日本關東軍周旋。

年輕的領導者張學良

對於實際掌握東北大權的張學良，他的日本軍事顧問土肥原賢二，（註九）曾經要張學良當東北（滿洲）的皇帝。由於張學良很討厭他，即使土肥原來見，張學良也不接見他，所以以後張學良沒有再見過土肥原。（頁七九—八一）張學良認為，土肥原要他當皇帝，無異是要他「背叛國家」，「背叛中國」。這是具有民族意識的張學良所不取的。

此時，有一部分日本人欲支持張作霖手下的第一個大將楊宇霆來統治東北。由此楊宇霆遂成為張學良的眼中釘，而為張學良所暗殺。（註一〇）

談到與東北的新領導人張學良接觸的日本人士時，我們不能不提到床次竹二郎（註一一）這個人。他因為接受張學良五十萬元的捐款而發生很大的風波。

所謂五十萬元事件，是於一九二八年十二月，床次與張學良會面時，接受張學良五十萬元捐款的事件。NHK的採訪者問到這個問題時，張學良還反問床次是否還在人間，會不會傷害到他。

當時，床次對張學良表示：如果他能當選政友會總裁，從而出任首相，他願意解決中日間的懸案和問題。張學良說他有意促成此事，並問床次競選總裁要化多少錢。床次答說「需要兩千萬元」。張學良說他願意送床次兩千萬元。床次說：「不必送我。借給我就可以。將來我有能力還時，我會奉還。」臨走時，張學良送床次五十萬元。床次寫了一張借條給張學良，張把它擺在金庫裡。爆發九一八事變以後，關東軍從張學良的金庫找到這張收據，後來這張借據落到反對黨手裡，而在國會成為攻擊床次為「賣國」的證據。當時，床次的中國政策是承認國民政府，同時欲以滿洲為獨立國家，擬依靠張學良來維護日本的權益。（頁八八—九〇）（註一二）

由於張作霖從北京撤退，因此北伐軍便於一九二八年六月八日毫不費力氣地進入北京。從此，國民政府更加緊說服張學良的工作，希望他早日「易幟」，以完成中國的統一。

張學良說，他三天就完成了「易幟」的一切準備工作。他命令製衣工廠縫製青天白日國旗。當時其部下都很害怕。但他所決定的事，絕不許不如期完成。可是，日本的情報人員對於張學良的「易幟」準備工作毫無所悉。因此張學良譏諷日本的情報工作太差，其情報工作的經費，簡直是丟進垃圾堆裡。（頁九二—九三）

對於服從國民政府，是不是因為父親被（日本人）殺死所造成的訊問，張學良斷然說：「即使我父親沒有被日軍殺死，我相信我還是會這樣做。因為我一直主張中國國家的統一。……不是父親的死動了我的心，而是這個事件使我更專心於抗日運動罷了。」

楊宇霆雖然時或反對張學良的態度，但使他倆勢不兩立的是張決定「易幟」。奉軍本是親日的軍閥集團，而楊宇霆是親日派的頭子，故絕對反對「易幟」。張學良的秘書孫銘九回憶說：「當天晚上，將楊宇霆和常蔭槐請到張帥府青大樓叫做老虎廳的會議室，把其幹掉。爾後將其死屍用地毯包起來，交給其家族。」（頁九五）楊宇霆死得真慘。對這件事，張學良不喜歡去碰。張學良只說，因為楊、常意圖叛變，故先下手將其幹掉。

「易幟」表明了張學良與日本人分手的決心，而為著要與日本人打拚，張學良埋頭於東北的建設和東北軍的現代化。他說，連那麼親日的其父親都給日本人暗殺掉了，如果他再與日本人合作，不是更值得日本人暗殺嗎？所以他不能與日本人合作。如果與日本人合作，他將成為賣國奴。

張學良擴大了瀋陽的兵工廠，以建立對東北軍供給武器的體制，同時積極引進坦克車、飛機等現代武器。他更邀請法國教官，以充實空軍，而將東北軍建設成為一支現代化的軍隊。

另一方面，張學良在瀋陽創辦了東北大學，並在各地創設中學，以培養人才。張學良說他創辦東北大學等學校，其費用完全由他個人負擔，沒有使用過公家一分錢。因為他父親留下許多的財產和金錢。張學良一心一意想把東北和整個中國搞好。（頁九七—九八）

張學良成立了東北交通委員會，以致力於鐵路的建設。由於完成連結敦化、吉林、海龍的東方幹線，和克山、齊齊哈爾、昂昂溪、洮南、通遼、打虎山的西方幹線，而受到日方對他屢次提出違反「滿洲並行線禁止規定」的抗議。（頁九八—九九）

與建設此一大幹線的同時，張學良於一九三〇年七月，在葫蘆島，以德國資本開始建設規模龐大的港口。這個建設如果完成，因為上述的兩大幹線，葫蘆島將與吉林省與黑龍江連接起來，東北的產物將能夠直接銷售到海外去，對南滿鐵路的經營，威脅極大。日本人之極力反對張學良建設二大幹線和葫蘆島港，理由在此。

張學良一方面努力於建設東北，另方面加深了與國民政府的關係。一九三〇年春天，閻錫山、馮玉祥和李宗仁聯合起來要求蔣中正辭職，開始反蔣軍事行動。這就是所謂中原大戰。張學良應蔣氏之請求，於一九三〇年九月十八日，表示「防止內亂，維護和平是當今的第一要務」，並對閻、馮提出警告說：「應靜待中央的處置」，更將十萬東北軍開往華北。張學良的這個「武裝調停」奏效，蔣氏於是立於不敗之地。（頁一〇一）

由於中原大戰的功勞，張學良於該年十月九日，被任命為國民政府的陸海空軍副總司令。時張只有二十九歲。但隨與國民政府高官的來往日多，張學良對國民政府始失望，其腐敗情形遠超過他的想像。張學良給當時國民政府的評語是「爭權奪利」。（頁一〇一—一〇三）

前面我們說過，因為東北二大幹線的完成，滿鐵的營業業績遂每況愈下。從一九三〇年開始，滿鐵的經營日趨惡化，旅客收入，從前一年的一千七百五十四萬日圓降到一千一百四十六萬日圓；貨車收入自一億一千零八萬日圓降至七千七百九十三萬日圓，鐵路的營業盈餘，從七千五百萬日圓減少到五千八百萬日圓。不過，這種減少，與世界的經濟大恐慌也有很大的關係。（頁一〇五—一〇六）

田中義一內閣垮臺之後，由幣原喜重郎（註一三）出任外相，負責日本外交。（註一四）幣原以協調外交馳名，並起用對中國理解比較深的佐分利貞男（註一五）接任駐華公使。

可是報紙卻報導說佐分利於一九二九年十一月二十九日凌晨，在箱根富士屋大飯店一九七號房「以手槍自殺」。惟因佐分利是左撇子，卻說是「以右手舉槍自殺」。因而引起世人的疑惑。而根據名推理作家松本清張（註一六）的推論，「他殺比自殺的可能性大」（頁一〇六—一〇九）。但至今，佐分利的死，仍然是一個謎。張學良也認為，佐分利是被暗殺的。

日本人之欺侮中國人已經到了極點。但中國的民族主義思想怒潮澎湃，一致主張要收回旅順、大連和南滿鐵路。至此中日之衝突，幾不可避免。張學良最氣憤的是，日本人對他說：「（旅大）是我們用武力取得的，你們如果要我們把它還給你們，你們最好以武力來拿回去。」這不是豈有此理嗎？

加以一九三一年七月，居住長春近郊的朝鮮人與當地的中國人，因為田地灌溉水壩的問題發生衝突，在朝鮮更因此而爆發排斥中國人的暴動，即所謂萬寶山事件，由之中日關係更加惡化。

一九三一年六月二十七日，發生日本參謀本部的大尉中村震太郎隱瞞其軍人身分，以普通日本人姿態插足禁止日本人旅行的興安嶺搜集情報被發覺和被槍殺事件（但公開的是八月）。在這半年前，關東軍作戰主任參謀石原莞爾（註一七）完成了擬以武力占領滿蒙，並將其劃入日本領土的計畫。（頁一一二—一一三）

石原的構想是，如果能占領滿蒙，以滿蒙的農產物可以解決日本的糧食問題，也能夠奠定重工業的基礎。同時能救濟日趨增加的日本失業者，以因應日本的不景氣。日本對滿蒙的軍事行動，在美國尚未加強其海軍力量，蘇聯革命的混亂還沒恢復之前，亦即最遲應在一九三六年以前發動。（頁一一三）

如此這般，中日兩國的干戈相見，成為只是時間的問題。

九一八事變的爆發

NHK訪問張學良時，有一次張學良突然提到俄日戰爭當時的司令官乃木希典將軍，（註一八）他尊重乃木的人格。張學良認為在乃木將軍的時代，日本還有武士道精神，但以後日本武士道逐漸消失，這表現於日軍之隨意蹂躪東北。

一九三一年九月十八日下午十時二十分左右，關東軍自己炸燬柳條湖（註一九）的南滿鐵路，但卻藉口中國便衣所幹，而進攻北大營，僅僅五個月，關東軍幾乎占領了整個東北。

當時，張學良萬萬沒有想到關東軍會真幹。他以為日軍在挑逗中國人，因此他命令東北軍不要抵抗。如果抵抗將上他們的當，張學良的判斷是這樣做對日本沒有好處，只是會為中國人帶來災難，和受到國際上的責備而已。如果知道日軍要戰爭，張學良會跟他們拚命的。（頁一二三—一二四）時至今日，張學良承認他這種判斷是錯誤的。

關東軍司令官本庄繁（註二〇）曾任張作霖的軍事顧問，一九二一年，他曾經陪同張學良訪問過日本，所以張學良知道本庄是個很誠實而認真的人，故很尊敬本庄。因本庄事先不知道會爆發九一八事變，所以爆發事變之後，本庄曾經透過顧維鈞想與張學良會面。事實上，本庄於事變的一個月前才上任，張學良派其姓劉的部下與本庄見面，劉回來後對張學良報告說，本庄面告劉：他確實不知道會發生九一八事變。如果知道，本庄一定予以阻止。張學良相信本庄說的是真心話。（頁一二九—一三〇）戰後，石原在遠東國際軍事法庭作證說：「本庄司令官閉上眼睛沉思默考大約五分鐘，睜開眼睛充分判斷一般情勢之後，斷然下達命令道：『好。以本官之責任來從事』。」（頁一三二—一三三）換句話說，本庄是由高級參謀板垣征四郎大佐（註二一）和石原等幕僚先造成既成事實，然後迫其「上梁山」的。

根據當時關東軍的大尉參謀片倉衷（註二二）的說法，本庄曾經打電報給張學良，希望他回東北來收拾局面，但張學良沒有理本庄。因此本庄便把張學良的財產（家俱等等）以特別列車送到北平的張學良處，但張學良卻對本庄的使者說：「這些東西我不能接受。本庄先生雖然跟我是好朋友，但現在我們是敵人。他這樣做，等於我受到了侮辱。」同時又說：「把這些東西運回去，並把它放回我家的原來位置。否則我將把這些東西燒掉。但如果就把它燒掉，將變成我侮辱了本庄先生，所以還是請把它運回去。」由此可見，張學良為人的一斑。不過據片倉衷說，這些東西並沒有運回來，而不知其去向。（頁一三五—一三六）

日本戰敗那一年，亦即一九四五年十一月二十日，本庄繁割腹自殺。張學良說：「我很想念本庄先生。如果我有機會再到日本，我一定要去為本庄先生掃墓。」談到本庄先生，我就會很傷心。」（頁一三六—一三九）

一九三一年十一月八日，奉天特務機關長土肥原賢二雇用中國人在天津製造事端，乘機把清廷末代皇帝溥儀帶出來，十一月十日，化裝搭乘日輪，在營口登陸，棲身於旅順的大和飯店。（頁一四〇）（註二三）

日本人誘出溥儀，目的是想建立傀儡政權。一九三二年二月十六日，奉天省長臧式毅、吉林省長熙洽、（註二四）黑龍江省長張景惠，加上馬占山（後來歸正）在奉天召開所謂「新國家會議」。決定先成立「東北行政委員會」，二月十八日，宣布「獨立」。三月一日，張景惠正式宣布「滿洲國」降世，溥儀就任偽滿的「執政」。

在天津時代，張學良與溥儀有來往。張學良說，他曾忠告溥儀趕走那些其身邊專事奉承的傢伙，因為這些傢伙只想利用溥儀得到好處而已。張學良還勸溥儀好好用功和認真作一個誠實的老百姓，若是如此，將來或許有被選上中國總統的一天。溥儀如果不能趕走這些傢伙，他將被其利用，被砍死而後已。（頁一四二）

中華民國政府將日本侵略東北這宗案件，提訴於國際聯盟。於是國聯於一九三二年三月派遣李頓調查團前往中國調查真相。但當時對於李頓調查團，張學良認為不能存有任何幻想。並說九一八事變是二次大戰的導火線。張學良的這種看法是正確的。

一九三二年十月二日，李頓調查團發表了其調查報告書。它說關東軍在柳條湖的軍事行動「不能算是合法的自衛措施」，對於「滿洲國」，它斷定：「現在的政權不能說是純粹而自動自發的獨立運動所造成的。」

在同年十一月二十一日的國聯理事會，日本代表松岡洋右（註二五）不遺餘力地抨擊李頓報告書，並為此項報告書的處理方式，與中國代表顧維鈞展開激烈的辯論。（頁一四二－一四三）

一九三三年二月十四日，由包括中日兩國以外理事國組成的十九人委員會，全體一致通過李頓報告書和不承認「滿洲國」案。二月二十四日，國聯大會通過十九人委員會的決議之後，松岡以「日本不能接受此項決議」，而率領其代表團即時退出會場，日本並於三月二十七日正式退出國際聯盟。

由於命令東北軍不要抵抗關東軍進攻，張學良被綽號為「不抵抗將軍」。更由於關東軍於一九三二年一月占領了錦州，為著抗日的方法，張學良與汪精衛的對立日益嚴重，終於迫使張學良於一九三三年三月九日下野。

汪精衛帶著蔣委員長的信函去見張學良。汪對張說張應該與日軍作戰。張問汪：政府對日戰爭有何準備？有沒有勝算？汪答說：「沒有」。但說張如果對日作戰，政府對外便有口實。因此張對汪說：「你的意思是希望以我部下的生命來換取你的政治生命，我絕不能這樣做。」至此，張汪的衝突，到了極點。（頁一四五—一四六）

日軍把東北拿到手裡還不知足，且於一九三三年二月二十三日開始進攻東北隔壁的熱河省。日軍以熱省為鴉片的產地而垂涎已久。關東軍進攻熱河時，該省省長湯玉麟竟以兩百部汽車裝載私產逃亡。三月四日，省都承德被日軍占領。（頁一四七—一四九）湯玉麟後來被國民政府槍斃。

由於張學良的不抵抗，他便成為眾矢之的，四面楚歌。丟了熱河省之後，蔣先生與宋子文去看張學良。此時蔣先生對他分析情勢說：「中國因為失去熱河，成為有如漂流於怒濤之大海的船。三個人在船上會沉下去。一定要有一個人下海。」於是張學良說：「既然必須有一個人下海，那就是我。」因此張學良遂提出辭去陸海空軍副總司令之職務。（頁一五〇）這時，蔣先生勸張學良出國旅行。

一九三三年四月十一日，張學良與其家族到歐洲去旅行。張學良逗留最長的是義大利。在義大利，他與墨索里尼的女婿，曾任駐華公使的齊亞諾一起住。因此也與墨索里尼見過幾次面。他開始很佩服墨索里尼，後來對墨索里尼很不滿。

張學良前往德國時，本來預定與希特勒會面，惟逗留的時間很短，所以未見到希特勒，但見了希特勒的左右手格林。張學良說格林對他很好。歐洲之行，張學良受法西斯主義的影響很大。回國之後，張學良主張中國也要擁護領袖。他認為，中國也需要強有力的領導人。（頁一五一——一五三）

西安事變

一九三四年一月八日張學良由歐洲回國。這時的中國正值國民政府掃蕩共產黨的最後階段。從一九三〇年以後，蔣先生對共產黨的江西根據地發動了五次攻擊，動員兩百萬人次的大軍，兼採封鎖經濟等一切手段。一九三四年十月，中共因支持不了國民政府的圍攻，終於放棄其大本營瑞金，往西流竄，即中共之所謂「兩萬五千里的長征」。一九三五年八月一日，中共在流竄途中，發表「為抗日救國告全國同胞書」（所謂八・一宣言）呼籲全中國人共同抵禦外侮，中國人不要打中國人，以便喘一口氣。

中共逃出赤都瑞金時還有大約十萬人馬，但抵達陝北時只剩下一萬多人，（註二六）其慘狀，可以想見。

當國民政府正在圍剿中共的時候，日本對中國的侵略已經擴張到華北。一九三三年五月三十一日，因簽訂塘沽協定，日軍得以插足長城以南，一九三五年六月，因為簽訂所謂「何梅協定」和「秦土協定」，日軍加強了對河北和齊齊哈爾的控制。（頁一六〇—一六一）

由此，日本便在華北泡製傀儡政權「冀東防共自治政府」。而為了避免與日本正面衝突，國民政府遂於一九三五年十二月十八日成立冀察政務委員會。（註二七）

對於日本這種得寸進尺的侵略，中國國民很不以為然，尤其是學生紛紛起來要求政府對日抗戰，整個中國充滿了抗日的氣氛。

張學良說，他從歐洲回國以後，很不想再帶兵。而為了與蔣先生加深彼此的認識和瞭解，想作蔣先生的待從室主任，但蔣先生沒有答應。

蔣先生提出幾樣工作要張學良自己選，並說：「國民對你很不滿，所以你要好好工作。」張學良問：「那一個工作最難。」蔣先生說：「與共產黨打仗最難。」於是張學良選了這項工作。（頁一六二）

一九三五年四月，為進攻共產黨，張學良與一部分東北軍進駐陝北，同年九月，被認為東北軍之精英的第一一〇師在陝北甘泉和勞山被共軍包圍和攻擊，師長何立中戰死，三千七百多人被俘。

中共對這些俘虜大事洗腦，要他們一致抗日，然後給他們旅費讓他們回去，因此東北軍瀰漫了厭煩對中共的內戰。同年十一月，第一〇九師在直羅鎮又被共軍殲滅。這個消息使東北軍官兵更加動搖。

不與日軍打仗，專打共軍，使東北軍官兵對張學良不滿，甚至非難。張學良本來就不想與中共打仗，加以東北軍的官兵都很想回到自己家鄉，但其家鄉東北卻為日軍所占，因此為回家鄉他們主張與日軍拚命，而不願意為打自己同胞（中共）去犧牲自己的生命。他們責備張學良說：「您服從蔣介石就行，但想回家鄉的我們應該怎麼辦？」（頁一六六）張學良非常懊惱。

因此，回到陝西的張學良遂召集會議，訓勉官兵要更加努力於剿共的工作。可是他們卻反駁說：「您忘記了尊父的仇人，不顧抗日的大業，盲目地服從上司，只求自己的祿位。您不但不惜東北軍的犧牲，而且正在把東北人趕上死滅之路。」

張學良鑒於前述一一〇師和一〇九師的被殲滅，亦即共軍戰鬥力量之不可輕視，以及其部下思想和觀念的轉變，他得出這樣的結論：共產黨問題最好以「和平」的手段來謀求解決。

此時，張學良獲得了與中共聯絡，與楊虎城合作，停止剿共，保存戰力，俾用於抗日等建議。張學良透過種種關係，終於在延安與周恩來見面。

目前人在上海，曾是張學良之親信的孫銘九就當時的情形回憶說：「一九三六年四月九日是我終身難忘的日子。我們於四月八日乘飛機由洛川出發，張學良自己駕飛機前往西安。機上坐的是張學良、中共派來的劉鼎、軍長王以哲和我。八日下午抵達延安，遂前往一所天主教堂。與共黨代表見面是四月九日。我們於八日晚上開始準備迎接（中共）代表團。當日我在教堂門口接了周恩來。」（頁一七三—一七四）

張學良對周恩來的印象是：「反應很快，對事情理解很深，對談話反應非常快的人。不多講話，但能抓住要點，見識很廣。因此雖然是初次見面，但我們卻談得很投機，好像是多年來的朋友。」（頁一七五）

張、周首次會談時，在停止內戰這一點，張與共產黨是一致的，但對於抗日，張學良主張「連蔣抗日」，即擁護蔣先生抗日，但中共的方案卻是「反蔣抗日」。在第二次張、周會議，張學良有所讓步，故共黨也將其「反蔣抗日」修正為「迫蔣抗日」，並與張學良成立了十項協定。其內容大致如下：

㈠共產黨的武裝部隊編入國軍，接受聯合訓練，以為抗日戰爭作準備。
㈡不違反協定，保證不解除武裝。
㈢江西省、海南島和大別山的共軍也同樣要編入。
㈣廢止紅軍名稱，與國軍受同等待遇。
㈤共黨不得在軍隊內做工作。
㈥共黨要停止一切鬥爭。

(七)釋放被拘禁中的共黨黨員，不許攻擊領袖。
(八)准非共黨員居住陝北。
(九)抗日戰爭勝利之後，共軍與國軍一樣，准其復員還鄉。
(十)抗日戰爭勝利之後，與英美等民主國家一樣，承認共黨為合法的政黨。（註二八）

張學良接受了周恩來所提出的這些條件之後補充說：「我是兼有家仇和國難的人。在抗日這一點，我是絕不後於人的。我還有上司，不能自己作主，但我願意向蔣委員長極力建議，以努力於這些條件的實現。我們來發誓絕不食言好不好。」（頁一七七－一七八）

與周恩來分手以後，張學良一直想找機會向蔣先生表示他擬與中共合作，並報告他與周恩來見面的經過和結果，以便建議蔣先生停止內戰，一致抗日。但始終沒有適當的機會。不特此，蔣先生在洛陽閱兵後的訓話大罵共產黨為大漢奸，並強調「主張容共者還不如殷汝耕」。這使張學良對蔣先生的建言幾乎絕望。

因此由洛陽回來的張學良，遂對中共這樣回答：「擬建議蔣先生實行停戰計畫的事暫時辦不到，故希望先協議我們之間的局部和臨時的停戰。對於蔣先生，我會負責化點時間向他陳情。」（頁一八〇－一八二）

在西安，張學良對於贊成停止內戰和一致抗日的西安綏靖公署主任楊虎城說明在洛陽的經過。此時，張學良並沒有告訴楊有關他與共產黨的聯合計畫，可是楊卻已經知道這件事。楊虎城與中共是什麼關係，怎樣發生關係，張學良完全不知道。

對於停止剿共，一致抗日，楊虎城非常贊成，並拚命催張學良積極進行。張學良因為找不到機會向蔣先生建言，極其失望，因而對楊虎城說：「要蔣委員長接受我們的意見很難。」說這番話時，張學良對蔣先生說些怨言，並問楊：「有迫蔣委員長停止內戰，實行和指導抗日的好方法沒有？」楊反問：「你真的決心抗日嗎？」張斷然答說：「是」。於是楊說：「蔣委員長來西安時，我們應該實行擁天子命令諸侯的那則故事。」

張學良聽楊虎城這樣說，非常驚愕，一時說不出話來，楊的臉上有恐怖之狀。張學良安慰說：「我不是賣友求榮的人。請你放心。不過這種事我幹不了。」楊遂責難張學良說：「你太感情用事了。你想以私情而誤公事嗎？」「請讓我再想想看。你的意見，我絕對保密，請放心。」（頁一八三—一八四）

但楊虎城之「劫持蔣介石」的意見，動搖了張學良的心坎，而終於使張學良做出「兵諫」的非常手段。

一九三六年十二月四日，眼看剿共戰事毫無進展的蔣先生，為著督促張學良和楊虎城的剿共工作，率領政府官員前往西安。十二月五日，蔣先生在王曲軍官學校對東北軍和西北軍的官兵演說，強調剿共的重要性。（註二九）

應NHK訪問的盧廣績說，蔣先生在王曲軍校演講時稱：「如果有人主張在攻擊共產黨之前

應該先攻擊日本，那就是反對我的安內攘外政策，也就是反對我，他必須被逮捕。」（頁一八五—一八六）（註二九）

張學良說，他主張「攘外安內」，與蔣先生的「安內攘外」的想法完全相反。張學良又說，他這種想法也許是錯誤的，但當時他堅信應該這樣做。（頁一八〇）

爾後經過所謂上海七君子因主張停止內戰，成立抗日聯軍而被捕（一九三六年十一月二十三日）；胡宗南第一軍剿共戰事的挫敗（十一月二十一日）；十二月十日，北京學生示威運動一周年一萬學生在西安欲對蔣委員長直接陳情事，張學良出面阻止，並答應願意一星期以內以行動答覆他們，使學生們滿意回去。而這「願意一星期以內以行動答覆」的承諾，終於迫使張學良採取強硬手段。

孫銘九回憶說：「十二月十一日晚上，舉行了東北軍軍長會議，我也參加了。在這席上，張學良下達實行兵諫的命令。我所受的任務是到臨潼的華清池接蔣委員長來，即劫持蔣委員長。但絕不能傷害或殺死蔣委員長。」（頁一八五—一九〇）（註三〇）

至於衛隊第二營營長孫銘九所率該營第七連官兵到華清池去劫持蔣委員長，以及將蔣委員長送到西安的經過，請參看李雲漢著：《西安事變之研究》一看〈貳、事變經過〉，以及王禹廷著：《細說西安事變》一書頁二八三—三二〇。前書由近代中國社出版；後書的發行者是傳記文學社。故這裡不贅。

劫持了蔣先生的當天，即民國二十五年十二月十二日，張學良和楊虎城通電全國，提出所謂八項主張，內容如下：

「（銜略）東北淪亡，時逾五載，國權凌夷，疆土日蹙，淞滬協定，屈辱於前，塘沽協定，繼之於後，凡屬國人，無不痛心。近年國際形勢豹變，相互勾結，以我國家民族為犧牲。綏東戰起，群情鼎沸，士氣激昂。丁此時機，我中樞領袖應如何激勵軍民，發動全國之整個抗戰。乃前方之守土將士浴血殺敵，後方之外交當局仍力謀妥協。自上海愛國冤獄爆發，世界震驚，舉國痛憤，愛國獲罪，令人髮指。蔣委員長介公受群小包圍，棄絕民眾，誤國咎深，學良等涕泣進諫，屢遭重斥。日昨西安學生舉行愛國運動，竟嗾使警察槍殺愛國幼童，稍具人心，孰忍於此。學良等多年袍澤，不忍坐視，因對於介公作最後之諍諫，保其安全，迫其反省。西北軍民一致主張如下：

㈠改組南京政府，容納各黨各派共同負責救國。
㈡停止一切內戰。
㈢立即釋放上海被捕之愛國領袖。
㈣釋放全國一切政治犯。
㈤開放民眾愛國運動。
㈥保障人民集會結社一切之政治自由。

(七)切實遵守總理遺囑。

(八)立即召開救國會議。

以上八項為我等及西北軍民一致之主張，望諸公俯順輿情，開誠採納，為國家開將來之一線生機，滌以往誤國之愆尤。大義當前，不容反顧，只求於救亡主張貫徹，有濟於國家，為功為罪，一聽國人之處置。臨電不勝待命之至。」（頁一九五—一九六）

可笑的是張學良和楊虎城竟擅自將其所羈留的蔣先生親信如陳誠、蔣鼎文、萬耀煌、朱紹良、衛立煌、錢大鈞等中央要員名字列入其致電發起人名單中。

蔣夫人於當天下午八時在上海接到事變的報告。她就中國國民黨中央臨時常會的情形說：

「余偕孔部長及端納（余已約彼伴余赴西安）匆促入都。時政府中要人深受事變刺激，情態異常緊張。中央常務委員會及政治委員會已於星期六深夜開會，決定辦法，立付執行；並將叛變首領張學良明令免去軍事委員會委員及西北剿匪副司令職，交軍事委員會嚴辦。命令措詞，異常嚴峻。」（註三二）

蔣夫人繼而又說：「中央諸要人，於真相未全明瞭之前，遽於數小時內決定張學良之處罰，余殊覺其措置太驟；而軍事方面復於此時，以立即動員軍隊討伐西安，毫無考量餘地，認為其不容諉卸之責任，余更不能不臆斷其為非健全之行動。軍事上或有取此步驟之必要，委員長或亦懸盼此步驟之實現，然余個人實未敢苟同。因此立下決心，願竭我全力，以求不流血的和平與迅速

之解決。是非得失，將付諸異日之公論。」（頁一九七—一九八）（註三二）

為和平解決事變，蔣夫人先請與蔣先生和張學良皆為好朋友的澳洲人端納（William Henry Donald, 1987~1946）前往西安瞭解實際情況。

十二月十三日黃昏，端納抵達洛陽，在此他收到張學良「歡迎其前往西安」的電報。十二月十四日，端納飛抵西安。蔣先生在其「西安半月記」就當日的情況說：

「下午五時，端納來見。以一異國人不辭遠道冒險前來省視，其忠義足令人感動。見余，詢安好畢，出余妻之手函示余。」（頁一九九）（註三三）

確認蔣先生無恙的端納，於十二月十四日晚上電話蔣夫人，「告委員長平安，居處甚適，彼正隨侍在側。」（註三四）

十二月十五日，端納由洛陽電告蔣夫人：「張表示決隨委員長入京，蓋彼自承舉動雖錯誤，然動機確係純潔。張盼余入西安，亦盼孔部長同行，彼與其部下，對余推崇備至。」（註三五）是日晚，蔣夫人電告端納：「孔部長因醫生堅囑，不令飛陝；況孔為代理行政院長，勢難離職。因囑端納徵求對方意見，可否以宋子文或顧祝同代之。」（頁二〇〇）（註三六）

十二月二十日，宋子文與端納飛抵西安。蔣先生在其「西安半月記」這樣記述：

「上午，聞上空有飛機聲，以為停戰期滿，前方已開始作戰，故飛機到西安偵察敵情也。詎料未幾，子文偕張及端納來見，始知此機乃載子文來陝者，殊出余意料之外。與子文相見，握手勞問，悲感交集，幾不能作一語。子文出余妻一函示余，略謂：『如子文三日內不回京，則必來與君共生死！』余讀畢，不禁泫然淚下。」（註三七）

十二月二十一日，宋子文與端納回到南京。得悉一切情況的蔣夫人，決心與張學良面對面溝通。於是於十二月二十二日，偕宋子文和端納飛赴西安。就抵達西安時的情況蔣夫人這樣說：

「機方止，張學良首登機來迎，其狀甚憔悴，侷促有愧色。余仍以常態與之寒暄。離機時，乃以不經意之語氣，請其勿令部下搜查我行裝，蓋懼紊亂不易整理耳。彼即悚然曰：『夫人何言，余安敢出此！』時楊虎城亦踵至，余坦然與握手，似偶然過訪之常客，楊狀甚窘，但見余鎮定，又顯覺釋然。」（頁二〇四）（註三八）

同日下午四時，蔣夫人前往蔣先生被羈留的高桂滋公館。蔣先生說：

「余妻忽於下午四時乘飛機到西安，乍見驚訝，如在夢寐。余日前切囑子文，勸妻不可來西安，不意其竟冒萬險而入虎穴。感動悲咽，不可言狀。妻見余強作歡顏，而余則更增憂慮。蓋旬日以來，對自身生死早已置之度外，而今後乃須顧慮余之安危。余妻智勇慈愛，平時已信其必能為黨國效忠；且與余同心互勉，誓為總理之主義奮鬥到底，期其有成，何忍任其犧牲於危城中乎？……妻告余以外間種種情況，謂今日同來者有蔣鼎文、戴笠、端納、子文等人，並勸余應設法脫離此間，再言其他。」（頁二〇五）（註三九）

另一方面，毛澤東等中共頭子得知發生西安事變是在當天（十二月十二日）深夜。中共幹部之中，有主張殺掉蔣先生者，但大多贊成先試探莫斯科的意見，和看看張學良和楊虎城的態度。隔天早晨，中共收到張學良要求擬「說明兵諫，邀請周恩來，紅軍南下」的電報。於是中共遂派周恩來前往西安。（頁二〇一）

對全世界發出西安事變之第一個電報的是，日本同盟通信社上海分社主任的松本重治。（註四〇）這是孔祥熙的秘書喬輔三告訴他的。

由於西安事變的第一個消息係由日本記者所發出，所以史大林便以為這個事變是日本要製造中國內戰的陰謀，這時，剛好有汪精衛正在德國與希特勒會談的情報，故史大林耽心蔣先生如果被殺，汪精衛掌權，中國或會參加當時剛剛簽訂的德日防共協定。因此於十二月十四日，史大林遂透過共產國際，打電報給中共，要中共釋放蔣先生。（頁二〇一—二〇二）

周恩來於十二月十七日，搭乘張學良派來的波音專機到達西安。與周恩來同行者還有葉劍英、秦邦憲等二十人左右。

周恩來告訴張學良：「彼等初聞西安事變，深為驚訝。當時共黨內部有激烈、和平兩種主張，葉劍英屬於前者，他本人屬於後者。共產黨最後的決定是：擁護蔣先生領導抗日，並願與東北軍、西北軍絕對合作，信守延安會見之約言：萬一和平絕望，共黨不袖手，利害與共，武裝部隊，聽受指揮。」（頁二〇二—二〇三）

張學良就其內容進一步說：

「周（恩來）等隨即參加已成立之委員會，當時西安所謂『三位一體』：東北軍、西北軍和共產黨也。討論當時情況，決議：堅決實現八項要求，勿再使變動擴大，早日和平解決。所求得遂，擁護蔣公回京。同時調動共黨部隊，集中耀縣、三原，以備萬一。」（頁二〇三）（註四一）

十二月二十二日深夜，蔣夫人、宋子文與張學良、楊虎城四個人進行會商，就停止內戰與一致抗日，基本上達成共識。但楊虎城及其部下，竟以蔣先生在協議書簽字為釋放條件，而不能全面解決。

十二月二十三日，蔣夫人與周恩來會談兩個小時，俾打開僵局。蔣夫人就此事這樣寫著：

「時張學良正竭力解勸疑懼中之各將領，並介紹一參加西安組織中之有力分子來見，謂此人在西安組織中甚明大體，而為委員長所不願見者。余與此人長談二小時，且任其縱談一切。彼詳述整個中國革命問題，追溯彼等懷抱之煩悶，以及彼等並未參加西安事變，與如何釀成劫持委員長之經過。余注意靜聽，察其言辭中，反覆申述一語並不厭贅，其言曰：『國事如今日，舍委員長外，實無第二人可為全國領袖者。』述其對於國防上所抱之杞憂，亦喟然曰：『我等並非不信委員長救國之真誠，惟恨其不能迅速耳。』……彼又言，此次兵變實出意外。余又告之曰：『如此小規模之政變，彼等尚無力阻止其流血與暴行，又安能自信其有主持國家大政之能力耶？』彼又言，彼等崇敬委員長十年如一日，未改初衷；奈委員長始

終不願聽彼等陳述之意見何！談話結果，彼允勸告楊虎城早日恢復委員長之自由，並約次日再見。」（頁二〇六—二〇七）（註四二）

為了要無條件恢復蔣先生的自由一事，張學良與楊虎城針鋒相對，幾不兩立。張學良以為已經達到抗日的目的，其餘可以不問。反對內戰的張學良認為，如果不釋放蔣先生，將帶來更大規模的另一個內戰。張學良說，在與楊虎城對立辯論時，周恩來幫了他。（頁二〇七—二〇九）

十二月十四日晚上十時許，蔣先生與周恩來舉行了會談。（註四三）這是由於張學良認為，他與楊虎城的對立，唯有中國國民黨的代表蔣先生與中共的代表周恩來直接會談才能解決所致。因此，張學良把周恩來帶到高桂滋公館與蔣先生見面。但對於NHK問：蔣先生與周恩來談話以及蔣夫人、宋子文與周恩來談話的內容，張學良絕口不說，理由是：「如果我把全部內容說出來的話，會傷害到好多人。」（頁二一二—二一三）所以關於這一部分的內容，張學良可能永遠不會說。

隔天（二十五日），張學良和楊虎城終於同意蔣先生離開西安。蔣先生就當時的情形說：「臨發時，張堅請同行，余再三阻之，謂：『爾行則東北軍人無人統率，且此時到中央亦不便。』張謂：『一切已囑託虎城代理，且手令所部遵照矣。』遂登機起飛。」（頁二一六）（註四四）

蔣夫人就當時情況這樣說：

「張告委員長，彼已決心隨委員長赴京，委員長反對甚力，稱無伴行之必要，彼應留其軍隊所在地，並以長官資格命其留此。張對余解釋：謂彼實有赴京之義務，蓋彼已向各將領表示，願擔負此次事變全部分之責任；同時彼更欲證明此次事變，無危害委員長之惡意及爭奪個人權位之野心。余等深知此次事變確與歷來不同，事變之如此結束，在中國政治之發展史中，可謂空前所未有：張之請求亦有其特殊之意義，足使此後擬以武力攫奪權利者，知所戒懼而不敢輕易嘗試。故余與子文贊成其意，允其同行。」（頁二一六—二一七）（註四五）

一九三六年十二月二十六日中午十二時二十分，蔣先生一行所乘專機安抵南京，受林森主席及中央要員迎接。至此，震撼全球，為全世界人士所關注的西安事變，遂告落幕。但自此以後，張學良便從歷史的正面舞臺消聲匿跡，以迄於今。（註四六）

爾後的張學良

一九三六年十二月三十一日，張學良以「首謀夥黨，對於上官為暴行脅迫」之罪，被軍事委員會高等軍法會議判處十年有期徒刑，褫奪公權五年。但蔣先生於次年一月五日，特赦張學良，決定交由「軍事委員會嚴加管束」，首先在蔣先生故鄉溪口。（頁二二三）

一九三七年七月七日，爆發盧溝橋事變，中日兩國正面衝突，展開全面的戰爭。此時，據說張學良曾經請求蔣先生讓其統率東北軍與日軍作戰，但蔣先生沒有同意。為著避免日軍的進攻，

在抗戰期間，張學良先後由溪口被移至安徽黃山、江西萍鄉、湖南郴州、沅陵、貴州修文、桐梓等地。（頁二二六）

一九四六年十一月，張學良從寶慶被移往臺灣，被軟禁在新竹郊外五峰山中的清泉（從前叫做「井上溫泉」）。一九六一年，張學良搬到現在的北投自宅。一九六四年，他與目前在美國的于鳳至女士離婚，與自溪口以來一直陪他的趙一荻女士結婚。時張學良六十三歲，趙一荻五十二歲。（頁二二七—二三〇）（註四七）

張學良說：「這數十年來，我看了許多書，知道了很多事情。我也研究宗教。不僅基督教，佛教我也研究。本來，我是研究中國的儒家思想。對於這些，我都非常感動。在這方面我很有進步。我特別喜歡歷史。我研究了明史，因為蔣先生要我研究明史。蔣先生喜歡禮教，因此我也研究禮教。以前，我對禮教毫無所知，研究禮教，必須從明史著手，這叫做明儒學難。故我開始學明史。我對歷史非常有興趣。所以熱心研究明史，而且相當有心得。我寫過許多有關明史的文章，但後來我統統把它丟掉了。雖然有點捨不得，但還是丟了。歷史上的記載，不一定都是事實。我開始研究歷史以後，必作筆記。明史有很多錯誤。中國官吏所作的史書，有許多是謊言。我研究明史時，從朝鮮史發現了永樂帝的資料。如果我把全部說出來，以後更沒有人願意去研究歷史了。」（頁二三〇—二三一）。

張學良對於神學也很有研究。他說他擁有可以當牧師的資格。他的夫人且已當傳教師了。

張學良說：「蔣先生對我很好。他經常照顧我。為著說明我倆的關係，我想了好幾句話。以下一首詩是蔣先生去世時，我所作的弔文，從未發表過。

關懷之殷

情同骨肉

政見之爭

宛若仇讎」（頁二三一—二三二）

至於中國共產黨之把張學良當作「民族英雄」，我們是可以理解的，因為從結果來看，他救了中共，雖然他的目的完全是為了抗日和救中國。筆者覺得，張學良這個人真是敢做敢當的男子漢的典型。

此次張學良之所以答應接受NHK的訪問，是想「告訴日本的年輕人和負責任的日本人要有體貼人家的心腸」。希望他們「知道日本過去的錯誤。不要像過去那樣訴諸於武力。孔子說：『夫子之道唯忠恕』。有德的人要盡忠恕，即要充分體貼別人。忠是對國家的忠誠，恕是寬恕別人的意思。日本有忠，但太缺少恕。則太不體貼了。日本政府對外國及其國民，沒有恕。」（頁二四二—二四三）

最後，筆者想就訪問者臼井勝美在其「解說」，「關於張學良」一文中所提到比較特別的提出來說說。

一九三二年四月十一日，張學良在北平李頓調查團的歡宴席上演講說：

(1)東三省為中國之一部分，在種族上、政治上和經濟上與內地具有不可分割的關係，實與河北、山東無殊。而偽稱東三省不是中國領土，或唆使創設非法政府，乃是日本欲分離中國領土的野心，違反九國公約之保全中國領土之完整的原則。

(2)中國目前正在從事改革，在政治、經濟、社會方面發生種種變化，實有如十九世紀的德國、法國和日本的維新。在改革期間，會產生各種糾紛，各國都是一樣，決非中國的特有現象。中國國土比歐洲加上日本還要大，人口與整個歐洲一樣多，所以在政治、經濟改革過程中，發生種種困難是應該的。日本人誹謗中國為沒有統一的國家，是故意不面對事實，混淆國際視聽的行為。

(3)中日間糾紛的真正原因是，因為日本嫉妒中國社會經濟的進步和政治的逐漸統一。李頓爵士在南京說，擁有廣大領土之中國的困難，欠缺鐵路及其他交通工具是原因，但東北的人民卻為開拓領土，自己修築鐵路，在產業、教育、交通各方面有很大的進步。這個經濟、社會上的發達，多是中國人努力的結果。這個事實以及為中國之統一我常與中央合作，引起日本的反感終於導致其侵略東北。（頁二四九—二五〇）

三十一歲的張學良，能有這樣卓越的見解，的確很不容易。他的見地不但正確，而且很有說服力，在李頓面前說出這些道理，實在不愧為東北的領袖。

不過，李頓調查團報告書的解決方案，係在與行政院長汪精衛密切聯繫下完成的。而當張學良旅行歐洲，於一九三四年一月九日回到上海以前的前一年十二月一日，汪精衛告訴日本駐華公使有吉明說，他與日本一樣反對張學良回國，即使回國，「絕不讓他回到北方，只要我在任一天，絕不會讓他有所策動」。（頁二五四—二五七）

臼井教授作註解說，據聞，蔣夫人常說她對不起張學良。而張學良說，如果他談西安事變的一些真相，將傷害到別人，這個「別人」，蔣夫人應該是其中的一位。（頁二五九）

NHK訪問張學良的這本書，雖然張學良至今不肯說，而還有一些不清楚的部分，但對瞭解現代中日關係非常有幫助。筆者曾將此書譯成中文，交聯經出版社出版，請讀者能參考。

註釋

註一：臼井勝美現任櫻美林大學教授。筆者曾譯過臼井教授的三部名作：《中日關係史》（一九一二—一九二六）、《中日外交史》（北伐時代）和《近代日本外交與中國》，皆由水牛出版社出版。

註二：高陽曾為拙譯《我殺死了張作霖》（後來增訂本改名為《張作霖與日本》一書寫過跋〈張作霖之死與楊宇霆之死〉一文。《我殺死了張作霖》一書，於一九八六年，吉林文史出版社曾予翻印；《張作霖與日本》，由水牛發行。

今年年底，日本將出版高陽的文集，包括其歷史小說等。我自己寫過〈高陽與我〉一短文，刊於民國八十一年六月十三日《臺灣日報》副刊。

註　三：磯村尚德（一九二九—尚在世），東京人，長大於土耳其和法國。學習院大學畢業。曾任NHK歐洲總局長。二年前，以自民黨候選人競選東京都知事沒有成功。

註　四：請參看臼井勝美：〈幣原外交覺書〉一文，收於前述《近代日本外交與中國》一書。

註　五：請參考拙作：〈北伐、統一與日本〉，收於由商務印書館所出版拙著：《中國與日本》一書；以及中央黨史會出版《北伐統一六十周年學術討論集》。

註　六：關於張作霖被炸死經過，拙譯：《張作霖與日本》一書非常詳細。

註　七：拙譯：《昭和天皇回憶錄》，臺灣新生報社，民國八十年九月，頁二五。

註　八：林權助（一八六〇—一九三九），福島縣人。東京大學畢業。曾任駐韓、駐華公使，駐義大利大使，以及樞密顧問官。有人將其誤為曾任日本駐奉天總領事，其實這個「林總領事」是林久治郎。

註　九：土肥原賢二（一八八三—一九四八），岡山縣人，陸士、陸大畢業。陸軍大將。曾任奉天督軍顧問，奉天特務機關長。侵略中國的元兇，中國人稱之為「土匪原」。二次大戰後被處死刑。

註一〇：關於楊宇霆之暗殺，亦可參考森島守人：〈楊宇霆之被暗殺〉一文，此文收於拙譯：《日本侵華內幕》一書，此書於一九八六年由黎明文化事業公司出版。

註一一：床次竹二郎（一八六六—一九三五），鹿兒島縣人。東京大學畢業。曾任內務次官（相當於我國內政部次長）和原敬內閣的內務大臣。

註一二：張學良的對日外交負責人王家楨在東京的工作人員蔡智堪說，床次與張學良見面是因為他的介紹，是否確實，有待查證。

註一三：幣原喜重郎（一八七二——一九五一），大阪人，東京大學畢業。曾任駐美大使、外相、首相和眾議院議長。

註一四：關於幣原外交，請參考前述〈幣原外交覺書〉一文。

註一五：佐分利貞男（一八七九——一九二九），東京大學畢業。曾任駐美大使館書記官、外務省通商局長和條約局長，為幣原的親信。幣原始終認為佐分利是被暗殺的。

註一六：松本清張（一九〇九——一九九二），福岡縣人，小學畢業，為著名的推理小說家。關於松本，請參考拙稿〈日本最高所得作家松本清張去世〉，民國八十一年八月十七日《臺灣日報》副刊。

註一七：石原莞爾（一八八九——一九四九），山形縣人。陸士、陸大畢業。陸軍中將，被認為日本最傑出的戰略家，日本戰敗時是第十六師團長。

註一八：乃木希典（一八四九——一九一二），山口縣人。陸軍大將。曾任臺灣總督、俄日戰爭時的第三軍司令官。為明治天皇殉死。

註一九：國人多稱柳條湖事件為柳條溝事件，這是錯誤的。請參考拙稿〈柳條溝事件應該是柳條湖事件〉一文，收於拙著：《國父在日本》一書，商務印書館出版。

註二〇：本庄繁（一八七六——一九四五），兵庫縣人。陸士、陸大畢業。陸軍大將。二次大戰後自殺。留有《本庄日記》，原書房，一九六七年。

註二一：板垣征四郎（一八八五—一九四八），岩手縣人。陸士、陸大畢業。陸軍大將。與石原莞爾為九一八事變的主謀者之一。戰敗當時是第七方面軍司令官；戰後被處死刑。

註二二：片倉衷，福島縣人。陸士、陸大畢業。陸軍少將。戰敗當時是第二〇二師團長。筆者在東京時曾訪問過他兩次。

註二三：關於溥儀的種種，可以參閱《末代皇帝全傳》（上下兩冊），民國七十七年，新梅出版社。

註二四：關於吉林省「獨立」之真相，請參閱拙譯：《石射猪太郎回憶錄》一書，水牛出版社出版。熙洽是被關東軍脅迫宣布「獨立」的。

註二五：松岡洋右（一八八〇—一九四六），山口縣人。美國奧勒岡大學畢業。曾任滿鐵總裁、外相，喊出「滿蒙是日本的生命線」之口號的人。昭和天皇對他並不欣賞。（前述《昭和天皇回憶錄》）

註二六：中央黨史會編：《中國國民黨九十年大事年表》說只剩二千餘人。該書頁三二〇。

註二七：關於冀察政務委員會，請參考李雲漢：《宋哲元與七七抗戰》一書，傳記文學社，民國六十二年。

註二八：請參閱李雲漢：《西安事變始末之研究》，近代中國出版社，民國七十四年八月再版。這是非常有權威的一本學術著作。

註二九：中央黨史會所出版《總統蔣公思想言論總集》沒有此篇演講文。

註三〇：李雲漢：《西安事變始末之研究》，四八頁。

註三一：蔣夫人：《西安事變回憶錄》，蔣總統：《西安半月記》，黎明文化事業公司，民國六十五年四月，頁三六。
註三二：《西安半月記》，頁三七。
註三三：同前書，頁一七。
註三四：同前書，頁四三。
註三五：同前書，頁四四—四五。
註三六：同前書，頁四五。
註三七：同前書，頁二六—二七。
註三八：同前書，頁五二—五三。
註三九：同前書，頁二九。
註四〇：松本重治（一八九九—一九八九），大阪人。東京大學畢業。留學耶魯大學和維也納大學。近衛文麿的親信之一。著有《上海時代》、《近衛時代》等書，均由東京中央公論社出版（中公文庫）。
註四一：李雲漢：《西安事變始末之研究》，一〇九頁。
註四二：《西安半月記》，頁六〇—六一。
註四三：《西安半月記》沒有這部分的記載。
中共中央文獻研究室編：《周恩來年譜》也沒有此種記載。故原文此部分存疑。
註四四：《西安半月記》，頁三二。

註四五：《西安半月記》，頁六七—六八。

註四六：關於西安事變，據我所知道，日文有如下的文獻。長野廣生：《西安事變》，東京三一書房。

生島治郎：《總統奪取》，一九九〇年，東京講談社。是部推理小說。

《現代史資料》⑿〈日中戰爭〉⑷，一九六五年，東京みすず書房。

波多野善大：〈西安事件における張學良と中共の關係〉，收於：《名古屋大學文學部研究論集。史學十九》。

關於九一八事變，可以參考以下各書：拙譯：《日人筆下的九一八事變》，一九九一年，水牛出版社。拙譯：《日本侵華內幕》，一九八六年，黎明文化事業公司。「陰謀・暗殺・軍刀」（中華民國史料研究中心，一九九六年），「中日十五年戰爭小史」（幼獅書店，一九九六年），「解讀中日全面戰爭」（水牛出版社，一九九六年）。張學良此書有關九一八事變部分（原文第三章），我曾譯其全文發表於一九九一年九月十七、十八兩日的《臺灣日報》副刊。中央黨史委員會：《國民政府處理九一八事變之重要文獻》，民國八十一年六月出版。

註四七：關於張學良在臺灣的情況，可參考高茂辰：〈給張學良自由的人〉，《傳記文學》，民國八十一年六月號。

附錄一　從日本觀點中日甲午戰爭

中日甲午戰爭的爆發，根據西曆是在西元一八九四年，至今剛好一百年，以中國的時間，則是在清德宗光緒二十年。在國內，很少人強調甲午戰爭的重要性，但是對於中國而言，這是最具關鍵性和決定性的一役。自甲午戰爭後，日本就慢慢蛻變為所謂現代化國家，甲午戰爭擊敗中國後，一直到第二次世界大戰結束，日本一直不斷地侵略中國，而中國的戰敗，更使得列強意圖瓜分中國，使中國面臨亡國的危機。

甲午戰後中國的概況

甲午戰爭以後，日本變成亞洲最強盛的國家，雖然朝鮮和遼東半島因為俄、德、法三國的干涉，並未完全被日本併吞，但是日本已經打破了當時在亞洲的均勢。當時，俄國和英國在遠東地區互為對手，在十九世紀時，全世界除了非洲的中部、亞洲的一部分及太平洋的小島以外，幾乎都成為列強的殖民地，或是所謂的次殖民地，此時列強都往東方的國家，謀求活動的空間。

中國的鴉片戰爭後，就被戲稱為睡獅；在甲午戰爭以後，卻被譏為死獅。甲午戰爭以後，全世界的國家都想來瓜分中國，俄國占領了旅順和大連；英國租借了威海衛；德國租借了膠州灣；法國勢力擴大到廣東、雲南；而日本在取得臺灣之後把勢力推至福建省。列強幾乎把整個中國瓜分或劃為勢力範圍。當時日本因為力量尚小，仍不足以把中國的勢力自朝鮮擊退，所以日本並沒有達到完全控制朝鮮的地步，就因為如此，慢慢地就和從北方南下的俄國有利益衝突。俄國長久以來，一直希望在中國或者是朝鮮尋找一個不凍港，以停泊軍艦。而英國經濟利益大部分是在中國的中部，也就是長江的沿岸，當時英國很想維護朝鮮的中立，希望日本跟中國二國在朝鮮能夠均勢，換句話說，英國不希望中國對朝鮮有太大的影響力；也不希望中國的勢力完全退出朝鮮。

日本的觀點及戰爭手段

在西元一八五三年時，美國軍艦曾到日本叩關，想讓日本開關，但是並沒有成功。後來日本慢慢發現歐洲的科學進步及軍事的強大，所以日本逐漸走向工業化、科學化、現代化的道路，在這種情況之下，西元一八六八年，日本有明治維新，當時日本的軍閥山縣有朋曾經提到一個重要的觀點：一個國家的利益，在於維護國家本身的安全。不過一個國家除了要有生命線，應該還要有一條利益線，所謂利益線是指國家的外圍部分。就日本而言，國家的外圍就是朝鮮，所以日本為了國家本身的安全，想要控制朝鮮。朝鮮過去一直是中國的藩屬國，就如越南、琉球等，對中國來說上述國家沒有條約上的權利義務，只是一種習慣，在國際法上並沒有法律根據。

由於日本知道中國在朝鮮的利益、地位非常穩固，所以在西元一八七六年，日本便跟朝鮮訂了一個條約（日朝修好條規），第一條就規定朝鮮和日本是完全平等的國家，這是朝鮮和外國所訂立的第一個平等條約。從國際法的觀點來看，日本從侵略中國，一直到二次大戰結束，常常用偷襲的方法。在國際法上，戰爭是要宣戰的，但事實上，常常有未宣而戰的情形，也就是中國所說的不宣而戰。在國際法上如果宣戰，要按照國際公法戰爭的規定，比如對於俘虜要有應有的待遇。如果沒有宣戰，就稱為事變，所謂九一八事變，並不是戰爭而是事變，事變的時候，侵略國往往毫無差別的屠殺軍民，倘若是戰爭的時候，不能殺百姓只能殺拿武器的軍人。事變的時候大量屠殺百姓，搶奪文化財，這是戰爭宣戰跟不宣戰之間的最大不同。

甲午戰爭前中日雙方的情勢

日本在沒有跟中國衝突之前，於西元一八八四年就開始準備和中國決一死戰，但中國卻全然沒有準備，中國人始終覺得中國地大物博，誰都不敢侵略。除此之外，西太后慈禧在西元一八九四年是六十歲，為了慶祝六十大壽，慈禧太后挪用部分海軍軍費蓋了頤和園，所以，在整體軍事方面雖然是優於日本，但是因為沒有充分的準備，戰爭的過程中，中國沒有辦法對付日本。

甲午戰爭爆發的直接原因，就是朝鮮的東學黨之亂。由於農民不堪政府的貪污和對百姓的壓迫，所以百姓起來反抗，日本認為叛亂會危害到日本在朝鮮的利益，於是要求派兵平亂。當時得到消息的袁世凱，馬上向李鴻章請求指示。李鴻章因為職責的關係，不能表示不打仗，但基本上他的表現並不積極，其原因有幾種說法：第一，李鴻章是直隸總督及北洋大臣，北洋艦隊是由他訓練的，由於恐懼戰爭對兵力的損傷，自己的勢力會因兵力的減少而削弱，故反戰；第二種說法是李鴻章希望俄國出面來抵制日本。但當時的俄國在遠東力量不足以對付日本，所以想拉攏法、德、義共同抵制日本。由於義大利在遠東沒有太大的利益，法國本身也沒有很大的力量，且在中法越戰時，日本曾經幫助過法國，而日本之所以幫助法國是為了減少中國在朝鮮的影響力，幫助在越南的戰爭，使法國能夠在越南立足，可以減少中國對於朝鮮的壓力，且將來倘若中國跟日本在朝鮮衝突，也許可以得到法國的幫助，有了這層關係，法國也不願插手中日的衝突。由此可證明日本已經是在慢慢地準備戰爭。

中日兩國正式宣戰是在八月一日，但日本明治天皇在六月五日已經設立了大本營，大本營的成立代表此後日本的政略要服從軍略。日本的軍和政是兩個系統，成立大本營後，開大本營會議即使是首相也不能參加，此時軍令、作戰、用兵完全由參謀總長決定，參謀總長所作的決定，只要經過天皇批准就可以馬上進行。在大本營設置以後，所有的作戰用兵一切動員，全部隸屬軍方，政是跟著軍走，嚴格來說，中日的甲午戰爭應從六月五日，日本設立大本營後就開始了。

在中國，因內部慈禧太后較信任李鴻章，故主和；光緒德宗跟翁同龢、李鴻藻較接近，故主戰。這兩個勢力始終在朝廷裡僵持不下，沒有辦法做一個最後的決定。日本在六月五日那一天，就已經是政跟軍走，所以能積極的做全面的戰爭準備；反觀中國，軍方沒有發言權，且由政領軍，領軍的政方又分二派，沒有一個堅決的軍事政策，政治的政略牽連到軍略，軍方沒有辦法充分發揮力量。換言之，日本是全國一致的對抗中國；中國是零星混亂的，沒有一個整體的力量來對付日本。

甲午戰爭的經過及剖析

簡單來說，甲午戰爭的結束，應該是日本要求割讓臺灣，日本的軍隊在五月二十九日登陸臺灣，自淡水、臺北一直到南部，到西元一八九五年的十月二十一日臺南淪陷，但直至十一月十八日，臺灣才完全平定，至此才算是甲午戰爭的結束。在整個甲午戰爭過程中，日軍在臺灣遭受到最嚴重的抵抗，其餘重要戰役，情況不似臺灣慘烈。

第一場戰爭是在七月二十五日早上七時左右，在豐島海面，日軍遭遇中國軍艦。當時日軍的總噸數是一萬一千噸，船速時速是十八海里；中國總噸數是三萬三千噸，船雖比日本多但卻較小，船的時速只有十五到十七海里。此外，日本軍艦上有最新的武器連射炮，而中國只有大炮，且日方的火力是中國八倍，所以第一場在豐島海面的戰役，中國就落敗了。

第二場是在九月十七日的黃海之役，此役打得十分激烈，一共五個小時，當時日本的總噸數有四萬噸；中國則有三萬五千噸，日本船的時速十八海里；中國船是十四海里，實際的馬力，日本一共是七萬三千噸；中國只有四萬六千噸，相差懸殊。

在戰爭爆發後，日本軍方及右派人士都指出是中國先開戰，但事實上根據日本參謀本部的紀錄及日本學者的研究，日本在離中國船艦三千公尺處先開火。中國的火力不及日本，在第二場戰爭時，中國最好的軍艦定遠號（七千噸）遭到日軍的圍攻，此役最後中國仍不幸落敗。中國在黃海之役戰敗的主因在於司令官作戰錯誤，未能妥善運用軍艦，偵查敵軍；其次，中國將軍艦用來運輸軍隊，所以開戰時船已靠岸；第三，中國的海軍訓練不夠且炮彈不夠，戰到最後沒有軍火。黃海海戰後，整個中國的軍艦損失了三分之一，而在經過二次海戰後，中國沒有辦法補給，於是李鴻章下令所有的軍艦撤退至威海衛，除了沒法靠海運補給，海權已完全為日本控制，導致後來在成歡、牙山、平壤的陸戰都無法補給支援。

陸戰方面較海戰有過之而無不及，當時日本已是全民皆兵，實施徵兵制，並且給予士兵二至三年的訓練，且有西方軍隊的編制，已經成為現代化的軍隊。而中國軍隊是個人訓練，中國的陸軍作戰經驗限於內戰；鎮壓百姓，中看不中用，所以陸軍打了三場戰爭後，朝鮮戰爭就結束了。在戰爭過程中，中國拚命想避免和日本衝突，但日本則致力於把中國在朝鮮的勢力驅逐。

東學黨之亂時，中日兩邊都決定派軍隊，但後來農民和政府妥協，在沒有衝突的情況下，日本因軍令不可隨便更改，便指示公使大鳥圭助製造藉口來對中國軍隊開戰，但要特別注意，在外交上要被動；在軍事上要主動，就是說在國際環境下，不要讓人有藉口指責日本侵略，在外交上被動保守，但在軍事行動上要主動、積極。當時中國認為朝鮮是屬邦，所以中國出兵平亂是合理的；日本則提出共同改革朝鮮的政治。清廷反對日本干涉，日本執意要改革朝鮮內政，在這種情形下中國提出同時撤兵。但日本的野心是將中國的軍力趕出朝鮮，於是日本提出朝鮮在西元一八七六年，曾和日本簽訂平等條約，其中特別聲明朝鮮和日本是完全平等，朝鮮是獨立自主的國家，而非中國的保護國；朝鮮的政事可以自決，朝鮮若無力驅逐中國的軍力，日本願意代勞，戰爭於是爆發。日本自始至終一直處心積慮，想盡辦法和藉口，要掌握朝鮮的執政權，打到最後中國已無力再戰，才求美國出面向日本要求談和。

談和的經過與結果

除了請求美國出面協調，中國也派了張蔭桓和邵友濂二人出使日本，但此二人所帶的全權證書不被日本的伊藤博文所認可。伊藤博文指出三點理由，第一，全權證書並未寫明為談何事而來；第二，全權證書沒有寫明使者具有訂和平條約的權限；第三，條約訂立後，仍要經過皇帝的批准。基於這三點，日本以張蔭桓和邵友濂提不出符合國際法正式的全權代表證書，拒絕談和。

然在使節團離日前，伊藤博文向舊識伍廷芳提出要中國派李鴻章出面處理談和事宜的要求，後來中國應日本要求，就派遣李鴻章。李鴻章到日本談和時，擺很大的場面，共帶一百三十五人隨行，但並未受到日本的禮遇；直到第三次談判後，李鴻章遇刺，情況才改觀。原先日本不肯停戰，由於遇刺事件，中日才停戰三禮拜。在談判過程中，日本十分霸道，日本所提出的媾和條約第一條，要中國承認朝鮮是一個完全自主獨立的國家；李鴻章曾提出修改為中日共同承認朝鮮是獨立自主的國家，伊藤博文卻說：第一條一個字都不許更改。另外有一條文，中國用「清國皇帝陛下」，日本則要求取消「陛下」二字，由此可見日本之橫行霸道。不過在李鴻章被刺後，日本自動將賠款由三億兩降到二億兩，後來李鴻章多次討價還價，日本都不肯再降低賠款。

日本之所以有恃無恐是因為：第一，日本擁有強大的軍隊，而中國的武力已徹底瓦解；第二，當時中國所使用的密碼，已全部被日方解碼，所有李鴻章和清廷的電報內容，日本知道得一清二楚。由於日本知道清廷已授權李鴻章全權處理，所以堅持不肯再讓步。

結論

梁啟超曾說，具有數千年歷史的中國，因為甲午戰爭的戰敗，割讓了臺灣，賠了兩億，才驚醒中國人的醉生夢死。日本獲得兩億的賠款後，設立了金本位制以引進外國的資金，當時日本以這筆賠款作為軍事化、工業化的資金，是以日本慢慢走向現代化。此外日本的工業快速發展及技術進步都和賠款有關。日本最大的鐵工廠八幡製鐵所就是以此一筆賠款建造的。

另外，當時日本軍隊攻臺的時候，臺灣的百姓反抗十分激烈。日本動員了大約五萬人的軍隊攻臺，一共打了前後四個月，從西元一八九八年到一九〇二年，四年之間臺灣人被殺約一萬二千人，關於這點日本也有公開的記載。日本也因占領旅順、大連，後來導致俄、德、法三國干涉，末了中國賠了三千萬兩買回遼東半島，但自此以後，俄國勢力慢慢強大深入朝鮮，所以日本整軍與俄國在西元一九〇四年爆發日俄戰爭。日俄戰爭，最後日本戰勝，於是併吞朝鮮，朝鮮成為日本的殖民地。

再者，甲午戰爭後，日本逐漸將勢力擴張到中國，覬覦中國的政權。就在馬關條約簽訂那一年，國父在廣州起義，因察覺滿清的腐敗，政治的不清明，對外國的軟弱，所以決定中國一定要革命，造成中國慢慢走上革命的道路。

總而言之，甲午戰爭以後，列強都想瓜分中國、占領中國、劃分勢力範圍，自此以後的義和團事件，甚至於第一次世界大戰、九一八事變、中日戰爭、太平洋戰爭，一直到日本投降，這一連串下來的事件，都是日本侵略中國的歷史，而其開端就是甲午戰爭。（民國八十三年三月十三日於華視視聽中心演講）

附錄二　南京大屠殺的真相

日本藤原彰教授著
陳　鵬　仁　摘　譯

一、南京大屠殺

日軍攻擊南京

民國二十六年（一九三七）七月七日的盧溝橋事件，終於擴大為中日兩國間的全面戰爭。於戰火波及上海的八月十五日，日本政府公布「膺懲暴戾支那」之事實上的戰爭宣言，並令松井石根上將的上海巡遣軍登陸上海。惟遇到中國軍英勇的抵抗，日軍非常苦戰，因而於十一月，令柳川平助中將的第十軍和中島今朝吾中將的第十六師團，分別登陸杭州灣和長江的白茆江，威脅中國軍的背後，於是上海的中國軍遂開始退卻。日軍追擊敗退的中國軍，於十二月十三日，占領南京。攻擊南京時，日軍屠殺戰俘，對老百姓有過搶奪、暴行、強姦等殘酷行為，世上把它稱之為南京大屠殺(atrocity)事件（日語叫做南京大虐殺事件）。

當時南京是中國的首都，有許多外國使領館，和各國的新聞記者。但其大部分都隨日軍的迫近而避難，尤其是於占領前的十二月十二日，大多搭乘美國軍艦巴聶號離開了南京。惟巴聶號於當天下午，在南京上游二十八英浬的江面，被日本海軍軍機炸沈，其生存者則分乘幾條船避難上海。因此，當日軍占領南京時，外國記者只剩下五個人：「紐約時報」的竇奠安、「芝加哥日報」的斯迪爾、路透社的史密斯、美聯社的麥克達尼爾，和巴拉蒙電影公司的攝影記者孟肯。但他們也都於十二月十五日，乘運巴聶號生存者的船到上海，所以爾後留在南京的只有傳教士、教師等少數的外國人而已。當這些記者離開南京時，日軍曾經極力阻撓其帶出照片、發出消息等，以防止南京大屠殺的消息走漏出去。但由起初就在南京的外國記者，和從南京回國的外國人的作證，以及其他各種管道，這個事件早已報導於全世界了。此時，世界各國尤其是美國輿論所關心的問題集中於巴聶號，但從十二月十七日以後，便逐漸轉移到南京大屠殺事件上面去。

殘酷事件的報導

「芝加哥日報」的斯迪爾於十二月十五日（遲發），從南京發出的報導「日軍在南京的屠殺和搶奪」；「紐約時報」駐上海特派員阿邊特於十二月十九日發的「俘虜、老百姓和婦女、孩子的殺害」的報導，「紐約時報」的竇奠安從十二月十八日以後，由漢口發出去的詳細報導等等，從一九三八年一月至二月，許許多多有關日軍的屠殺行為的報導，則出現於世界的報刊。同時，上海、香港等地的中文報紙，也都大事報導日軍的殘暴行為。

而把日軍的殘暴行為有系統地訴諸於世界輿論的，便是英國「曼徹斯特導報」駐華特派員田伯烈（亦作丁白萊）編著的「什麼戰爭—日軍在中國的暴虐」（What War Means the Japanese Terror in China）一書。該書亦於同年發行於紐約，更於同年七月，以「外人目睹中之日軍暴行」的書名在中國出版。在日本，洞富雄編的「日中戰爭史資料9—南京事件Ⅱ」（河出書房新社，一九七二年），把該書全文收入，並附以詳細的解說。田伯烈的這本書不僅敘述南京事件，也包括中日戰爭初期日軍在各城市的暴行，這些都是外國人的作證。其目的不是要作反日宣傳，而是要讓人們知道戰爭的殘忍。

當時的同盟通信社上海支局長，同時是田伯烈的好朋友松本重治，在他的回憶錄「上海時代（下）」（中央公論社，一九七五年）中就有這樣的一段，一九三八年四月，田伯烈往訪松本於上海，說他將出版「日軍在中國的殘暴行為」一書，「此舉雖然很對不住好的日本人，但希望它能令全世界認識戰爭改變人這個可悲和可憎的事實。尤其對於日高先生（日本大使館參事官）和松本先生，為著創設上海難民區得到你們兩位的協助，可是我卻編著了事實上反日的專書。對於你們兩位的好意，我好像還之惡意，所以覺得有些不安。」對此松本答說：「田伯烈先生，我也是個日本人。南京的暴行、屠殺，實在可恥。尊著一時具有反日的宣傳效果，事非得已。我們日本人要對中國人和人類深致歉意，並以你的書為反省的借鏡。謝謝你這樣客氣先告訴我，使我反而感覺慚愧」。我認為，此書是人類良心對戰爭的控訴。

只有日本人不知道

為外國人所普遍知道的南京事件，當時的日本人卻完全不知道。無需說，這是由於嚴格的統制言論所導致的結果。對於國內的新聞報導，中日戰爭開始以後，陸海軍省便予以非常嚴格的限制和取締。根據一九三七年九月九日，陸軍省主管審查報導之「新聞揭載事項許否判定要綱」的規定，凡是「不利於我軍的報導、照片，有關逮捕審問中國兵和中國人的報導、照片中，可能予以虐待的感覺者，一律不許刊載」。（「現代史資料41大眾媒體統制2」，密斯茲書房，一九七五年）。

日本當局不但取締國內出版品，而且嚴格取締外來的出版品。前坂俊之的「被審查的南京大虐殺」（「現代之眼」，一九八二年十二月號），乃是根據最近所翻印內務省警保局的「出版警察報」所做的研究，根據這本書的統計，因為「涉及毀損皇軍威信」而被查禁者，一九三八年一月有二十五件，二月有一百零九件，三月有四十八件。被查禁的內容包括：「誣指我軍對無辜人民有殘忍行為者」，「歪曲我軍行使違反國際公法之戰鬥手段者」，「曲說我軍將士行動且極予侮辱者」；其中「對無辜人民的殘忍行為」就是南京大屠殺，一月共有九件，二月共有五十四件，三月共有二十九件，幾乎占被查禁之出版品的一半。它介紹的僅是被查禁報導的一部分，然僅此內容就已夠令人驚心了。

外務省東亞局長的回憶錄

一般國民雖然不知道南京事件的真相，但政府、軍當局和報館方面的人卻都知道。當時為外務省東亞局長的石射猪太郎，戰後根據他的日記寫成的回憶錄「外交官的一生」（讀賣新聞社，一九五〇年）中，對南京大屠殺有這樣的記載：

「南京於十二月十三日陷落。根據跟隨日軍後面回到南京的領事福井（淳）所拍的電報，以及繼而寄達的上海總領事的書面報告來看，實在令人慨嘆不已；這些都是進入南京的日軍對中國人的掠奪、強姦、放火和虐殺的情報。由於憲兵人數不多，無法取締。據說，福井領事想制止而幾乎喪命。」

他在一九三八年一月六日的日記中曾寫著：

「上海來信，它詳報日軍在南京的暴行、掠奪、強姦、慘不忍睹。嗚呼！這就是皇軍？這是日本國民民心的頹廢，是很大的社會問題。」

石射在三省事務局長會議（陸、海軍省軍務局長和外務省東亞局長會議）席上，常常警告陸軍，廣田（弘毅）外相也向陸相「要求振刷軍紀」。石射把這個事件叫做南京大屠殺。他說：

「而這就是『聖戰』和『皇軍』的真面目！從那個時候我就把它叫做南京大屠殺，因為這樣說遠比用暴虐兩字來得更恰當。」

「日本報紙對自己同胞的畜牲行為雖然保持了沈默，但壞事立時傳遍千里，轟動海外，日軍即刻受到各方應有的指控。日本國民不但不知道這個民族史上的千古污點，而且還在歌頌赫赫的戰果呢！」

事件與軍中央

否定南京大屠殺的人或許會說，當時的軍方上層並沒有承認屠殺的事實。但連外務省都知道，可知軍方上層一定有殘暴行為的報告。登陸杭州灣後的十一月十七日，為統一指揮松井上將的上海派遣軍和柳川中將的第十軍，編成華中方面軍，由松井兼方面軍司令官。但於大本營命令攻擊南京的十二月一日，朝香宮鳩彥中將被任命為上海派遣軍司令官，松井專任方面軍司令官。松井於占領南京後的十二月十八日慰靈祭之後，召集軍司令官和師團長，申斥說「你們煞費苦心光輝了皇威，惟因一部分士兵的暴行，皇威一舉掃地」（松本重治「上海時代（下）」。」巢鴨戰犯拘留所的教誨師東京大學教授花山信勝寫道：「松井說：『南京事件實在很慚愧』，『作為軍總司令官，我又哭又生氣』。」（花山信勝，「和平的發現」，朝日新聞社，一九四九年。）

不特松井方面軍司令官得悉事件後憤怒異常，軍中央也知道這個事實。當時為參謀本部作戰課高級課員的河邊虎四郎，在他的回憶錄「從市谷台到市谷台」（時事通信社，一九六二年）中說：「就這個事件曾以參謀總長閑院宮載仁親王的名義，對松井司令官發出警告，而其底稿是本人起草的。」這個警告似乎指一九三八年一月四日，參謀總長載仁親王給華中方面軍司令官之「有關維持振作軍紀風紀的要求」而言，它說：「在軍紀風紀方面，可惡的事態之發生，近來漸多，欲不信而又不能不懷疑」，「故再次切望振作軍紀和風紀，希見諒本人之真意」（「續現代史資料6—軍事警察」，密斯茲書房，一九八二年）。

參加攻擊南京的第十軍，爾後前往攻打杭州，十二月二十日，該軍參謀長對其所屬師團參謀長和直轄部隊長以通牒告戒說：「對於嚴禁掠奪、強姦、放火，曾屢次訓示，但徵諸此次攻擊南京的實績，單單強姦一項便發生一百多件，不應再蹈，特予注意」（「關於第十軍作戰指導參考資其三」，防衛研修所戰史部藏）。由此可見，方面軍上層也知道日軍暴行的事實。

至於陸軍上層在當時也知道日軍在南京的暴行，我們可以從一九三八年八月，奉命攻擊武漢之第十一軍司令官岡村寧次中將的回憶錄獲得證據。它說：「登陸上海一、二天之內，聽取宮崎參謀、華中派遣軍特務部長原田少將、杭州特務機關長荻原中將等的報告，所得結論如下：一、攻擊南京時，對幾萬老百姓的掠奪、強姦等是事實。二、第一線部隊假藉給養名義，有殺死戰俘之弊」（「岡村寧次大將資料〈上〉」，原書房，一九七〇年）。岡村後來出任華北方面軍司令官，其後再任中國派遣軍總司令官，在其回憶錄中，便曾多次嘆息日軍強姦之惡行和軍紀風紀的頹廢。

此外還有許多例證，皆可證實軍中央一定知道南京事件的梗概。惟為隱匿這個事件不讓日本國民知道，日本政府採取了很週全的措施，對於有關事件的言論，予以很嚴格的取締。

司法省一九三八年度思想特別研究員西谷徹檢查官的報告「關於中國事變的造言飛語」中，有個附錄叫做「造言飛語事件一覽」，它刊登著因違反陸軍刑法，由區法院判決的很多例子。譬如：因說「我們在南京時，有五、六個中國女生替我們燒飯，燒完飯後要離開時，我們把這些女生全部殺掉。又在南京，有個八歲左右的男孩走投無路正在哭泣時，我的部下把他抱起來，因為小孩反抗，故其他士兵便把小孩刺死……」而被判監禁三個月；因說「在戰地，日本的士兵三、四個人一組，到中國老百姓家掠奪豬、雞，或強姦中國女性，把戰俘五、六個人排成一列，用刺刀予以刺殺」而被判監禁四個月；因說「日軍很亂來，最近聽由大陸回來的士兵道，據說日本士兵沒有殺過人，因此想殺殺看，而大殺中國士兵和農民等等」而被判監禁八個月。把殘暴行為的見聞說給人家聽便是有罪，所以事件的真相，完全被隱匿著。對於南京事件日軍的暴行，真的「不知道」的只是國民。

東京審判的震撼

這種欺瞞國人，掩飾罪行的狀況，因日本的戰敗而改變。尤其是一九四六年八月遠東國際軍事法庭審理南京大屠殺時，每天將審判的情形刊登於報紙，至此，許多日本人才知道有這個事件和它的真相。出庭作證者有事件發生當時在南京的美國籍牧師，又是南京國際紅十字委員會委員長的馬琪、金陵大學附屬鼓樓醫院醫師威爾遜、金陵大學歷史學教授，同時為南京安全區國際委員的貝茲等人，就日軍的殘忍行為作證；由屠殺中死裏逃生的中國人，亦舉出活生生的事實作見證。結果為被告之一的華中方面軍司令官松井石根上將，被判了死刑。有關這項裁判南京事件的記錄，收入於洞富雄編「中日戰爭史資料8—南京事件I」（河出書房新社，一九七三年）。

一九四八年十一月，遠東國際軍事法庭的判決說：

「南京被占領之後，在最初的二、三天內，至少有一萬二千名中國非戰鬥員—包括男女小孩，皆毫無差別地被殺害。在被占領的頭一個月，南京市內大約發生了二萬件的強姦事件。同時日軍假藉要掃蕩打扮成老百姓模樣之中國兵的名義，集體地殺害了年紀相當於兵役年齡的中國男性二萬人；以及屠殺了三萬人以上的戰俘。從南京逃離的市民中，有五萬七千人以上被日軍窮追和收容，他們因為飢餓而遭到刑訊，而大多死亡，其餘的，大多被用機關槍和刺刀殺死」，認為當時的犧牲者大約有十二萬人。但該判文的後段又說：

「根據後來的估計，日軍占領後最初的六個星期，在南京及其四周被殺害的老百姓和戰俘，總數實達二十萬人以上。這個估計並非誇張，埋葬隊及其他團體所埋葬的屍體之達十五萬五千具，這個事實便是證據。」

判決書所說二十萬人以上被殺害，這個數目雖然不是完全有史料的根據，但遠東國際軍事法庭承認日軍在南京確曾有過大屠殺的事實，認為這是日本的戰爭犯罪，此判決結果曾予當時一部分日本人很大的震撼。

有關該事件書籍的出版

在遠東國際軍事法庭的判決前後所出版的田中隆吉少將著「被審判的歷史〈敗戰秘話〉」（新風社，一九四八年）一書，有這樣的敘述：事件當時任上海派遣軍參謀（兼華中方面軍參謀）的長勇中校，於一九三八年四月對田中誇說，他「獨斷地以軍司令官名義，用無線電對所屬各部隊下令」，要他們把大約三十萬的中國軍戰俘「殺光」。起初，田中以為這是長勇的大言壯語，但後來知道了殘暴行為的全貌，因為要實行這種大屠殺，唯有賴軍隊統制的集體行為始能做得到，至此田中才相信長勇講的是事實。殺死了三十萬戰俘這個數字，雖過於誇張，然這本書於戰後發行非常普及，也是告訴人們日軍曾有過大屠殺的材料。

爾後在日本所出版的有關中日戰爭史的書籍，僅透過遠東國際軍事法庭的判決書提到南京事件而已，幾乎沒有人把它視為學問的研究對象。就這一點來說，以南京事件為歷史研究的對象，並有很大成就的便是洞富雄的一連串著述。洞氏自一九六〇年代就積極地開始研究南京事件，且出版過「近代戰史之謎」（人物往來社，一九六七年）、「南京事件」（新人物往來社，一九七二年）、「『幻影』化工作批判、南京大屠殺」（現代史出版會，一九七五年）、「決定版・南京大虐殺」（現代史出版會，一九八二年）等著作，和「日中戰爭史資料8・9─南京事件Ⅰ・Ⅱ」（河出書房新社，一九七三年）的資料集。這些著作是他以其所搜集有關南京事件國內外的資料和文獻為主而做的實證研究，也是唯一從歷史學家的立場所獲得研究成果。

對大屠殺的爭論

可是，迨至一九七〇年代，肯定或者不肯定南京大屠殺的問題，便帶有政治上的意味。這跟日本與中共「建交」前，批評與反駁戰前日本軍國主義的論爭有很大的關係。一九七一年，朝日新聞社的本多勝一記者訪問中國大陸，調查戰爭中日軍的戰爭犯罪，將其報導題名為「中國之旅」，連載於「朝日新聞」，並出版單行（本多勝一，「中國之旅」，朝日新聞，一九七二年）。這是九一八事變以後，有關日軍殘暴行為的紀錄，其中南京事件部分，係以證人口述史實為主而寫成的，其內容十分逼真，帶給讀者很大的震撼。

由於本多的文章連載於發行量達百萬份的「朝日新聞」上，所以讀者眾多，造成的影響很大。連載完了之後，「諸君」雜誌遂有很激烈的反駁言論出現。它站在否定南京大屠殺的立場，推出與日本的戰爭責任與戰爭犯罪等問題有關聯的政治論調。而鈴木明著「『南京大屠殺』的幻影」（文藝春秋社，一九七三年）就是它的一個例子。鈴木的書，是直接採訪與事件有關的人員所寫成的，書中有好多新的陳述，認為人們所說的有些是「幻影」，但他並不完全否定日軍有過屠殺的事實。然因其很刺目的書名，以及在當時反擊日本軍國主義批判聲中，它遂扮演否定大屠殺的有力武器。

經過大約十年後，於一九八三年又發生了教科書問題，再次對南京大屠殺的評價引起爭辯。此時日本社會開始右傾，在對於侵略戰爭的批判和反省逐漸風化的情況下，大屠殺否定論，遠比十年前囂張。尤其是教科書的審定，對於南京事件的陳述加以嚴格的限制，使得此一問題具有更濃厚的政治色彩。更有人以事件完全是虛構，教科書有「南京大虐殺」的敘述，這些都是「基於虛偽的風聞」，而控告政府，要求刪除這種記載，並對精神上的痛苦給予金錢上的賠償。反此，青木書店於一九八四年，翻譯「中國人民政治協商會議江蘇省南京市委員會文史資料研究委員會」所編內部發行的「侵華日軍南京大屠殺史料專輯」，以「證言，南京大虐殺」的書名出版。又，收於此書的南京大學歷史系編著「日本帝國主義在南京的大屠殺」（內部發行，一九七九年）一書認為，在南京被日軍殘殺者為四十萬人。

從說大屠殺是「幻影」、是「虛構」、到根本沒有這回事；被殺者是二十萬人、三十萬人、還是四十萬人？議論非常紛歧。加害者方面之欲儘量說少，如果可能，想否定事實，乃是人之常情。但實際上發生的歷史事實只有一個。我們不要感情用事，不要打政治官腔，而應該實事求是地做求證的工作才好。

二、集體屠殺戰俘

何謂大屠殺

對於南京大屠殺事件的見解之所以如此紛歧，其原因之一，可能在於屠殺的定義。大屠殺的英文是 massacre，即毫無差別地殺死很多人的意思。歷史上著名的「聖．巴索羅眯的屠殺」，乃是一五七二年八月以後，法國國王查理九世對巴黎新教徒的屠殺，其犧牲者據說有三、四千人；二次大戰中的「卡金森林的大屠殺」，為德、俄兩國論爭責任之波蘭軍官被屠殺事件，該事件犧牲者為四千五百人。

中國把這個事件叫做南京大屠殺事件，也稱為南京 atrocity，是包括更廣義的暴行。但單就殺死而言，計算人數時要不要把軍人和老百姓分開，分開與否其人數便會有很大的差別；且南京屠殺事件，是只限於南京市內，還是包括其市外，以及其期間的長短，計算時若標準不同，一定會有距離。

中國方面計算大屠殺的死者人數時，所根據的是紅十字會和崇善堂所埋屍體的紀錄，這些屍體，應該包括了戰死的軍人，亦即戰死者與被屠殺者的區別並不清楚。然若從這個戰爭是日本帝國主義非法的侵略戰爭這種觀點來解釋的話，把因戰鬥而犧牲者也算做被屠殺者，應該也不是完全沒有道理的。

撰寫實證的歷史書「日中戰爭史」（河出書房新社，一九六一年）的秦郁彥認為，「被殺害的老百姓，可能在一萬二千至四萬二千（人）」。「松井上將哭了嗎？」（「諸君」，一九八四年十月號）一文中，更把屠殺的內容分成㈠對軍人（a.殘兵的殺害，b.投降兵的殺害，c.戰俘的處刑，d.便衣兵的處刑），㈡對老百姓（a.掠奪，b.放火，c.強姦及強姦殺害，d.殺害），第㈡項的c.、d.與第㈠項的d.，被屠殺的對象是被誤認為是便衣兵的老百姓。

秦氏所做的分類中有關老百姓的被殺害，當然是屬於屠殺，而其他投降兵和戰俘的被殺害，也是屠殺。殺害放棄武器及沒有抵抗意思的人，此不僅違反國際公法，更是人道上的問題。再者，把逃入難民區穿便服的兵役適齡者挑出來當做便衣兵來處刑（數目之多後文會提到），這些人，並非不適用陸戰法規的游擊隊，而是怕死逃往難民區的不抵抗士兵，不經法定手續，就把他們毫無差別地予以處刑，自是屠殺。而最大的問題是，日軍在南京曾經有組織、有計畫地處刑了許多投降兵、戰俘和便衣兵這件事。

殺害戰俘

在日本努力於欲在國際社會上被肯定為現代國家的明治、大正時期，日軍曾努力於遵守國際公法，對戰俘也根據戰時法規給予待遇。根據記載我們可知：日俄戰爭時的俄國戰俘、第一次世界大戰時的德國戰俘，在日本國內的收容所都得到應有的待遇，使他們對日本有好感。但在中日戰爭日本的表現就不是這個樣子，他們徹底地殘殺不抵抗的戰俘，這不僅是違反國際公法，而且是超越國際公法之上的倫理上和道德上的問題。

陸軍步兵學校曾出版，附上香月清司校長之序的「對支那軍戰鬥法之研究」（一九三三年一月）的秘密小冊子，把教官冰見上校的研究，發給步兵學校的學生以及召集校官對於「對支戰鬥法教育」做參考的。其中對於「戰俘的處置」這個項目，這樣寫著：

「戰俘不必像對其他列國人那樣後送監禁，以待戰局；除特別情形者外，得在現地或者移至他地予以釋放。中國人的戶籍法不但不完全，而且兵員大多是流浪者，人們很難確認其存在與否，因此縱令把他們殺掉或釋放於其他地方，在社會上不會發生什麼問題。」

國際公法不適用於中國

關於日方對待戰俘的方式，說中國兵跟俄國兵和德國兵不同，中國兵被殺掉沒關係的論調，很明顯地表現了藐視中國的態度。事實上，自九一八事變以來，日軍在中國的行動，其無視國際公法自不在話下，實遠離了人的尊嚴和對人命的尊重，在在藐視中國。而且，中日戰爭起初叫做「北支事變」，繼而稱為「支那事變」，不宣而戰地擴大戰線，但卻又不把它當做戰爭。由於不是戰爭，所以不適用交戰法規，因此「決定不把抓到的中國人當做俘虜」（遠東國際軍事法庭對於武藤章的訊問紀錄，見洞富雄「決定版，南京大虐殺」。）

這裏所謂不適用交戰法規的決定，似是指一九三七年八月五日陸支密第一九八號陸軍次官給支那駐屯軍參謀長的通牒，爾後逐次發給各部隊的文件而言（防衛研修所戰史室「戰史叢書，支那事變陸軍作戰2」，一九七六年）。這個通牒說：「在目前的情勢，帝國並不對中國從事全面戰爭，因此並不適用『有關陸戰法規慣例條約及其他有關交戰法規之諸條約』的具體事項以行動」，對於害敵手段的選用，要儘量尊重規定，但更要避免「令人感覺日本先於中國決心從事中日全面戰爭的言行（譬如戰利品、俘虜等名稱的使用）」。這些文字表面上看來可能會令人誤解不要接受戰俘也說不定。不過，不把它當做國際公法上的戰俘，並不就等於可以把他們殺掉，但實際上，於戰爭一開始，日軍就大殺戰俘。亦即從上海的戰鬥，便有日軍非法殺害戰俘的史料。例如根據當時出動上海的第三師團步兵第三十四聯隊的戰鬥詳報，在大場鎮附近戰鬥的「捕獲表」，就有「俘虜」准軍官以下一百二十二名，「大部分俘虜送到師團，一部分在戰場上予以處分」的記載。

又根據第十三師團步兵第一百十六聯隊，劉家行西方地區的戰鬥詳報，在十月下旬的「捕獲表」有「俘虜准軍官士官士兵二九名」，並說「俘虜全部，因戰鬥中，故予以槍殺」（步兵第一百十六聯隊「自昭和十二年十月二十一日至昭和十二年十一月一日在劉家行西方地區的戰鬥詳報」）。我們從正式的報告中，可以知道日軍在現地殺掉戰俘的情形。

中島師團長的日記

我們更可以從史料，窺悉軍和師團曾經命令或指示殺害戰俘，並有組織地殘殺戰俘。

第十六師團從華北轉進，登陸於白茆江，爾後沿長江前進，由東方和南方迫近南京，在下關遮斷退路，占領後擔任南京市內的警備，最近公開了這個師團的師團長中島今朝吾中將的陣中日記「南京攻略戰〈中島第十六師團長日記〉」（增刊「歷史與人物」，中央公論社，一九八四年十二月）。其一九三七年十二月十三日，有令人觸目驚心的記載：

「一、如此這般，敗退的敵人，大部分出於第十六師團作戰地區內的森林村落地帶，同時也有從鎮江要塞逃出來的，到處有俘虜，實在不勝應付。

一、本來是不抓俘虜的方針，故一個一個地把他殺掉，但一千五千一萬的人群，則欲解除其武裝也不可能，唯他們已經完全失去戰意，絡繹不絕地跟來，故並不危險，但如果騷擾，則很難因應，因而以卡車增派部隊，以資監視和誘導。十三日黃昏，需卡車的大活動，唯戰勝不久，很不容易馬上實行，此種處置從未料到，故參謀部大忙而特忙。

一、要埋葬這七、八千人，需要有很大的壕，但又找不到，因此準備把他們分成一百人二百人，將其帶到適當地點，然後予以處理。」

師團長當日的日記說，「本來是抓俘虜的方針」，表示這是軍的方針，這與前述上海派遣軍參謀，長勇所說的話是一致的。根據師團長的日記，第十六師團在十二月十三日那一天，便「處理」了二萬四、五千的戰俘。

佐佐木旅團長的日記

中島師團長所屬步兵第三十旅團長佐佐木到一少將是陸軍數一數二的中國通，更以「一個軍人的自傳」（勁草書房，增補新版，一九六八年）的著作馳名。進攻南京時，佐佐木指揮步兵第三十八聯隊和步兵第三十三聯隊第一大隊等，而為佐佐木支隊，迫近南京城的北邊，向下關以截斷退路。該書「南京攻略」（「進攻南京」）時的日記，十二月十三日那一天這樣寫著：

「這一天，遺棄於我支隊作戰地區內的敵屍達一萬數千，此外，如果加上裝甲車在江上所擊滅者以及各部隊的俘虜，單我支隊，就解決了二萬以上的敵人。

下午二時左右，大致完成掃蕩，使背後安全，整頓部隊前進至和平門。

爾後，俘虜陸續來降，達數千人。激憤的士兵，不聽長官的制止，一個一個地殺。回顧許多戰友的流血和十天的辛酸，不要說士兵，連我也想說『統統幹掉』。」

在佐佐木旅團長所屬步兵第三十三聯隊的「南京附近戰鬥詳報」，「自昭和十二年十二月十日至昭和十二年十二月十四日第三十三聯隊捕獲表」說，「俘虜軍官十四，准軍官士官、兵三千零八十二」，「俘虜予以處決」。因同時在「敵的遺棄屍體（概數）」這個項目又說，「十二月十日二百二十，十一日三百七十，十二日七百四十，十三日五千五百，以上四日共計六千八百三十」，「備考，十二月十三日的部分，予以處決，包括殘兵」。

十二月十四日，佐佐木旅團擔任南京城內外的掃蕩。根據該旅團步兵第三十八聯隊「昭和十二年十二月十四日南京城內戰鬥詳報第十二號」的記載，十二月十四日凌晨四時五十分，以「步兵第三十旅團命令」，命令「旅團於本十四日將徹底掃蕩南京北部城內外」，「各部隊有師團指示，不得受理俘虜」。這個戰鬥詳報的附表說：「俘虜（軍官七十，士官、兵七千一百三十」，備考「俘虜七千二百名是第十中隊受命守備堯化門附近時，十四日上午八時三十分左右，數千名舉著白旗前來，下午一時解除其武裝，護送至南京者」。雖然有各隊不得受理俘虜的命令，惟第十中隊以七千二百名的大量俘虜，遂把他們送到南京。

處分俘虜

處分俘虜的命令，我們在旁的地方也可以看得到。在第三師團「第六十八聯隊第三大隊陣中日誌」說，在十二月十六日的聯隊會報，以「藤田部隊（第三師團）會報追加」，「以後俘虜兵，調查之後在各隊予以嚴重處分」。這表示俘虜的處分是師團的命令。

對於軍、師團等上級司令「不要接受俘虜」，「槍斃俘虜」的命令或者指示，第一線部隊是怎樣做法呢？畝本正已的「證言『南京戰史』(5)」（「偕行」，一九八四年八月號）有如下的敘述。

第十六師團步兵第三十八聯隊副官兒玉義雄的回憶。

當聯隊的第一線接近南京城一、二公里，彼此正在混戰時，師團副官以電話說是師團命令而道：『不得接受支那兵的投降，並予以處置』。我以為這絕不可以，而受到很大的震驚。」

師團長中島今朝吾中將是位很豪爽的將軍，人品好，但唯這個命令我實在無法接受。

我曾對參謀長及其他參謀建議過幾次，但未能獲得其同意，所以我也有責任。

部隊非常吃驚而為難，惟因是命令，不得已遂對各大隊下達，但以後各大隊卻都沒有任何報告。由於正在火拚，其情況自可想像得到。

又，獨立攻城重砲兵第二大隊第一中隊觀測班長澤田正久，亦就前述第三十八聯隊戰鬥詳報的俘虜七千二百人，在同一刊物作證說：

「俘虜數目一萬左右（因為在戰場，沒有正確地算，記得有大約八千以上」，遂報告軍司令部，司令部命令『應立刻予以槍決』，我拒絕，改而命令『把他們帶到中山門來』。我說這也不可能，因此又命令『將增援步兵四個中隊，你也一起到中山門來』，於是我也跟他們同行。（中省略）

我於快畢業陸士（陸軍士官學校簡稱，它是軍官學校——譯者）的一九三七年六月，在市谷大禮堂聽過飯沼守學生隊長的紀念演講『關於俘虜的處置』，他教我們應該好好對待俘虜。這個學生隊長現在是上海派遣軍的參謀長。畢業後僅僅五個月的今日卻說『應立刻予以槍決』，這是誰決定和下達的命令？當時我心痛的情形，當時自不必說，現在還是一樣。」

山田支隊殺害俘虜

大量殺掉俘虜，並不限於第十六師團。十月初，增派到上海戰線的特設師團——第十三師團（師團長是荻州立兵中將），在參加戰鬥之前，於十月九日，曾以師團司令部名義，發出「關於戰鬥的教示」，對於俘虜的處置方針，有如下的指示（「第十三師團戰鬥詳報別紙及附圖」第一號）。

「有許多俘虜時，不要予以槍決，解除其武裝之後，將其集中於一地監視，並應報告師團司令。又俘虜中如有軍官，不要槍斃，解除其武裝後應送到師團長司令部。這些人在軍，不僅是收集情報，亦可利用於宣傳，故此時要使各部隊徹底明瞭。但少數俘虜，經過訊問之後，則適當地處置。」

換句話說，多數俘虜和軍官，必須報告司令部，少數俘虜在各隊，可以適當地處理。而這個師團之會津若松的步兵第六十五聯隊，在南京竟抓到很多的俘虜。

進攻南京時，第十三師團主力渡過長江，截斷津浦鐵路，其中一部分的山田支隊（步兵第一百三旅團長山田栴二少將所指揮之步兵第六十五聯隊的基幹部隊），沿長江南岸，前進第十六師團北邊，在南京北方的烏籠山和幕府山附近截斷退路。這個山田支隊於十四日拂曉，在幕府山附近，「獲得一萬四千俘虜」（「戰史叢書，支那事變陸軍作戰1」）。當時的「朝日新聞」報導它說，抓到一萬四千七百七十七名俘虜（洞富雄「決定版，南京大虐殺」）。

對於山田支隊抓到一萬四千多俘虜，「戰史叢書」並未舉出出處資料。而說，釋放其中的非戰鬥員，收容八千人，當夜逃亡大半，十七日夜準備釋放於對岸而移動到江岸時發生恐慌，襲擊警戒點，因而槍殺一千人，其餘的逃亡。但洞富雄根據從軍於第六十五聯隊的作家秦賢助的日記等等，主張這些俘虜是於十七日或者十八日被屠殺。洞富雄所批判鈴木明的「『南京大虐殺』的幻影」，曾經介紹過山田支隊長的備忘錄，其中就這批俘虜有這樣的記述：「十三日，上午四時半出發，前往幕府山。抵達砲台附近時，有許多投降兵，很難應付。」「十四日，為處理俘虜事遣派本間少尉到師團，師團竟命令『處理掉！』各隊沒糧食很窮困。俘虜中的軍官，據說幕府山有糧食，遂將其送去。要養俘虜實在很難。」「十八日，為俘虜事操心，視察江岸。」「十九日，為俘虜事延期出發，上午，總動員予以處理。」

支隊長山田少將與支隊主力的步兵第六十五聯隊長兩角業作上校，似乎並不希望殺害俘虜。惟因師團命令「處理掉！」加以糧食不足，監視困難等等，可能監禁幾天之後，就把這些俘虜槍決於長江江岸。

很大的戰爭犯罪

跟這件事有關連的是，根據沒死的唐廣普的說法，有一大批被關於幕府山麓的草營房，既不給吃也不給喝而衰弱的俘虜，被帶到長江獅子山附近沼澤地去屠殺。而且，有一位曾經參加過此項屠殺的日本兵，後來很勇敢地站出來作證。亦即一九八四年八月四日的「每日新聞」，刊出步兵第六十五聯隊的上士栗原利一，在當時所畫現場的素描和紀錄。他說，十二月十七日或者十八日晚上，一萬三千五百名俘虜，雙手被綁在後面，且綁成一串，被帶到離開收容所四公里的長江江岸，全部槍決，因而對於「戰史叢書」所說俘虜鬧起來才自衛開槍反駁說「雙手被綁在後面，連動都不能動的俘虜，怎麼可能集體暴動？屠殺是事實。我們應該把它說出來」。同年八月十五日的「每日新聞」，也刊登前上等兵兒玉房弘的作證：「作為機關槍隊的一個隊員，我也參加了屠殺」，以證明栗原的證言。

不止是第十六師團和山田支隊，雖然有規模之差別，在其他地方也有許多殺害俘虜的例子。又對於放棄武器，沒有戰意的投降兵就地也殺得很多。軍中央既然通告不適用國際公法，不使用「俘虜」的名稱，方面軍和軍之指示不要接受俘虜的方針，參謀敢用軍司令官名義命令槍斃俘虜，因此第一線部隊之就地殺害投降兵，以及對於束手無策的俘虜，集中予以殺掉都是很可能的。但俘虜之有組織的大量殺戮，不管有任何理由，還是屠殺。這是對人的尊重的冒瀆，是很大的戰爭犯罪。

三、對老百姓的殘暴行為

殘殺老百姓

遠比殺害俘虜更非法的是，殘殺非戰鬥的老百姓。而許許多多老百姓之被犧牲，便是被人們稱其為南京大屠殺的原因。

當然，日軍並沒有公認殺害普通老百姓。據說，松井方面軍司令官於十二月十五日，對其所指揮兩軍進攻南京的命令，親自加上「尤其對於喪失抗戰意志者和一般官民，要採取寬容慈悲的態度，並予以宣撫愛護」（田中正明「『南京大虐殺』．松井石根的陣中日誌」，「諸君」，一九八三年九月號）。但實際情況並不符合這個方面軍司令官的意圖。對於俘虜，上面我們已經說過，對於老百姓，軍的態度也有很多問題。

第十軍在登陸杭州灣前的十月二十一日，曾指示軍司令官柳川平助中將的訓示於其麾下的官兵，同時通告「軍參謀長的注意事項」（昭和十二年支受大日記〈密〉第十一號）。其中在「對支那老百姓的注意」，要求出於斷然的處置如下，對於一般老百姓的保護卻隻字沒提。

「在華北尤其是上海方面的戰場，一般支那老百姓，即使是老人、女人或者小孩，很多幹敵人的間諜，或告知敵人以日軍的位置，或誘敵襲擊日軍，或加害於日軍的單獨兵等等，不能粗心膽大的實例，故需要特別注意。尤以後方部隊為然。如果發現這些行為，不得寬恕，應採取斷然處置。」

此外，參謀長注意事項又補充說：「應徹底利用現地物質」，「鑒於上海戰的例子，在房屋天花板上藏著很多糧食，在現地物質的利用上要注意」。當然，軍司令官和參謀長並沒有同意他們毫無差別地殺害或者掠奪老百姓，但給予他們這樣特別的注意，而很可能予第一線部隊的行動以某些影響。松本重治的「上海時代（下）」有這樣一段話，說是隨從柳川兵團的同盟記者講的，它說：「柳川兵團的進攻之所以如此迅速，是因為在官兵之間有『可以任意掠奪、強姦』的暗默的諒解。

許多證言

自登陸杭州以至到南京的第十軍，在其中途自稱「徵發」（徵用）而掠奪糧食，抓老百姓來驅使，以及強姦婦女等等，本多勝一的「到南京之路」（「朝日雜誌」〈Asahi Journal〉，一九八四年四月十三日至十月五日）有很詳細的介紹。

與此同時，上海派遣軍在上海激戰，損失很大，所以對中國軍民的敵愾心很強，因此而有更厲害的越軌行為。曾根一夫的「私記．南京大虐殺」正、續（彩流社，一九八四年），有驚人的體驗殘暴行為的紀錄。曾根是第三師團步兵第三十四聯隊的分隊長，參加九月一日以吳淞上游以來的上海戰，成為進攻南京的第二線兵團，也列席過進南京城的儀式。這部體驗記錄告訴我們；經過上海的激戰，得悉不能早日回國的士兵們，逐漸自暴自棄，開始砍俘虜的頭，把俘虜當做刺刀的練習品，而慣於殺人；假藉徵用名義，掠奪糧食，在這過程中凡遇到婦女則予以強姦，因怕強姦被發覺，故姦污後便把她殺掉；為報復其士兵去掠奪而被殺，把整個村莊放火燒掉，不分男女老幼，全部殺光等等。他更說，這種殘暴行為不僅在南京，從上海到南京的廣泛地區皆有。

在包括南京的中國戰場，前幾年曾經出版過參加非法殺害中國老百姓者的坦白書。譬如小俣行男的「侵掠」正、續（德間書房，一九八二年）、「侵略——一個從軍士兵的證言」改版（日中出版，一九八二年）、中國歸還者聯絡會編「新編．三光」（光文社，一九八二年）等等。

至於殘暴行為的犧牲者的正確數目，則很難計算。恐怕其概算也很不容易。曾根對於三十萬人被殺事說：「我不知道日軍所殺的確實人數，但我並不覺得中國方面所說的數字是誇大。也許比這個數目還要多。『南京虐殺事件』不只是南京地區，從出發上海附近，以至掃蕩南京，很廣泛地發生過」。三十萬人這個數字，沒有具體的根據。也許是二十萬人，或許是十萬人。但從上海到進攻南京的整個局面，到處有過集體屠殺，許許多多的證言和記錄證實了這一點。

「皇軍的崩潰」

對於一般老百姓，特別是婦女老幼的殘暴行為，軍並沒有有組織的從事，上級幹部曾告戒其非法，也有取締的憲兵。但越軌行為太多，憲兵實在束手無策。分配於第十軍的憲兵軍官上砂勝七的回憶錄「憲兵三十一年」（東京生活社，一九五五年）說：「因為對於幾個師團二十萬大軍，只分配不到一百名憲兵」，所以「只能做到逮捕太過分的現行犯而已」。而「第十軍法務部陣中日誌」和「中支那方面軍軍法會議陣中日誌」（前述「續現代史資料6軍事警察」）則刊有因強姦、殺傷罪而在軍事法庭被處罰的例子。一九三八年二月十八日，第十軍所調查被告事件一覽表載，以強姦、殺人等罪名處決者一百零二人，未決者十六人，但這必定只是其中的一部分例子而已。而且，有的部隊長還責備憲兵「取締得太嚴格」呢！

根據同樣為憲兵的大谷敬二郎著「皇軍的崩潰」（圖書出版社，一九七五年）的說法，中島第十六師團長對於於一九三八年一月初訪問南京的阿南惟幾陸軍省人事局長大言壯語說：「支那人，殺多少也沒關係，」故「在這個司令官底下，殺人、掠奪、強姦，可能像占領的特權那樣橫行」。由於軍紀風紀的頹廢，占領軍意識，對於中國人的敵愾心，而未充分取締的指揮官，應負其責任。

掃蕩城內與挑出殘兵

我認為，在南京城內殺害老百姓，大多因十二月十三日占領後掃蕩城內，以及自十二月下旬到一月上旬之挑出「殘兵」而發生。十二月十二日夜防衛南京的中國軍敗退，惟因完全為日軍所包圍，故欲從把江門逃到長江對岸的則在下關被佐佐木支隊，擬沿長江上游撤退者則在江東門附近被第十六師團，準備往下游去的則在幕府山附近被山田支隊捉拿或殲滅。在市內來不及逃脫的，則丟棄武器，脫掉軍服潛伏於市內或逃往難民區。這些便被日軍挑出殺掉，此時許多老百姓因而遭殃。

掃蕩城內，第十六師團擔任中山路以北，第九師團負責其以南。第九師團步兵第六旅團因此發「關於進入城內的旅團命令」，後來刊登於「證言，『南京戰史』(7)」（「偕行」，一九八四年十月號）。其中在「南京城內的掃蕩要領」說：「逃跑的敵人，大部分很可能化裝便衣，因此可疑者應該統統予以逮捕，並監禁於適當位置」，在「關於實施掃蕩的注意事項」則說：「青壯年一律認為是殘兵或者便衣兵，應該全部予以逮捕和監禁」。

這個「殘兵」和「便衣兵」的數目究竟有多少，暫且不談，但卻有許多「把他殺掉」、「看到把他殺掉」的證言。十二月十七日，舉行松井方面軍司令官和朝香宮上海派遣軍司令官也參加的入城儀式，所以掃蕩作戰更是徹底。

否定屠殺的人主張說，能夠獲得國際公法上俘虜待遇的，只限於著正式軍裝的軍人，便衣兵是游擊隊，所以「處分」他們也不算是屠殺。但被認為是「便衣兵」的大部分，卻都被截斷退路，畏死而潛伏的人。不分別是否老百姓，也不採取法定措施，只以其有士兵的嫌疑就予以處刑，無論如何絕對說不過去。

十二月二十一日，華中方面軍移至新配置，南京及其周圍地區則由第十六師團擔任警備。步兵第三十旅團長佐佐木少將出任南京城內的警備司令官，佯稱「肅清工作」，指揮搜出便衣兵。日軍認為最少有六千便衣兵潛入難民區，因此自一九三八年一月上旬開始其挑出和處分。根據作證，其挑出標準為，天庭有帶過軍帽痕跡者，穿短褲有曬黑部分者等等都是當兵的，所以便把這些人帶到下關長江江岸碼頭去槍斃。但縱令曾經是軍人，也不能成為被處刑的理由，何況一定有老百姓被誤認和誤殺。根據佐佐木的私記，其數目為兩千，加上城外的殘兵，「在下關處分者達數千」。

有許多日方和從當時現場生還的中國人作證說，他們看到用鐵絲或麻繩綁住的俘虜和便衣兵，一批一批地在下關的煤炭港、魚雷營、中山碼頭等地被處刑。我們不能因為其證言與日軍的戰鬥詳報有出入或矛盾，而就否定集體屠殺的事實。

犧牲者的數目

在南京及其四周，究竟有多少人犧牲，在今日要確定它，實在非常困難。如果把被害者方面所說的數目單純的加算，當然會愈來愈多，反之，加害者方面必定要說出這個矛盾那個矛盾，以減少其數字。因此，我們還是根據遠東國際軍事法庭所採用的紅卍字會和崇善堂所埋葬的紀錄來計算比較可靠。

紅十字會南京分會的救援隊所埋葬的屍體，迨至一九三八年三月，城內一千七百九十三，城外三萬六千九百八十五，一共三萬八千七百七十八，四月以後，城外四千三百四十五，共計四萬一千一百三十三具。洞富雄以刊於一九三八年四月十六日「大阪朝日新聞」「北支版」之林田特派員的報導，與紅卍字會、自治委員會和日本山妙法寺的僧侶共同在城內埋葬一千七百九十三，城外三萬三百十一，以及還準備處理城外者大致符合，而認為紅卍字會的紀錄是可信的（「決定版・南京大屠殺」）。

在另一方面，南京市崇善堂掩埋隊的報告說，迄至四月八日，在城內埋葬七千五百四十九，四月九日至五月一日，城外十萬四千七百十八，共計十一萬二千二百六十七具。紅卍字會與崇善堂似把城內分成東西去從事埋葬，而崇善堂在城內的紀錄有詳細的收容場所和埋葬地點，但自四月九日以後城外的十萬多這個數目太大，該項報告說掩埋隊人員為四十九人，四十九人在三個星期之內，是否能夠埋葬那麼多人，實不無疑問。否定屠殺者以崇善堂是葬儀社，而主張其報告為胡說，但崇善堂是前清時代就存在（成立於一七九七年），民國二十三年當時擁有三十三所不動產和大約六千元債券等的慈善團體，不是普通商人，其所說城外的數目或許有誇張之處，但我們卻不能因此而就否定其報告。

而且，埋葬屍體的不止是這兩個團體。南京市長高冠吾在城東地區埋過三千多具，日軍和附近的居民也應該埋葬過才對，被丟進長江的屍體也很多，還有被沈下沼澤和溝渠的。隨將來在現地的發掘，以及日方當時的生存者的見證，相信更能接近其真相。而如前面所述，關於進攻南京時中國人死者的數字，因其期間與範圍之認定而有很大的差距。總之在目前，我認為，檢討各種紀錄結果，以為「在南京城內外死的中國軍民，不下二十萬人」之洞富雄的推斷最為可靠。（本文作者為中央黨史會副主任委員，東吳大學教授）

譯註：本文還有一章專談為什麼發生大屠殺，但譯者把它省略了。本文譯自藤原彰著「南京大虐殺」的小冊子，於一九八五年，由岩波書店出版。作者藤原氏是陸軍士官學校畢業，以步兵小隊長身分，參加華北、華中、華南作戰，前後達四年。戰前畢業於東京大學，現任一橋大學教授，專門研究現代史，特別是政治史和軍事史。

另外，有關南京大屠殺的資料，尚可參閱陳鵬仁譯「石射猪太郎回憶錄」（水牛出版社，民國七十六年）及「鐵蹄底下的亡魂」（黎明文化事業公司出版，民國七十年）兩書。

（原載「歷史教學」雜誌第一、二期）

附錄三　讀清澤洌的「黑暗日記」

日本的政論家、美國問題的專家清澤洌，於一九八〇年二月八日，出生於長野縣，十六歲時赴美，半工半讀於惠特伕斯大學 (Whitworth College)，專研政治經濟。一九二〇年回國後，先後擔任「中外商業新聞」、「朝日新聞」記者；一九三〇年，以「中央公論」雜誌社的特派員身分採訪倫敦裁軍會議，並撰寫了美國的胡佛、福特、英國的麥克唐納和義大利的墨索里尼的訪問記。爆發太平洋戰爭之後，由於軍方嚴格統制言論，毫無言論自由，因此，清澤自一九四二年十二月九日起開始寫日記，寫到一九四五年五月三日；於十八日後的五月二十一日，因急性肺炎去世，享年五十五歲。

「黑暗日記」於一九四九年九月二十日，由東京東洋經濟新報社發行。他的日記，發揮了自由主義者的真面目，在那樣日本軍部獨裁、無惡不作的黑暗時代，能有此種見解，的確難得。值此抗戰勝利五十週年，筆者擬酌予介紹其內容，以享讀者；而由此亦可見抗戰期間，日本國內的種種情形，以及清澤冽見地的非凡。

※　※　※

一九四二年十二月十二日（星期六）

這個戰爭的第一個失敗是，持極端意見者佔中樞，不讓一般有識之士分擔責任。

十二月二十二日（星期二）

尾崎行雄（國會議員—引述者），在第一審以「不敬罪」被判處八個月有期徒刑，緩刑一年（這是以四月十二日，尾崎在東京日本橋有馬國民學校等處所發表演說，批判了天皇，認為是不敬的行為而予以起訴者）。

一九四三年一月十四日（星期四）

昨日應東京市的招待。在座有一個撰寫文部省所發行「臣民之道」的仁兄。他開口閉口八紘一宇，低級到極點。他是國民精神研究所所員。現今的日本是這種人的天下。

二月二十二日（星期二）

大東亞戰爭是浪花節文化的復仇思想。報紙罵美國為迷利犬（美利堅），英國為暗愚魯（盎格魯或安格魯），更痛罵宋美齡之訪問華盛頓。他們認為，要打勝仗，必須這樣做。

二月二十五日（星期四）

正木昊律師，發行著名叫「從近處」的小刊物。其一月號和二月號非常反軍，極其諷刺。在戰時能出此種內容的刊物，真是可驚，他的道德勇氣實在可敬。他是徹底的民主主義者，文章又寫得好。

三月十六日（星期六）

關於歸還租界，堀內謙介（前駐美大使）表示：日皇曾對東條說，「有吉（明）公使說，在中國的洋人，把盤子的菜都吃光；但日本人卻連盤子都吃掉了」。惶恐的東條，回去以後，告訴高等官以日皇的意思，於是改變了對支（汪政權）政策。

四月三十日（星期五）

每天早晨的廣播，多是低級而愚蠢。……昨天早上，筧克彥博士（憲法學者）首先念祈禱文，然後三說「萬歲，萬歲」，簡直是神經病。

六月三日（星期四）

早晨，透過收音機聽了德富蘇峰的演講。他說帕利有占領日本的意圖（指一八五三年，美國帕利之叩日本大門而言—引述者），所以不應該建立他的像。感謝羅斯福調停日俄戰爭是非常愚蠢的。美國人是好戰的國民，美國是無仁義道德的國家。

現今是德富時代，這個曲學阿世之徒！危害日本，莫此人為甚。

六月十九日（星期六）

在現今的日本，最神氣者，不是糊塗蛋就是機會主義者。野口米次郎、德富蘇峰、久米正雄……鶴見祐輔、永井柳太郎皆屬之。

七月七日（星期三）

中日事變六周年。早晨的廣播說：「操縱中國的是美英。只有蔣介石沒趕上，中國民眾都與日本站在一起」。此種想法，在中日事變六周年的今日，仍然占據著日本國民的腦袋瓜。擊敗美英，中國民眾就會變成親日嗎？中國人完全沒有自我嗎？

今晨，照例，由滿洲國、汪精衛、菲律賓的巴爾加斯等要人，播出讚美日本政策的廣播。這種小兒科自我滿足的作法，祇會貽笑全世界。

看了H. G威爾茲著 The shape of things to come, 1933 一書（威爾茲是英國的小說家、思想家——引述者）。他認為以九一八事變為起點，日本和中國將展開全面戰爭。日本贏中國三次，但會像拿破侖那樣戰敗。一九四〇年，日本將與美國戰爭。威爾茲的預言太準確了。日美戰爭的爆發只差一年。他說：「將來的歷史學家必將懷疑日本人的精神是否正常」。

七月十五日（星期四）

我在田中義一內閣時代（一九二七至二九年——引述者），曾經說過所謂對華強硬政策這將是最後一次，因為我覺得由於田中非常的失敗，日本國民覺醒了。但日本國民並沒有反省。

在地方上，據說人民都相信，美國如果戰勝，他們的財產將被沒收，國民將被殺。日本國民的無知到此種程度。

七月十七日（星期六）

昨天晚上，有二六會的聚會。我是聯絡人。以谷川徹三為主賓，參加者有馬場恒吾、正宗白鳥、上司小劍、島中雄作、阿部真之助。皆對時局有意見者。

發出防空演習警報時，在丸之內大廈廁所內，竟被令俯臥把臉貼在地板上，無理到極點。二十來歲者得意洋洋在那裡發號施令。

七月二十二日（星期四）

所謂議會（國會），是對現地派遣軍決議感謝的地方。

七月二十五日（星期日）

日本人雖然不是愚蠢，但也是偉大的國民。跟德國人重複同樣事情一樣，日本人今後也一定重複同樣的事。

田村幸策（法學博士）君說，在每日新聞的大東亞調查會，學者們正在研究有關戰爭責任的問題。此時來了一個秋田中佐，他說：「這不是已經很清楚了嗎？責任在邱吉爾和羅斯福。還要研究什麼戰爭責任，真是奇怪」。學者專家們都沒有敢吭氣。

七月二十九日（星期四）

水野廣德氏（預備海軍大佐，「此一戰」的著者）來信，就其手術盲腸炎的經過說：

因年老加以絕無營養物，故體力遲遲不能恢復，真令人不耐煩。雖然這是大事鼓勵生育嬰兒的時代，我們老人欲要一瓶（〇、一八公升）牛奶，必須有醫生、鄰組（左鄰右舍組織—引述者）、町會、區公所的證明，三天或五天才有一次配給，而且三次總有一次是壞的，實在「活得毫無意義」。

八月三日（星期二）

片岡鐵兵君（作家）說，情報局和檢閱方面工作，因都是立志文學失敗者在幹，所以不可能對我們好。嫉妒和憎怨是這個時代的特徵。亨田布爾格(Hindenburg)在其所著（從戎的生涯）說：「亞洲人除復仇外沒有美德」。

八月二十三日（星期一）

小汀利得說，最近的小偷全是戴戰鬥帽或穿國民服者。暗中的犯罪非常之多，如果是軍屬或軍工廠員工，通常警察和法院是不會辦的。他們完全是治外法權。

八月三十日（星期一）

到東洋經濟新報社。伊藤正德君也來。石橋湛山君說，在山中湖（地名）與有田八郎（前外相、現任眾議員）面談，有田對時局也非常悲觀。據說東條首相以下還很樂觀。大概因為在其位才樂觀吧。

伊藤君說，美國似在拉巴烏爾拚命。拉巴烏爾如被攻下，第一線將被突破。美軍如到菲律賓，日本將完蛋。

九月五日（星期日）

與坡本直道君見面。他曾任滿鐵巴黎辦事處主任，是很有見識的人。他說，在重臣會議，東條首相說：「德國和義大利竟勢力不振，完全意外，估計錯了」。重臣皆啞口無言。

重光（葵）到廣田（弘毅）處，請他協助出任駐蘇大使以打開對蘇關係。廣田說他不行，最好請東鄉（茂德）前往。與東條商量，東條不點頭。因為在東條內閣時東鄉辭去外相，故東條在感情上不喜歡東鄉。

在國際關係最重要的時候，報刊不刊登國際關係的文章。只有精神的說教才吃香。

谷萩（那華雄）陸軍報導部長在宇都宮演講，照例報紙予以大吹大擂。陸海軍少、中佐的演講，作著外國首相程度的報導，是今日日本的特徵，由此當可知道誰在控制報刊。值得注意的是，他說：「美國如果能夠放棄侵略東亞的非分願望，彼此之間自無從事殊死戰的理由」。這似為「觀測氣球」。他又說：「美國的國內情勢不容許長期戰」。這如給外國人知道，將被譏笑。美國認為現在才要開始痛打日本。

九月十二日（星期日）

義大利的悲劇是，無大帝國的實力，而竟想成為大帝國。日本各報痛恨義大利的倒戈；但撕毀德蘇協定的是日本盟邦德國，要搞清楚！

刻下最大的痛苦是對於低級的議論，不加以任何批判。此種情況使輿論日趨墮落。

小汀利得君說：「參謀本部希望東條不要兼任陸相，另設專任的陸相。但東條是不會辭掉兼任陸相的」。

九月十八日（星期六）

今日是九一八事變十二周年，報紙刊登著馬尼拉的齊藤報導部長對菲律賓人的廣播。其大意是說，九一八事變是大東亞戰爭的第一步，也是為解放他民族的第一步。希望菲律賓人能夠理解日本的這種誠意。

日本軍人似乎以為說這種話菲律賓人就會感動。但按照常理，不提九一八事變，以避免勾起他人的記憶才是常識。他故意提此事，實在愚蠢。

九月十九日（星期日）

甲午戰爭的論功行賞，在戰爭結束後先設審議會，八月五日開始行賞。中日戰爭至今尚未解決，竟行賞了四十幾次。

下午四時，依約往訪近衛公爵。聽了他說有關日美交涉的經緯大約一個半小時。他表示對於目前的時局，束手無策。他加了一句：「這樣說或許太不負責任」。近衛公爵又說，隨戰爭日趨激烈，軍部可能採取更高壓的政策。

九月二十九日（星期三）

今日成立軍需省，廢止了商工省和企劃院。

上次汪精衛來日，據說是日本接近蔣介石，提出條件，宋子文將此事發表於美國的報紙。汪很不滿日本的這種作法，為抗議日本違反重慶工作要透過他來作的約定而來日本的。

十月五日（星期二）

不久前，重臣招待東條。據聞，當時岡田啟介（海軍大將，二二六事件當時的首相）說：「戰爭情況無論什麼地方都不理想」，東條於是很激動地站起來說「您沒有必勝的信念嗎?」若槻禮次郎（前首相、前民政黨總裁）稱：「收成令人擔憂」，東條也很激動地答：「我們閣員不吃東西也要一死報國。」他在國會、任何地方都非常激動。東條身邊儘是隨聲附和（Yes-man）的人，乃由他這種性格。

十一月二日（星期二）

無論如何反對從中國大陸撤兵的是東條，這個東條今日卻率先贊成。美國國務卿格魯說，東條是「坦白的機會主義者」。作為目前的政策是應該的，所以我不想抨擊他。

十一月八日（星期一）

日本不應該讓英國從東亞的舞臺撤走。英國如果在東亞，日本可與英國牽制美國。英國並不可怕。因把英國趕走了，所以英國和美國合作。排英運動是外行外交運動的最壞樣本。

在火車裡，或重要馬路，都有警察在檢查行李。據說在富山縣，有為了兩升米而自殺者。警察的工作變成要捉良民，不是要捉小偷。事實上，捉良民比較輕而易舉。

十一月九日（星期二）

以往軍人出身的首相，比較沒有出紕漏，是因為他們相當長時間在中央，懂得政治。東條首相的悲劇是，他從鄉下的幹部一下子成為中央的要人。

十一月十日（星期日）

據說，在中國的日本人，只要有人買，便要賣財產回到日本來。而愈是「中國通」愈想這樣做。這個戰爭的結果，在北美、南美、中國以及其他方面，孜孜不倦所作的努力，將全部泡影。

十一月十五日（星期一）

去看前進座的戲。第一幕的時局劇，愚蠢到極點。這是軍事保護院的推荐，情報局的後援。演員讀著平凡無味的文章。石橋君說：「他們以為這樣有效果嗎？」要以這種方法宣傳軍事思想，實在低級得無藥可救。

十一月十七日（星期三）

法國的失敗，在於欲追求大陸和海洋這兩隻兔子。而現今的日本也是如此。

十一月十八日（星期四）

到秋田去。在這裡有人告訴我：不久前武藤貞一來此演講說，德蘇會合作，英蘇將衝突，日本將獲得大勝剁。秋田人在笑，笑這些人（武藤一行）之愚不可及。

十一月二十五日（星期四）

應青木（一男）大東亞相之邀請前往。小汀、高橋（龜吉）、石橋、石山（賢吉）、長谷川如是閑、布施勝治（每日新聞董事）、阿部賢一（經濟學博士、每日新聞總主筆）等人。據說其官邸原為高島小金治（已故，前大倉組別總裁）的房子，好極了。

青木是個好官吏，但不是政治家。他說，像日本這樣的大國和戰勝國發表大東亞宣言，說明日本的偉大。她發表了大東亞宣言。青木似乎是先作形式並百分之百相信這個形式的人。青木雖然請了我客，但我覺得他不是什麼人物。重光（癸）比他好些。在這樣最高知識分子的聚會，每個人都在撒謊。若是，自很困難令國民有自信。

十一月二十九日（星期一）

讀賣新聞晚報刊載所謂美國「財富」雜誌大東亞戰爭開戰當時的報導。它說，野村、來栖兩位大使往訪哈爾國務卿，將最後通牒交給他以後才開始戰爭。為什麼要這樣大撒其謊呢？不能照實發表，非撒謊不可，是這個戰爭的道德弱點。

十二月四日（星期六）

據說，學生徵兵檢查時，絕大多數者都要志願海軍。檢查官問「為什麼？」他們多回答「喜歡海軍的服裝」，「欣賞大海」，也有人說「氣氛好」。是即他們不願意正面回答。實際上，作過學問的人，都不喜歡日本的氣氛。

十二月五日（星期日）

軍人討厭教育。因為受過教育者大多富有批判精神。可是他們卻以陸大的銀錶（高材生的標法，係由日皇授與）為榮。說來好像矛盾，其實這是由於教育的異質性所導致。

十二月八日（星期三）

大戰二周年最明顯的是，小偷的橫行。幾乎每家都被偷過，擺在玄關的鞋子、大衣馬上會被偷走。

十二月十一日（星期六）

陸軍省兵務局長指導著小學教育，他對國民學校（國民小學）也配屬軍訓教官（軍官），真是軍國政治。

賀川豐彥、高良（富子）女士皆被憲兵隊傳問，以其為英國和平團體的會員，所以要求他們寫「因英國謀略而入會，故要退出」的信，並由憲兵隊寄出。

十二月十六日（星期四）

東京大學的田中耕太郎博士的出國被取消，理由是，他為天主教徒，日本精神不徹底。最近出國的都是特攻隊般的右翼分子。他們雖然無知，卻頂有自信。到了東亞各國都說些什麼鍊成，禮貌等等。這種人怎麼能得到他們的尊敬。戰後，我很想聽聽東亞各國有識之士對日本的看法。

在泰國新大使魏謝特的歡迎會席上，大東亞省的書記官萩原徹說：東條不喜歡反對他的人。目前重光（外相）還偶爾勸勸他，如果繼續勸下去，他很可能被趕出去內閣。

十二月二十八日（星期二）

小汀君說，中國人討厭被說成烏龜。而儲備銀行券竟有「十半龜」的圖樣。這要用顯微鏡才看得見。「十半龜」的發音與日本鬼的發音相通，是罵日本的，故這個圖案的設計者被處死刑。

十二月三十日（星期四）

資本主義和共產主義是猶太人活動的兩翼！這是日本兩大報紙之一的「每日新聞」的社論。可見日本知識分子之如何低劣；他們多麼自作聰明。

一九四四年一月二日（星期日）

與中國的交涉，日本官員一定要求保證書。但中方是不會答應的。中日交涉最有希望的是，陶德曼調停的時候。蔣介石是死作英雄的。

一月四日（星期二）

東條以官吏為往昔的士族（武士）。因此似把民間人當作低一層的被統治階級。九一八事變、大東亞戰爭以還的日本政情，是軍部與官吏的合作。以戰爭為職業者，與只見到一部分的事務官員，而且是統治意識特強的傢伙，互相妥協苟合結果，弄成這種傳統。

一月九日（星期日）

往訪加藤武雄君。他與朝鮮人頗多來往。他說，在朝鮮日本官方把朝鮮人的銀製餐具等拿走，且不給陶器，所以他們的忍耐已經到達極點。

一月十四日（星期五）

近藤大畫家的長子進了橫須賀的海軍，他非常優秀。據說海軍也打人打得很厲害，時或會處罰以腳尖站一個小時。這是對於最高學府出身者的一種訓練。

一月十六日（星期日）

日本之槍殺美國的飛行員，在美國引起很大的反應。羅斯福利用這種國民感情，發行了國債。據說其成績，比所預期者好得很多。

一月二十九日（星期六）

朝日新聞的記者某君說，中國人並不把日軍稱為皇軍，而加上蟲字邊，說成蝗軍。這是蝗軍所到之處一物不留的意思。

二月十日（星期四）

日本如果戰敗的話，日本將成為被告。那時，日本勢必對其行為有所辯解。但日本外務省並沒有作好此種準備。而且覺得沒有這種必要。更不考慮戰後的世界新秩序。這實在太糟糕了。

晚上，參加柳澤健君的日泰文化會館的一個集會。無論到什麼地方，談的都是吃的食。大家都說吃不飽。翼木（嚴翼）博士說，今天他家一點米也沒有。

柳澤君的小姐上學要帶便當，但其下女卻會偷吃其一部分。罵她，她可能不幹，真不知道該如何是好。內人在教書的青山學院，停止不蒸便當了，因為會被人家偷走。每個人都耽憂著糧食問題。

二月十三日（星期日）

看李普曼(Walter Lippmann,1889~1974)的美國外交史。他說把日本和德國從強國除去，美國、英國、蘇聯和中國將是戰後世界秩序的負責人。

石橋（湛山）君說，敵艦已到魁澤林島，全滅已免不了。他說「要如何使內人不發瘋是最大問題」。淡然談其公子之訃聞的他的態度，實在令人驚奇。

三月十日（星期五）

發動戰爭者不但一點都不感覺有責任，反而自吹自播命運論或所謂先見之明。將來，我實負有抨擊這些不負責任之論者的責任。

世界上，不知道有沒有這樣幼稚愚昧的領導者，在國家重大時期，領導過國家？我每天這樣嘆氣。

東京帝大的辰野隆氏說：「東條首相的頭腦，與中學生差不多，像他這種程度的人，中學生裡頭多的是」。

三月十一日（星期六）

下午，雨宮庸藏君（中央公論總編輯），送來上次的講演費。從前，這種收入一點也不稀奇，我從不關心。但最近，五十日圓，真是謝天謝地。生活的決戰，已迫在眼前。

三月十三日（星期一）

下午，出席東洋經濟新報社的評議員會。好久沒出席的蠟山政道君也出席了。能自由講話的只有在這個會。在其他即使是二、三人的集會，卻不能講實在話，因為一定會有奸細；雖然我們都不忘國家安危，研究討論的皆為如何因應國家安危的局面。

三月十四日（星期二）

當局大多不喜歡人們的直言。有一位國會議員忠告東條，交談者只有東條和他，可是他在回家中途卻被叫去憲兵隊，被憲兵整得很厲害。蠟山君說，出生於此種國家真是不幸。作為一個知識分子，實在無法忍受這種低劣的氣氛和干涉。

三月十五日（星期三）

許多人曾經歌頌戰爭為文化之母，這些人到那裡去了！但報紙還是在大登特登齋藤忠、鹿之木員信、野村重臣等人的言論。日本國民之愚真不可及。

三月十六日（星期四）

三、四天前，白柳秀湖來信。他說：「德義頹廢，即使打了勝仗國家也會滅亡。為著國家的永遠前途，戰敗或許比較好」。但在這裡他自己就犯了錯誤。第一，戰爭最會破壞道義心；第二，戰爭的責任者是誰。他和德富蘇峰等人是最應該負這個責任的。他們亂誇張日本歷史和日本精神，不估量對方的力量。

今年二月二十三日，「每日新聞」在第一面刊出「勝利乎滅亡乎」的報導。其中說：「太平洋攻防的決戰，不能從事於日美本土沿岸，而應該戰於數千海浬外基地的爭奪。如果敵人進攻到本土沿岸，已經是萬事皆休」。下面還提到要趕緊生產飛機和編成海洋航空隊。

但該日下午三時左右看到這個報導的東條，大動肝火了。他最憤怒的是「敵人進攻到本土沿岸，已經萬事皆休」這句話。

情報局乃於下午三時半左右禁止每日新聞的零售，隔日召集東京附近報館總編輯，訓示不許再有這種報導。陸軍省對每日新聞提出嚴重警告，並追問其執筆者（新名丈夫）是誰。每日新聞拒絕交出執筆者，總編輯吉岡文六君辭職，以示負責。

人們以為這樣問題解決了。可是過了二、三日，執筆者新名卻突然被徵召。他是專跑海軍省新聞的記者，已經四十一、二歲，是個與兵役無關的國民兵。得悉此項消息的海軍很憤怒，遂以無緣無故徵召海軍記者太不應該，而向其所屬部隊令其退伍。海軍本來準備用飛機把他帶到南洋的，但第二天他又被徵召去了。

這件事最能說明東條的性格，陸軍的作風，和陸海軍的關係。

三月十七日（星期五）

就其地理條件而言，日本應該採取勢力均衡 (balance of Power) 政策，正如英國對歐洲大陸一樣，對亞洲（中國）大陸列強必然衝突，故日本應以勢力均衡來因應。日本欲以大陸自居，是她注定失敗的原因。

三月十九日（星期日）

人不可能懂得自己所經驗以外的事。日本官方以為工廠引進軍隊式管理最好。他們不知道競爭主義的好處。他們真是衹有把握，沒有知識之徒。

四月一日（星期六）

有一個人拿配給的肥皂到公共澡堂去洗澡。因聽說洗澡堂有很多小偷，所以把肥皂放在熱水池的旁邊以便看著。突然熱水出來了。他回頭一看，轉過頭來時，肥皂已經不見了。熱水出來與丟掉肥皂不知道有何因果關係，他百思不得其解。

陸軍與海軍的感情對立，已經達到沸點。日本的前途與它大有關係。

日本人對戰爭具有一種信仰。中日事變以來，連我身邊周圍的知識分子都主張戰爭。小汀利得君、太田永福君（富士冰淇淋公司專務）也是。反對戰爭的，似乎只有石橋湛山、馬場恆吾兩君而已。今後的戰爭，將是戰爭信徒的最好實際教育，但這個教育代價太高了。

從四月一日起，月薪一百日圓者，將課七・五日圓的所得稅。必須以九十二・五日圓養活五、六口者多的是，在糖三・七五公斤要一百二十日圓的時代。我認為，瞭解戰爭是什麼，對將來的日本非常重要。

四月四日（星期二）

東條首相有一天帶了雞蛋和酒肴錢突然訪問了一家飛機工廠。但他能為日本全體國民帶來雞蛋和酒肴錢嗎？

四月五日（星期三）

報紙在大吹大擂印度作戰，連篇仍然都是「至妙的作戰」。軍方的傢伙如不從早到晚受到讚美，是過不了日子的。但從宏觀政策來看，顯而易見，印度作戰必將產生可悲的結果。即使占領了印巴爾（Imphal），以後怎麼辦？既不能進，也不得退。這是一種僵局。犧牲將非常之多。

四月二十四日（星期一）

一位醫生說，他是徵兵檢查官，他受到這樣的命令：適齡者要錄取九八％。依他看來，這種身體幾乎不能工作者也要徵召。他們如果在家，還有一點用處：如果被徵去當兵，一定會生病，因此國家每人每年得花費一千日圓。因為是命令，故不得不作，但說實在話，他不知道自己在幹什麼。

四月二十五日（星期二）

最近基督教學校發生好幾件悲劇。同志社大學湯淺（八郎）校長的辭職，是因為讀錯了詔書，立教大學的木村校長是由於在臺階讀詔書而被迫去職。青山學院笹森院長事件與愛國心有關。立教大學的圖書館長，據其與卡乃基財團有些關係，受官憲壓迫而自殺。

四月二十六日（星期四）

美國國務卿哈爾於四月九日演講說：「要從日本奪回其所盜取的領土，使其不再侵略鄰邦，將中國的領土還給中國，讓朝鮮獨立」。邱吉爾於三月二十六日發表演說稱：「以下流的奇襲，使美國發揮其潛力的日本領導階級，真是太愚蠢了」，他並預測，「戰爭將比預定提早一年結束」，同時對其國民保證解決戰後的住宅問題。他以能戰勝，並開始規劃戰後問題了。

四月三十日（星期日）

日本發動這個國家興亡的大戰爭時，有幾個人知道、指導、思考和交涉經過。頂多幾十個人。由此可知秘密主義、官僚主義和指導者原理之如何危險和可怕。

將來的組織，必須絕對保障言論的自由。應以法律明定不得干涉議員之選舉。除非官吏向民眾而不是向天皇負責，行政無從改善。

五月一日（星期一）

日本的領導者完全不懂學問之可貴。不學無術的領導者，與只見局部的官僚之攜手，你說能產生什麼！

在學術協會理事會，有一個人說，在東京郊外種了馬鈴薯。但馬鈴薯籽卻統統被挖走。兩個青年騎腳踏車到了一個農家訴苦說，朋友生病，請能賣馬鈴薯給他們。農夫拿出二十幾公斤來，他們說還要更多，於是農夫用梯子到地下室去取，結果這兩個年輕人把梯子拿走，跑掉了。

五月十七日（星期三）

最近，外務省的兩個囑託（純聘人員）被憲兵隊抓去。其中一個是在家裡對其念女中的女兒講的話，他女兒在學校講給海軍軍人的女兒聽，這個女孩在其家裡講後通告了憲兵隊。內容是有關太平洋方面的戰況。

三井君說，對於他用於作為學校的別墅，軍部拚命要求免費借給他們。這個別墅的一半已經給他們占用了，剩下的一半，各單位則以各種手段（謀略、挑毛病）想據為己有。

五月二十七日（星期六）

青木得三氏（庶民金庫理事長）說，渡邊銕藏博士被判一年有期徒刑（緩刑三年），罪狀有兩個：第一是渡邊說「大本營發表也有錯誤，誇大對方的損失，不大發表我方的損失」；第二是說「德國會戰敗」。官方說，前者犯海軍刑法某條，後者牴觸去年公布的言論法。據說律師岩田宙造博士表示，即使上訴，這樁官司還是打不贏。

六月十二日（星期一）

在長崎沒有藝妓了，但卻有許多既像「酌婦」（女侍應生）又像「女郎」（妓女）的女人。沒有這些女人，「產業戰士」無法專心工作。中國人的房子，豪華的個人住宅，都變成了「產業戰士」的宿舍。

六月十六日（星期五）

早上收音機廣播，二十架美機轟炸了北九州。同時廣播說，敵人企圖登陸塞班島。

六月二十日（星期二）

日本銀行理事荒川（昌二）氏說：「離開日本三年，令我最吃驚的是，日本領導者變成不聽人家的話的心態這件事。而聽人家話的，都是不在位的人。我也曾經是官員，這樣是不行的」。

至今，我被憲兵隊抓去的流言已經流傳過十幾次。但我從未被憲兵隊帶去過。石橋君說：「你我沒有被抓，是因為我們貧窮」。

六月二十二日（星期四）

總領事千葉皓君（石橋湛山的女婿）以二等兵入伍。因天生講話太快，「上等兵殿」的「殿」(dono)的發音不清楚而被整得很慘。可能挨揍。總領事被無知的上等兵揍。

七月一日（星期六）

對於國防有兩種不同的意見。一種是認為塞班島和菲律賓是日本的生命線。另一種是以為塞班島和菲律賓被奪取，還可以經由中國大陸，從南洋獲得所需的物質。前者是海軍，後者是陸軍。對此御用學者建議說：「中國有許多苦力，用肩膀挑也可以運到日本」。這是脇村義太郎氏所說的話。

七月十日（星期一）

有一個人說，這是真話。農商務省的年輕官員送他皮鞋、皮包等。他則送這個官員以糖。這個官員給他的證明書說「在香港以訓練用使用」。這樣在帳簿上便毫無問題。官員、警察、軍人之腐敗墮落，無以言狀。

七月二十日（星期四）

東條內閣終於辭職。日本史上從來沒有像它那樣胡來、無知的內閣。

七月二十一日（星期五）

加藤武雄、近藤浩一路西君說：「東條辭掉就沒事了嗎？殺了那麼多的人家子弟，這樣就沒有責任了嗎？」

七月二十四日（星期一）

蠟山君說，東條在對華政策，曾經主張與中國共產黨（延安政權）合作，以對抗重慶。由此可見東條把外交當作謀略。

七月二十六日（星期三）

據說希特勒仍然健在。但任命格別爾斯為全面戰爭動員總監的緊急令，是這樣說的：「希特勒總統，根據國防協議議長格林國家元師之指示……」。在德國，希特勒一直是絕對無雙的。他被「指示」，這是史無前例的。裡頭一定有文章。從前後情況判斷，所發生革命。主謀者據說是別克元帥，他曾貼出「不得服從他人命令」的布告。納粹的命運到盡頭了。

東條準備改組內閣時，岸（信介）不肯提出辭呈。據說憲兵隊曾考慮抓岸信介。岸信介的司機被拘留了。緒方（竹虎）等人如果太強硬主張某些事，可能會被逮捕，這是今日日本的現況。

七月二十七日（星期四）

鈴木文史朗君說，看（內閣）情報局給報館的指令，會令人覺得非常的侮辱。它簡直是在命令小孩。而且這是由考不上報館的那種年輕下級官吏的指揮。政治、外交見識之低落，就是由於這種下級官吏在事實左右國政所致。

七月二十九日（星期六）

電波武器的權威通信院工務局長、工學博士松前重義氏最近以一等兵被徵召入伍。這種例子多的是。他們把增強戰力的關鍵人物當做一個士兵來召集。

世上沒有比思想不可怕，因為只有個人同意它才能進來；但暴力最可怕，因為個人對它束手無策。

七月三十一日（星期一）

參拜伊勢神宮的小磯（國昭）首相，對新聞記者發表了感想。他就任首相時所發表言論既愚蠢，這次的感想內容也屬於士官的層次。這太糟糕了。上任前被說成是「大人物」、「首相級」的他，一說話就知道他的見識。

八月三日（星期四）

蒙古的財政困難。蒙古是鴉片的產地，所以把鴉片國營問題便可解決。蒙古政府最高顧問大橋忠一這樣建議，結果被免職了。外間有獨占鴉片利權的某某，將其利益的一部分送給東條、星野（直樹）等人的傳聞。在北京姓佐野的法官調查了這件事，因而被調職。他不服從調職命令達二十天，……。這些可能都是傳聞。但對政府的最高負責人有此種風聞，本身就有問題。

八月七日（星期一）

聽到其陣營內對頭山滿的斥難，說頭山送東條許多錢，他的長子秀三是特殊技能者，而不必服兵役：頭山沒有資格冒充憂國者，因為他也在拍軍部的馬屁。現今是流氓萬歲的社會。笹川良一這個國粹同盟的頭子，據說有數千萬的財產。右翼分子都有錢，難怪他們喜歡戰爭。

八月十一日（星期五）

從輕井澤回來途中的火車中，與老海軍少佐坐在一起，他說美軍將使用毒瓦斯，把全日本人殺死。這是今日日本的宣傳方針。八日的讀賣新聞有這樣的標題：「消滅意圖殺光日本人的美鬼！」

八月二十一日（星期一）

建川美次中將，橋本欣五郎大佐和小林順一郎大使，分別就任了翼壯會的團長和副團長。他們都是二・二六事件和五・一五事件的中心人物，戰爭的點火者。據聞這是小磯親自決定的人事，由此可知他是怎樣的人物。

八月二十三日（星期三）

朝鮮總督阿部（信行），最近的言行也是小學生的程度。朝鮮的知識分子頻頻回國。東洋經濟新報社的平山君（朝鮮人）說，不管日本贏或輸，這個戰爭對朝鮮是一件好事。真是一針見血。

八月二十八日（星期一）

內閣情報局、內務省、警視廳、陸海軍報導部，皆以其獨立權限，互相競爭在取締言論。

九月一日（星期五）

歐洲戰爭已經滿了五年。我曾說五年將是歐洲戰爭的下坡，德國的投降已在眼前。

九月四日（星期一）

有人說，大島（浩）大使的報告，一次比一次悲觀。時至今日，這個傢伙還有什麼資格講話。因為這位先生的報告和行動，貽害了這個國家。

九月十六日（星期六）

太田永福、鈴木文史朗、金井清各君，在前滿洲俱樂部一起吃中飯。他們當時的談話成為問題，而被憲兵隊帶走。鈴木君被拘留四天，金井君兩天，太田君一天。他們是閒聊。問題是在他們座位附近並沒有人。可能有人在隔壁房間偷聽，或有竊聽，或有竊聽的設備。

十月五日（星期四）

在郵局，很久以前就買不到明信片和郵票了。一傳說郵局將沒有明信片了，郵局前面便排長龍。

十月六日（星期五）

據說頭山滿死了。在愛國心的美名之下，這個人行了多少罪。與此同時，他最能代表日本人的弱點。

十月十六日（星期一）

街上排長龍，是為了買報紙，今天尤其特別長，理由是想知道十二日夜半，十三日黃昏，十四日白天和黃昏之三天戰果的詳細消息。由此可知人人渴望看捷報。

十一月十一日（星期六）

據說大正大學濱田教授對參謀本部建議：「送五、六十萬敢死隊到美國，以攻擊巴拿馬和阿拉斯加。敢死隊的一半，可由全國的佛教信徒招募」。一高、帝大畢業的大學教授，只有這種程度的常識。

十一月十二日（星期日）

汪精衛死於名古屋。

十一月十四日（星期二）

所謂以飛機連飛行員一起撞擊敵方軍艦的報導，占著報紙和廣播的大半。陸軍和海軍，互相競爭吹噓特攻隊。陸軍是萬朵飛行隊，時宗隊、聖武隊、櫻花隊等等：海軍的神風隊、大和隊、朝日隊、山櫻隊、菊水隊、若櫻隊、初櫻隊、慧星隊、梅花隊、和左近隊。海軍所用的名稱比較懷古而單純。

十一月十七日（星期五）

對於史大林稱日本為侵略者的演說，政府不許一切報刊作任何批評。外務省認為，如對布加利亞一樣，史大林可能對日本宣戰。因為懼怕蘇聯不說話。當然保持沈默也是一種外交，但日本不說大話，這是開戰以後第一次。

十一月二十日（星期一）

國會議員之中，懂得外交者極少。外務（外交）委員會，幾乎沒有人來，但關於馬鈴薯的問題，則來了兩百人。這是蠟山君的話。

十一月二十四日（星期五）

中午發布空襲警報令，後來發表說由馬利亞那方面七十架敵機飛來東京。

每日新聞標題「典型的好戰者Spruance」以攻擊美國。殊不知在日本好戰者比比皆是。

十二月一日（星期五）

東京的制空權完全操在敵人手裡，敵人隨時能夠攻擊日本。而且能夠很安全地攻擊。

因美機連日的轟炸，橫須賀翼壯會決定於憤激大會最後一天的十二月八日，撤除美國帕利上陸紀念碑，在此碑址前面立寫著「天誅」的告示牌。

十二月八日（星期五）

今天是爆發戰爭三週年。早晨，有小磯首相的廣播，仍然是低級，語調比東條還要差，千篇一律。只有這種程度之領導者的日本實在很可憐。

早晨七時發布警報。民間和當局都預測敵機一定會來轟炸。這是「報仇」思想。這個事實說明日本如何地誤解美國。

十二月十一日（星期一）

下午一時二十二分，舉國向伊勢神宮祈禱必勝。這是首相一向的主張。他的意思大概是希望有神風。指導二十世紀科學戰的日本首相，是一個認真祈禱盼望颳起神風的人。

十二月十三日（星期三）

十二月號「現代」載有「神州憤激而站起來」的座談會。在這座談會師手洗辰雄強調必須掃除美英的一切事物。「首先，凡是位於影響國民思想和精神立場的領導者，親美分子或過去有此傾向的人士，即使政府要人或軍人，一律應視為危險人物。不必勞煩這種危險人物來領導，以真正體驗日本精神者來取代，應該是激憤國民的第一個先決問題」。其為無知，實在可悲。

十二月二十日（星期三）

為東洋經濟寫社論，是關於分割歐洲勢力範圍的問題。此時此刻各國竟在討論第三次大戰的準備。蘇聯的實利外交，對將來的蘇聯是否有幫助？則如波蘭問題，可能為蘇聯留下禍害。

十二月二十三日（星期六）

外交用老人最好。他們第一有耐性；第二有綜合性的知識；第三有判斷的常識。

一九四五年一月二日（星期二）

報紙專登些「日本兵強」、「日本不敗」的電報，並稱這是美國海軍部長佛勒斯達爾說的，海軍副部長的報告。同時特別強調：今日路透社金特記者說，日本還強，故應該重新布建戰爭。自古以來，不被稱讚就不能安心，乃是日本人的特徵，尤其是軍人的特徵。他們根本不想知道敵人為什麼說這種話的用意和目的。

一月十四日（星期日）

軍隊的鐵拳，到處皆是，連在工廠也是這樣。日本是暴力的世界。

一月十七日（星期三）

報紙在大喊強力政治，同時攻擊官員不負責任。這不是他們主張強力政治導致官僚政治的結果嗎？新聞記者真是無知。

電車被破壞殆盡。窗子沒有玻璃，椅子沒有布。窗子玻璃是因乘客對電車慢來的不滿故意打破的，布是被割走。則對敵人的不滿，往裡面發洩。

一月二十二日（星期一）

國會從昨天開始開會，但首相、外相、藏相都不說實在話。一九四五年國會—說今年戰爭會告一個段落時，大臣都沒有發表應該憂慮一切情況。

一月二十三日（星期二）

看完了青柳篤恆的「極東外交史概論」。他是早稻田大學的教授，懂得中國語文，文章又好。比其他人寫的公平，但以大隈（重信）的嘍囉，為二十一條辯護是自我矛盾。

讀完宮崎滔天的「三十三年之夢」。中日關係由浪人開始是一種不幸。雖然我能理解宮崎純真的心情。

一月二十九日（星期一）

這是山崎靖純君（經濟評論家）告訴三浦老人（東洋經濟新報社會長）的話。

某位重臣晉見天皇，請問天皇有沒有媾和的意思。天皇說，可能是無條件。旋即說：「若是，朕亦願前往第一線捐軀。」誠是惶恐。

有人說：「這位重臣為什麼不表示，對不起，陛下的這個想法不正確，比做一億人死的模範，不如教他們怎樣活下去才是陛下的義務」。

二月二十日（星期二）

中央公論的藤田親昌君，坐牢一年。在拘留所裡，警察亂予毆打，身體發腫了，還要他作體操。聽來真是令人心痛鼻酸。日本既沒有憲法，也不是法治國家，而是一個強盜國家。據說對於警察怎樣整你，你一點也沒辦法。律師正木旲君這樣說。他表示：他要拚命與他們周旋。我相信他的話。正木君可能是堂堂正正罵（批評）東條前首相的唯一人士。

三月七日（星期三）

在東洋經濟的社論寫「與德富蘇峰書」。我責難他不負責任，只責備他人。石橋君提議要寫，因而我執筆。石橋君說：「反正不配給我們紙張，我們應該大膽地來寫」。

三月十二日（星期一）

到東洋經濟新報社。不管碰到誰，都說「政府究竟準備怎麼辦？」其口氣很興奮。這也是不無道理，大達（茂雄）內相在國會報告說，東京被轟炸損失房屋二十三萬多，死者三萬二千人，下落不明（不清楚）。於是議員問他：「下落不明是多少人？」他回答說：「不明所以我才說不明。」據說議員罵他「馬鹿野郎！」（混蛋！）

三月十八日（星期日）

敵機八百架空襲九州南部和東部。

據說，德國輪特休德特元帥對艾森豪提出和平條件，除希望繼續保持納粹政權外，願意接受其他一切條件。同時要求支援她對蘇聯作戰。艾森豪回答：只有無條件投降。

三月十九日（星期一）

昨日內閣會議決定：國民學校（初等）外，全國學校一律停止上課。往後一年將完全沒有學業。像以前那樣的學校，我想沒有也沒有什麼關係。

三月二十八日（星期三）

政府大本營發表：二十五日，敵兵登陸沖繩（琉球）、慶良間列島。

遇到三井高繼君。她穿著破鞋子。連財閥巨頭三井一家的人也沒有食衣住的自由。

三月三十日（星期五）

同盟通信社的富田君說，對於和平問題，陸海軍的意見截然不同。海軍和陸軍航空隊主張透過英國或蘇聯，以進行和平工作；但陸軍的大部分堅持絕對抗戰到底。因此小磯內閣才那麼逞強。主張強硬立場，便不怕有人暗殺，當局之所以經常強硬，理由在此。

島中雄作一家接到強制疏散的命令。由於只有五天的時間，故不能慢慢搬，祇有把房子拉倒，切斷柱子等等。

瞧瞧戰爭的力量，一個晚上可以燒盡幾十萬家，剩下的，一則命令能夠把它們搗毀。不待美國的戰後處分，日本已經逐漸回到甲午戰爭以前的資產狀態了。

軍部宣傳說，戰爭是文化之母。因為批評它，我們被當作非國民（叛徒）。現在再說這種話一遍！戰爭真的是文化之母嗎？真是可怕的母親。

三月三十一日（星期六）

為Oriental Economist撰寫空襲凄慘情形，以警告美國人。日本國民的無知，超乎想像。以淺草觀音在東京大地震時沒有燒掉，所以認為空襲也不會燒，因而許多人往這裡跑。這是在淺草區死那麼多人的原因之一。今日朝日新聞的投書欄刊載：說如吃糖漬蒜頭就不會中彈，只有心地不良者才會遭到災害等等，迷信的見解在戰災地很是普遍。

四月一日（星期日）

松本烝治氏來訪。他說有幾個孫子，必須予以疏散。但鎌倉和御殿場的別墅都給人家占用了；輕井澤雖然有願意借給他的別墅，但朋友告訴他那裡沒有糧食，正在考慮飲孫子們遷往新潟。爾後談論時局。

松本博士說：「因想也沒有用，所以最近都在看小說。狄更斯的書非常好」。他說，他擔任齋藤（實）內閣的商工大臣，下一屆內閣（岡田啟介內閣）希望他連任，但他婉謝了。又，宇垣流產內閣曾經要他出任內閣大臣，但他說如果是司法大臣，他願意接受。令這種有為的人才看小說過日子，實在可惜，但這是現況。

四月二日（星期一）

一個女孩子在車站附近說，一部鋼琴只賣一百五十日圓。太便宜了，但一問，卻說必須在今日下午三點鐘以前搬走。它說明了現今沒有運輸機關的實況。

四月三日（星期二）

馬場（恆吾）氏說，戰爭可能於八月左右結束。松本博士也作這種看法。長谷川氏說不可能吧，我也覺得輸贏已經分明，但還需要一年的光陰。

四月五日（星期三）

小磯內閣總辭職。流傳說將成立鈴木（貫太郎）內閣。太田三郎君（外務省課長）說鈴木可能是一億玉碎的領導者。但據我所知道，他應該不是。我記得鈴木文史朗君說他與鈴木見面後很佩服鈴木這個人。

四月八日（星期一）

內閣成員昨夜決定。組閣的幕後人是岡田啟介大將，因此以其女婿迫水久常為參謀，並出任書記官長。給平沼（騏一郎）面子，以其手下太田耕造為文相；起用大日本政治會的岡田忠彥和櫻井兵五郎為厚相和國務相。

外相東鄉（茂德）因在輕井澤，來不及一起發表。這個人選不錯。有人說鹿兒島人年輕時很平凡，但老了就會好起來。東鄉就是這樣。小日山直登（滿族總裁）正由滿洲回東京途中。

四月九日（星期一）

蠟山君說，對重光（葵）曾要他留任（外相），但重光拒絕了。

有人說，這是替身內閣。廣瀨（豐作）藏相是勝田主計的女婿。重臣打出第二代的牌。

據每日新聞報導，小磯欲恢復現役以出任陸相，但為陸軍反對而沒有實現。

據說在琉球，日本出動了聯合艦隊，作最後的搏鬥。根據敵方的報導，日本四萬五千噸級的戰艦被擊沉，而日本也承認這個事實。

四月十日（星期二）

植原悅二郎氏說：「日本國民真是順從的國民」，信夫淳平博士（國際法學者）和永井松三氏（曾任大使）也贊成此種說法。它的意思是說，被勒令強制疏散，房子遭搗毀，還是不講話。事實上從電車看出去，兩旁的房子都被破壞得一塌糊塗，與被轟炸後沒有什麼兩樣。先打毀牆壁，然後綁上繩子，把房子拉倒，所以瓦全破。在這樣沒有資材的時代，塌塌米、陶器類四散，實不忍目睹。

四月十一日（星期三）

最新我常買些無用的書，其目的欲考證在大東亞戰爭之下，日本橫行了何等下流低級的書刊。但這是極其不愉快的工作。真不想把這些刊物擺在書架上，這樣成有如把乞丐請上最好的客廳。

四月十三日（星期五）

據悉，羅斯福總統，因腦溢血與世長辭。

四月十七日（星期二）

大家都知道，琉球之戰況絕望，但報紙卻還在說「神機」。無需說，這是軍部的發表。但國民是不會相信的。寫些人家不相信的事，是多年來日本報紙的作風。

羅斯福出殯於十五日。據曉（可能是清澤氏的小孩—陳鵬仁）的說法，吃飯時，聽說羅斯福死，大家喝彩；但二、三人在一起時卻說很可惜。隔日去經濟俱樂部，絕對多數的意見贊成由羅斯福經營戰後。這樣受了敵人的災難，還不太責備敵方，真是意外。

四月十九日（星期四）

據說，陸軍仍然採取要令敵人登陸日本本土，然後予以迎擊的作戰，惟因米內的堅持才在琉球海邊決戰。陸軍的想法，實在太愚蠢。

東洋經濟新報社的記者鎌田君，被轟炸到腳，因割掉腳尖而去世。但無棺材放屍體，所以打毀東洋經濟新報社的別館，以其舊木作棺材。真是悲劇。

四月二十日（星期五）

小汀君說，十三日的轟炸遭受災害五十八萬人；十五日六十萬人，加上三月十日，多達二百二、三十萬人。

謠傳琉球戰況良好，股票漲價，甚至有人說在琉球的敵人無條件投降，我和暸都聽過此種謠言。由此可見民眾之如何無知。

四月二十八日（星期六）

到坂本君家。鳩山一郎氏（戰後曾出任首相）湊巧也來。他說吉田茂（前駐英大使，戰後出任首相）十五、六日左右被憲兵隊帶走。樺山愛輔（貴族院議員、千代田保險會社社長、後任樞密院顧問）伯爵家也被搜查。政論家岩淵雄也被憲兵逮捕。他問「馬場恆吾怎麼樣？」據說在內閣會議決議要逮捕所有敗戰主義者，若是將抓六千萬人，故遂作罷而成為一場笑談。

不可思議的是我反而沒事。而奇妙的是四月十五日，晚間空襲時有兩個人來我家，並說：「我們在下丸子的工廠工作，家人皆避難於防空洞，房子可能燒光了」。當時我一邊拚命滅火，一邊大罵轟炸無辜日本人的美敵，我並說：「因為戰爭，炸老百姓也沒辦法，可惜的是工廠」。的確我並不無此種想法，但也有自我防衛的心態在作祟。

這兩個人是何許人，我不清楚，但憲兵政治隨時隨地在從事間諜，卻是事實。

正宗氏說，蘇聯大使館疏散到輕井澤的萬平大飯店，它的茶房全是憲兵。

五月二日（星期三）

到坂本（直道氏）氏家。鳩山一郎氏碰巧也在。就誕生鈴木內閣的經緯他說，在重臣會議首先開口的是東條。東條說：「現在，就戰爭究竟要妥協，還是要打到底，必須作一個決定。我主張要打到底」。平沼（騏一郎）贊成東條的意見，鈴木也說「絕對要打到底」。近衛表示：「要怎樣處理戰爭，應由後任首相決定，這裡不該討論」，岡田（啟川）大將和之。若槻（禮次郎）說：「（陛下）所諮詢的首相人選的問題，其他事不要談」。

繼而討論人選，鈴木說：「由最年輕者組閣為宜」，他暗示近衛，但沒有人附議；平沼說「鈴木大將如何」，因而決定。

在此之前，陸軍提出以迫水為書記官長，作為支持內閣的條件。米內對鈴木表示不能這樣做，但已無法挽救。軍方對鈴木提出三個條件，鈴木接受了，其中一個條件是「要尊重軍部」。

坂本君曾經與還沒出任外相的東鄉茂德君談過。東鄉似乎期待蘇聯出面調停結束戰爭；只要把庫頁島還給她，和承認日本共產黨合法，蘇聯應該願意當仲介。

鳩山氏表示，蘇聯出面，美英會讓步嗎？他認為不可能。他說，由日本坦白對英美提出條件比較可行。

我說無論如何應該結束戰爭。為此，應採取以下任何一種方法：㈠無條件投降；㈡以蘇聯為介介；㈢請蔣介石調停；㈣向英國提出，只要能達到目的，那一個措施都行。

我們談得很愉快。無知是天大的罪惡，這是我們三個人共同的意見。我們必須使國民變成聰明。而容許言論自由是它的先決條件。

※　※　※

清澤冽的日記，寫到一九四五年五月五日，他於五月二十一日，因急性肺炎而去世，享年五十五歲。

清澤在生前，來往最多，感情最好的是石橋湛山和蠟山政道。石橋是東洋經濟新報社社長，戰後曾任首相；蠟山曾任東京大學教授、御茶之水女子大學校長，是日本著名的政治學家。我譯過他的文章。

國家圖書館出版品預行編目資料

近代中日關係研究 第二輯：從甲午戰爭到中日戰爭/ 陳鵬仁 著. --
初版. -- 臺北市：蘭臺出版社, 2022.11
冊； 公分-- (近近代中日關係研究第二輯；9)
ISBN 978-626-95091-9-5(全套：精裝)

1.CST: 中日關係 2.CST: 外交史

643.1 111011488

近代中日關係研究第二輯 9

從甲午戰爭到中日戰爭

作　　者：陳鵬仁
主　　編：張加君
編　　輯：沈彥伶
美　　編：淩玉琳、陳勁宏、塗宇樵
校　　對：楊容容、古佳雯
封面設計：陳勁宏
出　　版：蘭臺出版社
地　　址：臺北市中正區重慶南路1段121號8樓之14
電　　話：(02) 2331-1675 或 (02) 2331-1691
傳　　真：(02) 2382-6225
E - MAIL ：books5w@gmail.com或books5w@yahoo.com.tw
網路書店：http://5w.com.tw/
https://www.pcstore.com.tw/yesbooks/
https://shopee.tw/books5w
博客來網路書店、博客思網路書店
三民書局、金石堂書店
經　　銷：聯合發行股份有限公司
電　　話：(02) 2917-8022　　傳真：(02) 2915-7212
劃撥戶名：蘭臺出版社　　帳號：18995335
香港代理：香港聯合零售有限公司
電　　話：(852) 2150-2100　　傳真：(852) 2356-0735
出版日期：2022年11月 初版
定　　價：新臺幣12000元整（精裝，套書不零售）
ISBN：978-626-95091-9-5

《臺灣史研究名家論集》

這套叢書是二十九位兩岸台灣史的權威歷史名家的著述精華，精采可期，將是臺灣史研究的一座豐功碑及里程碑，可以藏諸名山，垂範後世，開啓門徑，臺灣史的未來新方向即孕育在這套叢書中。展視書稿，披卷流連，略綴數語以說明叢刊的成書經過，及對臺灣史的一些想法，期待與焦慮。

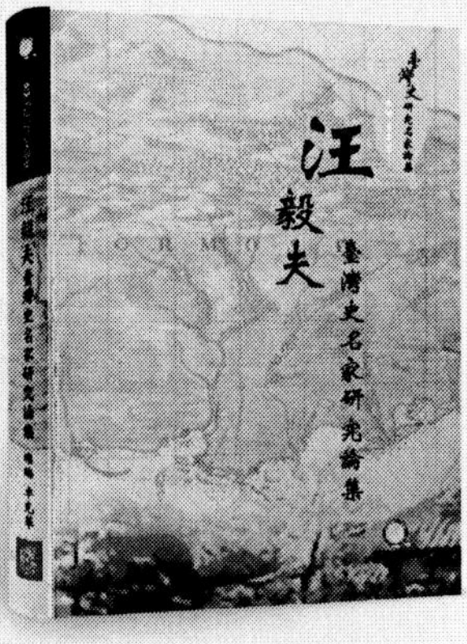

一編 ISBN：978-986-5633-47-9

9 789865 633479 28000

臺灣史研究名家論集（套書） 定價：28000

王志宇、汪毅夫、卓克華、周宗賢、林仁川、林國平、韋煙灶、徐亞湘、陳支平、陳哲三、陳進傳、鄭喜夫、鄧孔昭、戴文鋒

二編 ISBN：978-986-5633-70-7

9 789865 633707 30000

臺灣史名家研究論集二編 （精裝）NT$：30000

尹章義、李乾朗、吳學明、周翔鶴、林文龍、邱榮裕、徐曉望、康 豹、陳小沖、陳孔立、黃卓權、黃美英、楊彥杰、蔡相輝、王見川

三編 ISBN:978-986-0643-04-6

尹章義、林滿紅、林翠鳳、武之璋、孟祥瀚、洪健榮、張崑振、張勝彥、戚嘉林、許世融、連心豪、葉乃齊、趙祐志、賴志彰、闞正宗

9 789860 643046 28000

臺灣史研究名家論集三編 （平裝）：28000元